民憲論

丁毅◎著

開放出版社

內容簡介

　　1946 年制憲國民大會在多黨協商而成的「政協憲草」基礎上制定的中華民國憲法，輔以司法院釋憲體系和進一步優化的憲政制度細節，將構成一套適合中國大陸國情與民情的憲政體系。除了有關立法委員人數的條文必須修訂，民國憲法其他條文皆可用於民主轉型後的中國大陸。

　　本書主張中國大陸重建民國、恢復中華民國國號和憲法，並直接承襲臺灣憲政發展寶貴經驗的可用部分。這一進程將依靠大陸人民的力量，與臺灣政界無關。

　　本書導論闡釋民國憲法和司法院釋憲體系在人權保障、政府權限方面的巨大作用和對中國大陸民主轉型的重要意義，正文詳細探討民國憲法的淵源與要義，並對憲政制度細節作出展望，以論證民國憲政道路的適用性和優越性，這條道路是中國大陸民主轉型的最佳選擇。

民憲論

民國憲法釋疑、要義
與
中國大陸憲政制度展望

丁毅◎著

On the Constitution of the Republic of China

by Ding Yi

OPEN

On the Constitution of the Republic of China

© DING Yi 2016

Open Books, P.O. Box 20064, Hennessy Road, Hong Kong

Printed in the USA

First edition published in October, 2016

民憲論：民國憲法釋疑、要義與中國大陸憲政制度展望

著　　者：丁毅

發 行 人：金鐘

經　　理：葉子

出　　版：開放出版社（OPEN BOOKS）

　　　　　電話：(852) 9020 6757

　　　　　E-mail：huangwaner2012@gmail.com

　　　　　網址：http://www.open.com.hk/

　　　　　通訊處：香港軒尼詩道郵箱 20064 號

　　　　　P.O. Box 20064, Hennessy Road, Hong Kong

總 經 銷：開放網（http://www.open.com.hk/book.php）

　　　　　CreateSpace（https://www.createspace.com/6652819）

印　　刷：CreateSpace, a DBA of On-Demand Publishing, LLC.

出版日期：2016 年 10 月 29 日初版

定　　價：100 港元，20 美元

國際書號：ISBN 962-7934-52-6

謹以此書

紀念

孫中山先生誕生一百五十週年

暨

中華民國憲法制定七十週年

願我中國大陸早日重歸憲政民主之路

願我國人說起「民國」

就好像美國人說起「合眾國」那樣自豪

自序

　　本書的主要部分基於筆者以筆名「司徒一」發表於《黃花崗》雜誌第 47 期（2014 年 4 月號）的〈民國憲法要義與憲政制度展望〉一文。這篇七萬多字的長文，是筆者應《黃花崗》雜誌主編辛灝年先生之邀，將研習民國憲法和各國憲政制度十多年的心得綜合提煉，歷時一個多月而寫成。如果沒有辛老師約稿，這些心得也許仍然埋藏在心底。

　　至於辛老師為何約稿，這與「民國派」內部的一場討論有關。多年來，民國憲法遭到兩方面的誤解：一些自由派人士受到中共的誤導，以為民國憲法是國民黨包辦的「黨主憲法」，這一誤解很容易從制憲史實和憲法內容兩方面來澄清（詳見本書導論）；但是，一些認同孫中山先生五權憲法理念的民國派人士以為民國憲法在政協會議上被共產黨摻了沙子、背離了「建國大綱」，因而認為民國憲法至多成為過渡階段的臨時憲法、將來還要做根本性的大修。後一種觀點在民國派的討論中為筆者所反對，因為筆者認為孫中山先生晚年的主張有不妥之處，制憲過程中共產黨為了維持地方割據、削弱中央政府而幾乎全盤支持小黨成員張君勱先生所力主的議會民主制，兩方力量的牽拉使得民國憲法恰好近乎最為合理的中道。辛灝年老師獲悉這場討論後對筆者的觀點很感興趣，故而約稿。這篇長文（及本書）的第二、三章即詳細闡述了筆者對孫中山先生之主張的分析和修正，連帶著指出了國民黨主流詮釋的謬誤。由於孫中山先生的崇高地位和國民黨主流的巨大影響，筆者的觀點在一些朋友看來也許有「離經叛道」之嫌。後續章節對民國憲法的其他方面做出了探討，亦多有「非主流」之處。令人欣喜的是，辛灝年老師審閱稿件後表示在絕大多數議題上意見一致，並對一些細節予以指正。

　　封從德先生讀過筆者的長文後指出以文章體例探討如此重要的問題尚且不夠，應當在此基礎上進一步研究、充實，寫出學術專著。辛灝年老師深表贊同。在辛老師的鼓勵下，筆者潛心學習、思考，盡力保持自

我審視的心態，反復推敲原文中幾乎每一個論點，加以潤色、補充或修正，並依照學術論文體例添加註解，歷時逾兩年方成此書——封先生提出建議時曾估計需時兩年，果然言中！

在筆者撰寫文章並整理成書的過程中，還有程幹遠老師、謝幼田老師、阮大仁老師、賴可正先生、王天成先生、鄔萍暉先生、袁鐵明先生、綦彥臣先生、鐘孝義先生、張拓木先生、任松林先生、方政先生、肖國珍女士、李江琳女士、丁鴻富先生、夏晨曦先生、趙京先生等多位師友提出了寶貴的意見和建議，此外本書導論所回答的質疑約有一半來自一位網名「修憲」的國內網友，在此一併致謝。尤其令人感動的是，封從德先生提出修正意見和評語七十五條之多。

筆者近年來為研究憲政參閱了五百餘本參考書、上千篇論文，其中大部分英文資料和一部分中文資料得自聖荷西州立大學圖書館的館藏和聖荷西市公共圖書館的館際借書服務，過半中文資料得自斯坦福大學圖書館和加州大學伯克利分校圖書館，還有王中義先生饋贈從臺灣購置的近二十本已絕版而且無法在美國借閱的參考書、Connie 女士和 Tania 女士代購參考書，特此致謝。沒有上述圖書館的資源和朋友的幫助，僅憑網路購買和下載的資料，筆者的研究勢必難以達到現在的深度。

另外值得一提的是筆者的憲政研究受益於理科背景和工程師職業。物理專業求學歷程有助於培養分析能力和踏實做學問的態度；硬件製造業十多年的工程項目經驗則時時提醒筆者注意兼顧全局和細節、客觀評估各種風險，以開放的心態對不同方法取長補短、綜合利用以求優化，並在堅守原則的前提下尋求效率與效果的平衡，這些工程領域的要領與憲法學界之所謂「憲政工程學」（constitutional engineering）相通。

最後，還需要特別感謝筆者的夫人。筆者在 2016 年上半年和定稿前「最後衝刺」的幾個星期把幾乎全部業餘時間投入本書的寫作和潤色，沒有夫人持家育兒，本書不可能在孫中山先生誕生一百五十週年暨中華民國憲法制定七十週年之際問世。

丁毅　於美國加州聖荷西

民國 105 年（公元 2016 年）4 月 29 日第一稿，10 月 28 日定稿

目錄

封面題字　剪切自孫中山先生手書「國民政府建國大綱」

導論　民國憲法釋疑

——人權保障、政府權限及其他，
兼論俄國現狀不是中國宿命

　　隨著「民國熱」在中國大陸民間的興起和一系列宣傳民國憲法與法統的文章在網絡上的流傳，對民國憲法的質疑之聲也時有所聞，其中多數都是對民國憲法的內容和制定過程缺乏瞭解，並對西方憲政民主的經驗教訓缺乏瞭解而想當然所致。筆者在此回答一些有代表性的質疑（問答一圍繞著民國憲法的歷史合法性，二、三聚焦於民國憲法的憲政主義價值即人權保障和政府權限，四至十三針對民國憲法的各個章節和權力架構，十四至十六則是引申討論），以期解惑，並進一步論證民國憲法和司法院釋憲體系的優越性和適用性。鑒於俄國威權勢力的抬頭導致許多人不看好中國大陸實現自由民主的前景，筆者以民國憲法和司法院釋憲體系所能夠起到的保障人權、遏制威權的積極作用為回應。

　　憲法的根本目的就是限制政府權力、保障人民權利，一部憲法如果在實踐中由於社會、政治的種種局限而無法落實上述目的，制度設計再精良也是枉然，這樣的實例在世界歷史上舉不勝舉。中華民國的憲政進程，經歷了多年的坎坷與波折，終於在臺灣修成正果。雖然臺灣現行政府組織架構經憲法增修已與民國憲法原文有很大區別，但是，就憲法的根本目的而言，民國憲法原文之人權保障和政府權限的條文在臺灣並未增修，而是透過司法院釋憲而發揚光大，成為臺灣憲政民主制度的基石。

　　民國憲法和司法院釋憲體系，是中國憲政艱難發展來之不易的成果，是天賜的寶藏，和其他憲政道路選擇相比有更大可能確保中國大陸

民主轉型的順利進行和憲政的鞏固[1]——成文憲法的條文只是憲政的骨架，一個個活生生的案例基礎上的憲法解釋為之增添血肉，產生強大的生命力和感召力。其他制度選擇都因為缺乏實踐而難收此效，甚至可能埋下憲政崩壞、威權復活的禍源。

　　質疑一：中華民國 1946 年制憲過程充斥了包括共產黨在內的各個政黨的運作，制憲國民大會還設置了政黨席位，這不是政黨分贓是什麼？中國將來必須由人民直接選出平民身分的制憲代表來制定新憲法，不如此不能保障人權並限制政府權力！

　　回答一：這種觀點，主觀而片面。其罔顧歷史事實而對民國制憲過程的否定，以及對「平民制憲代表」紙上談兵的期待，都是站不住腳的，後者甚至是危險的。具體而言：

　　（1）如果制憲過程為一個或幾個大黨所主導，那麼制定出的憲法確實很可能帶有黨派利益和黨派主張的烙印——1936 年國民黨一黨擬制的「五五憲草」即存有這方面的重大缺陷（詳見本書一至三章）。但是，中華民國制憲過程中存在著特殊的、有利於保障平民利益的政黨生態：在國共兩個大黨相持不下的情況下，微乎其微的小黨——國社黨（後與另一小黨合併為民社黨）的張君勱先生遊走於大黨之間，為兩大黨和其他小黨所接受，成為民國憲法的主要執筆人。1946 年 2 月，具有「預備制憲會議」性質的政治協商會議憲草審議委員會委託張君勱主筆修正五五憲草，歷經協商討論，張君勱交出了優秀的答卷。民社黨和青年黨這兩個長期在野的小型反對黨，則在 1946 年底的制憲國民大會

---

[1] 根據憲法學家 Elkins, Ginsburg, and Melton (2005: 133-135) 在全世界二百餘年來二百餘個國家（包括已消失者如南越）數據的基礎上對憲政制度設計的特色（design features）與憲政壽命和風險比率（hazard ratio）的關係所做的分析，再度施行的憲法（reinstated constitution）對應於較長的憲政壽命和較低的風險——當然，相關性並不等同於因果關係，筆者認為這一相關性一部分來自直接的因果關係（承襲歷史經驗並規避制憲失敗和新憲法缺乏實踐的風險），一部分來自舊憲法在其他方面的優勢。此文獻所反映的主要利好因素有包容性、細節性、適度的修憲靈活性（不僵化也不過於易變），民國憲法也都在很大程度上具備。

中起到了歷史性的關鍵作用：雖然其代表只佔制憲國民大會的少數席位，但他們以退場抵制為威脅，使佔據多數席位的國民黨不敢背棄張君勱主筆的「政協憲草」，最終通過的中華民國憲法幾乎完全與政協憲草相合[2]（改動很少，亦多為有益的優化，詳見本書正文），從而確保了民國憲法的民主性和憲政價值。

這一制憲過程，沒有政黨分贓的性質：國民黨沒有得到五五憲草的「超級總統制」；共產黨沒有得到「獨立王國」式的聯邦制（這是共產黨裏挾一些小黨抵制制憲國民大會的原因之一）；民社黨、青年黨達到了人權的積極保障、虛位總統和責任內閣、立法委員直選、省自治等有利於自由民主的制憲目的，但沒有利用制憲的機會為小黨設置「自肥」條款。

就制憲過程中政黨與人民的關係而言，近期無望勝選掌權的小型反對黨之成員，如果認同憲政民主理念，即能捍衛人民的自由並致力於限制政府權力（除整體權限，還包括限縮行政部門權力、在各個部門之間建立有效的制衡機制），因為他們對權力懷有深刻的警惕——人民自由減之一分、政府權力增之一分，他們將要面臨的危險就大之一分。換句話說，和來自大黨的代表相比，來自此類小黨的制憲代表（其絕大多數甚至全部都具有平民身分）的利益與普通公民的利益具有更大程度的一致。如果制憲者嗅到了執政大權的味道，憲法的憲政價值和民主性就有可能大打折扣，好在民國制憲過程中小黨過小，保障人權與限制政府權力成為小黨的自然訴求[3]。

反之，即使制憲代表都是分區直選的平民，在政黨政治盛行的當

---

[2] 民社黨核心人物之一、制憲國大代表蔣勻田（1976：188）認為中華民國憲法「可說百分之九十八皆係政協憲草原文」。逐字對照之下，百分之九十八這一數字明顯偏大，但民國憲法和政協憲草在字面上的區別主要在於不甚重要的基本國策部分增添了許多細節（參看註 465），就其實質性的內容而言，「百分之九十八」之說並不為過。

[3] 以青年黨為例，臺灣學者陳正茂（2008：317）對青年黨在政協會議中的作用做出如下評價：「……因為沒有執政的野心，故該黨在戰後建國的規劃藍圖上，較少政黨之私，全然以國家的長治久安，政治的安定與人民的權利福祉為念。」

世，我們也難以指望這些代表能夠擺脫政黨意識形態和政黨利益的影響。即使制憲會議遵循超級多數決的機制，如果離執政地位只有一步之遙的多數派主導憲法的起草，那麼指望這些多數派致力於限制政府權力就近乎一廂情願了，就算其身分在制憲時是平民也無濟於事。

（2）制憲，是一個國家歷史上不應多次發生的歷史事件，事關重大，必須盡可能尊重並吸納少數派的意見，多數派必須有這個雅量。如果大黨有足夠的雅量，讓一個認同憲政民主理念但無望勝選執政的微小政黨的成員或無黨派人士主筆起草憲法，那麼這部憲法就有很大可能成為一部大力保障人權、限制政府權力的憲法。

1946 年，中國出現了有利於制憲的局面——主筆制憲的小黨人士張君勱先生是熟習憲政理論的博學鴻儒，而且國民黨高層人士如蔣介石、孫科[4]深明大義，值得稱道。當時國民黨整體而言其實缺乏雅量，制憲國民大會的國民黨籍代表憑藉其多數票，在分組審議過程中已經決定背棄政協憲草、回歸五五憲草。蔣介石苦口婆心進行勸說[5]，挽狂瀾於既倒，促成了中華民國憲法這部高質量的民主憲法的最終通過，功不可沒。

2003 年，重病中的經濟學家楊小凱先生與來自臺灣的曲祉寧先生合寫了〈怎樣才能使憲法得到尊重〉一文，提出「憲法權威存在的第二

---

[4] 張君勱（1947：58）如是說：「我曾經聽到全增嘏先生說：當時有人質問時，哲生先生答覆：『人家修改得比我們好，自然應該贊成他們。』哲生先生這種雅量，實在是可佩服的。」（按：孫科字哲生）。

[5] 國民政府立法院在政協憲草基礎上三讀通過的中華民國憲法正式草案於1946年 11 月 28 日提交制憲國民大會審議，蔣介石在國民大會會場發表〈說明憲法草案制訂之經過與意見〉講話，力挺政協憲草之制度與精神，但未能說服大部分國民黨籍代表。隨後，蔣介石於 12 月 2 日、6 日、9 日對國民黨出席制憲國民大會代表發表講話〈本黨代表在國民大會中應注意的重點〉、〈本黨對國民大會中爭執諸點的意見〉、〈政府對於中共問題所持之方鍼〉（後一個講話提醒國民黨人不要中了共產黨的圈套），極力規勸，確實可謂苦口婆心，也可見當時國民黨內對政協憲草反對聲浪之強大。上述講話皆收錄於《總統蔣公思想言論總集》卷二十一·中華民國三十五年（秦孝儀主編 1984）。張君勱先生和民社黨、青年黨制憲國大代表與國民黨高層的互動對促使蔣介石先生堅守政協憲草起到了積極作用，參看蔣勻田（1976：174-176）。

個條件（按：共七個條件）是在憲法的制訂和通過時，必須要有執政者的反對派參加。憲法這個做為國家最根本的法律，不能只代表執政者的意見，還必須通過非執政者代表，特別是反對者以及少數派的同意，憲法才能具有合法性以及能被施行的條件。因此在憲法制訂的過程中必須讓各方，特別是反對派，都願意參加，憲法才能具有真正的合法性。」此文也對中華民國憲法做出了如下的正面評價：「中華民國憲法在制訂的過程中，是由非國民黨人主持，中國共產黨並參與其中。亦即，中華民國憲法制訂的過程符合憲政制訂的程式。」[6]

　　如上所述，中華民國 1946 年制憲過程中的政黨運作恰恰是一個亮點，是中國歷史上少有的突出共識、強調讓步與妥協、尊重少數派的政治佳話。憲法學家、臺灣綠營理論家李鴻禧教授對此也予以盛讚（當然，他的主張是「臺獨制憲」需要效法中華民國制憲過程對少數派的尊重和包容）[7]。

　　反之，如果中國大陸在未來的民主轉型期間重新制憲，以中共六十餘年來對大陸人民負面影響之深、「鬥爭哲學」之盛，筆者很懷疑制憲會議多數派能有雅量尊重少數派的意見，遑論將主筆起草憲法的機會讓與少數派；其所能制定出的憲法的質量不容樂觀。

　　（3）值得注意的是，如果反對黨已經在地方割據或不認同憲政民主理念，那麼這樣的反對黨即可能破壞制憲進程。共產黨在 1946 年初的政協會議及其後的憲草討論過程中起到過一定程度的積極作用（沒有共產黨對國民黨的牽制，以國民黨當時的強勢，很難想像憲法草案會由小黨成員主筆），在中央政治層面為制約國民黨而力主議會民主制，絲毫沒有把共產意識形態摻入民國憲法之中。但是，共產黨參與制憲並非出於憲政民主理念[8]，實乃虛與委蛇[9]，後來因其為維持割據而力主的

---

[6] 楊小凱、曲祉寧（2004：24）。此文作於 2003 年。

[7] 李鴻禧（1994：36，230）。

[8] 筆者在 2016 年以「七十年前的多黨協商制憲」為題向一群朋友介紹中華民國制憲歷程，有聽眾評價道：雖然共產黨不懂憲政，但在政協會議期間作為地方割據力量，出於樸素的自保意識而提出的訴求（如限制中央政府的權力、加強地方自治和立法部門對行政部門的制約）大體上恰好合乎憲政主義原則。此言

「獨立王國」式聯邦制訴求沒有得到滿足,以及東北戰事[10]等原因,而抵制了制憲國民大會。在這個問題上,不應片面偏袒共產黨而苛責完成制憲的國民、民社、青年三黨。所以,楊、曲二先生在其文章中提出「中華民國憲法的施行,並沒有獲得當時中國最大的反對黨中國共產黨的同意與支援。因此,中華民國憲法的合法性就存在問題」,這一觀點筆者並不苟同。

    無論如何,楊小凱先生對中華民國憲法是認同的,總體評價是肯定的。他在〈中國統一之利弊〉一文中指出:「……中國開始選舉和立憲時,如果選舉中的失敗者不認輸,誰來當這個警察強制執行遊戲規則?如果無人能擔當此角色,中國又可能動亂起來。而防止立憲過程中這類動亂的有效方法就是深厚的憲政淵源,使得人民對新遊戲規則有信心。中國自清以來已有深厚的憲政政治淵源,此淵源在當代中國由中華民國憲法及在臺灣憲政實踐代表。

    「因此很多臺海兩岸的中國人都體會到臺灣之所以真正關心中國統一,是因為中華民國的憲政法統對整個中國回歸憲政軌道過程的巨大價值。中華民國憲法當然不是一個臺灣中國子文化中的憲法,它是在中國大陸制定,制憲過程有各個敵對的主要黨派參加,因此它是民國初南北議和以來中國的第二次真正憲政過程。它有全中國的合法性。整個中國還沒有任何成形的制度和人群關係能與中華民國憲法競爭在中國憲政過程中的法統上的合法性。中華人民共和國憲法由於制定過程中完全沒有反對派參加,所以根本不具合法性,加上它本身的反憲政本性(四個堅持)所以在中國歷史上不可能有憲政法統的合法性。

甚是。

[9] 政治協商會議秘書長雷震(2010a: 99)對共產黨參與制憲的評價是:「我深深知道,共產黨對於憲法是無所謂的,他們根本沒有法律觀念,一切唯力是視……」。筆者認為,倘若歷史的機緣使得中共全程參與制憲行憲,中共由於毫無建設民主憲政的誠意,勢必在中央以攪亂政局為能事、在「解放區」屬行專制並抗拒中央政府對「解放區」人民權利的維護。

[10] 大陸學者鄧野(2011:371)指出:「總括而論,儘管政協會議在全局性問題上達成了協議,然而這些全局性協議對於東北這一局部性問題卻毫無作用,最終,這個局部性的問題反過來,毀掉了那些全局性協議。」

「……從歷史上看，一個現代國家的形成必經立憲過程，當共產主義逆流把憲政過程完全毀棄後，一旦立憲重新回到國家的議事日程，正像俄國一九九零年重新立憲時，馬上就把沙俄時代的杜馬制度恢復了一樣。因為大家都知道，本國的憲政經驗是本國人民最容易接受，最容易建立信心的，哪怕這些憲政經驗在歷史上不是成功的經驗，哪怕這些憲政經驗已從國家的文字記錄中被抹去了七十年。」[11]

楊小凱先生英年早逝，無法親歷中國大陸的民主轉型，但他的洞見和哲思指引著後繼者。

（4）下面討論代表性的問題。小選區單一代表的選舉制度，盛行於最老牌的憲政民主國家——英國和美國，而且在表觀上具有選民和代表的直接對應關係，也便於問責，所以大多數中國人可能認為這是不二的選擇。但是，下面三個單席選區制的例子也許會令人震驚：1998 年萊索托議會選舉中，第一大黨以大約 60%的選票，贏得了 80 個席位中的 79 席，導致小黨訴諸街頭暴力，政局不穩；1984 年，印度國大黨以 48%的得票贏得了 77%的議席；回到民主國家的老祖宗，2005 年，英國工黨以 35%的選票贏得了 55%的議席，老對頭保守黨得票率 32%，得到 31%的議席，第三黨自由民主黨得票率 22%，僅得到 10%的議席！個中原因很簡單：單席選區制，每個選區只有一個贏家，投給落敗者的選票都成了廢票（不管他們以多小的差距落敗），所以單席選區制在政黨支持率之地域分布較不對等的情況下會導致極強的扭曲效應[12]。

由此可見，貌似簡單而公平的單席選區制在開票之時即已包含了重大的不公，對少數派極其不利[13]。當世民主國家盛行的做法是一定程度

---

[11] 楊小凱（1999：87-88）。

[12] 亦稱大黨的「席位紅利」（seat bonus），參看戴雅門（2015：211-212）。

[13] 諾貝爾經濟學獎得主威廉·阿瑟·劉易斯 1965 年在加拿大麥克馬斯特大學所做題為 *Politics in West Africa* 的講座中指出："The surest way to kill the idea of democracy in a plural society is to adopt the Anglo-American electoral system…"（Lewis, 1965: 71）。這句名言在政治學界廣為流傳，雖然並非100%適用的定律（印度迄今為止就是一個例外，因宗教政黨日益壯大，前景有待觀察），但中國作為多元並且缺乏寬容精神和民主傳統的大國，應當引以為戒。

的比例代表制[14]（例如萊索托在國際組織的調解下設置了一定數量的政黨比例議席，作為單席選區議席的補充）。1946 年中華民國制憲國民大會在政治協商的基礎上引入了政黨席位，雖然以當代的標準來衡量並非最佳方式，但在當時的歷史背景下實屬難能可貴。

還需要指出的是，一次性的、以制憲為目的的制憲會議不存在問責機制之土壤（投票通過憲法之後，制憲會議即完成了歷史使命，制憲代表之罷免無從談起），所以單席選區制的這一些微優勢也不適用於制憲會議。

有人可能寄希望於在制憲會議中杜絕或遏制政黨因素。這種浪漫的期待，在黨爭上百年的中國是否有望實現，筆者認為不必評論[15]。

順便向大家介紹一個制憲實例：2014 年 1 月，突尼斯制憲議會在歷時兩年的努力之後終於完成了歷史使命，通過了新憲法，那麼突尼斯的制憲議會是怎樣選舉產生的呢？恰恰是比例代表制，而且各個政黨的候選人名單是封閉式的，選民只能選黨，無法改變候選人名單的排序（開放式名單多見於成熟民主國家，轉型時期難以一步登天）。突尼斯的制憲議會選舉以及新憲法的通過在西方社會獲得了廣泛的好評。筆者舉這個例子，並不是說無條件贊成比例代表制，只是供大家參考，希望

---

[14] 比例代表制的詳細討論見本書第五章。另一個照顧少數派的方法是「傑利蠑螈」（gerrymander），即按照派別的聚居狀況量體裁衣來劃分單席選區，其結果往往是奇形怪狀甚至支離破碎的選區（感興趣的讀者不妨在網上搜索一下 "gerrymandering map"，美國一些選區的形狀是令人震驚的），這一做法在美國確保了許多黑人眾議員的席位。可是，這是一把雙刃劍，是否利用「傑利蠑螈」確保少數派議席取決於多數派的意志，而且多數派可以把少數派的鐵票選民集中於一個選區，雖然少數派候選人在這個選區鐵定當選，但周邊選區的少數派鐵票選民減少，有利於多數派。近年來，美國有些州的州議會多數黨利用劃分選區的權力，劃出對自己極其有利的選區，導致巨大的爭議。美國這樣憲政傳統悠久的國家尚且出現這種弊端，中國大陸未來的國會選舉如果貿然實行英美式單席選區制，前景不容樂觀。

[15] 中國大陸民主派中浪漫期待人民選派代表效法美憲制定新憲者大有人在，或許可以稱之為「憲法熱情」。享有國際聲譽的匈牙利憲法學家 Sajó（2008：79-81）對全民「憲法熱情」的真實性和必要性提出毫不客氣的否定，並援引美國政治學家達爾的觀點，指出「浪漫的制憲圖像不過是一種對民主的幻象」。

有助於打破單席選區選舉制憲代表的迷思[16]。

　　（5）1946 年制憲過程確實存有瑕疵，但不在於共產黨和親共小黨對制憲國民大會的抵制，而在於制憲國民大會之民選代表（多為 1936-1937 年選出的國民黨人）的資格有效性問題。就操作意義而言，如果1946 年重新舉行制憲代表選舉，攜抗戰勝利之威而勢頭正旺的國民黨大獲全勝是毫無疑問的，當時即使修補了這一瑕疵也不會扭轉制憲國民大會的代表分布格局。所以，揪住這個瑕疵不放就有吹毛求疵之嫌了。況且，美國憲法的制定和批准的過程也存有重大瑕疵[17]（在此不贅述），這些瑕疵無損於美國憲法的偉大。

　　筆者認為，一部憲法所規定的民主程序和政府產生機制如果得以實施，也就是說人民依據這部憲法參與了民主選舉、構建了民選政府，那麼這部憲法的合法性即法理正當性[18]就得到確認，哪怕其制定程序存在

---

[16] 拉丁美洲的數據可供參考：據學者統計（Negretto 2013: 72-78），二十世紀以來拉美國家制憲共計六十餘次，制憲會議的選舉幾乎全部採用比例代表制，亦有採用比例議席與單席選區混合制者。

[17] 由於 1787 年制定美國憲法的費城會議事先所獲得的授權是修訂美國邦聯條款而不是制定新憲法，一些美國學者認為美國制憲會議甚至美國憲法在某種意義上是「非法」的，例如阿克曼（Ackerman 1991: 43, 216）使用了 "illegal constitution" 和 "illegal convention" 等說法（此書在大陸和臺灣已有數個中譯本，但筆者只看過英文原著，恕無法提供中譯本相關文字的頁碼）。

[18] 英文 legitimacy 在中國大陸通常譯為「合法性」，但與 legality 之中譯重合；在臺灣通常譯為「正當性」，但這一名詞有更廣泛的含義，可以說通的、有道理的、有理由的在一定的視角之下都可以說是正當的（justified），但不一定具有 legitimacy。臺灣學界對此有過討論（顧忠華 等 1998），吳庚、蔡英文（按：政治與社會哲學學者，與蔡英文總統重名）等學者提出「正統性」或「正當合法性」之譯法。吳庚大法官舉出利用法律漏洞避稅的例子，財政部發布命令填補法律的漏洞，儘管在某種意義上可謂「正當」（顏厥安教授指出此「正當」為英文 justification），但與法律抵觸而被大法官宣布無效。

筆者認為，legitimacy 的精微含義是「法理正當性」或「合法（理）性」，只有在法理角度成立的才具有 legitimacy。與之相對，legality 是「法條符合性」或「合法（條）性」，合法條的不一定是合法理的，惡法非法。至於「法理」為何物，中華民國民法第一條「民事，法律所未規定者，依習慣；無習慣者，依法理」可資參考：臺灣學者吳從周（2004：9-28）綜述各種學說，指出民法第一條之「法理」具有「自然法」、「事物本質」、「法律原則」三個角度的

瑕疵[19]。民國初年的臨時約法在當時成為全國認同的法統，不是因為其制定程序的完美（由非民選的臨時參議院制定），而是因為第一屆國會的選舉和召開。「曹錕憲法」字面上過得去，但在曹錕下臺之後的任何政治語境中都不具有合法性，不只是因為賄選醜聞，而且是因為其所規定的民主程序從未施行。1946 年制憲國民大會制定的中華民國憲法曾施行於全國大多數地區，中國人民依據這部憲法所規定的民主普選程序，於 1947 年選出第一屆國民大會（為與制憲國民大會相區別，通常稱為「行憲國民大會」）代表，於 1948 年選出行憲後第一屆立法委員[20]，民選政府於 1948 年就職。這一民主實踐過程，在效果上標誌著中國人民對中華民國憲法的核准[21]。

意涵，頗為精闢。

[19] 匈牙利憲法學家 Sajó（2008：79，88）指出：「……憲法並不需要真正獲得所有公民的同意，而只要能證明政府制度的基本安排，並未對任何人——任何重要的社會行動者——造成嚴重不利益，即為已足。」「現代憲法的批准，常常是政治菁英間的相互妥協，它是披了民主外衣的獨特菁英產物。但是現代民主立憲國家的憲法權力來源仍然是人民主權（sovereignty of the people）。只要憲法不侵犯人民，只要憲法留給人民（亦即，個別投票者）參與常態政治、決定日常事務的管道；或者在人民強烈反對憲法的時候，讓人民有機會阻礙憲法的通過，或讓人民有機會修正憲法；這些都可確立人民才是真正的主權者」。

[20] 不可否認，這兩次選舉（尤其是前者）過程中，許多選區浮現了買票、配票等弊端。但是，一些負面現象在民主制度雛形時期在所難免，而且買票現象恰恰說明選舉有競爭、選票能夠決定選舉的結果。在美國這樣的發達國家，買票現象目前已經很少見，一百多年前則是很普遍的，各大城市都有「政治機器」（political machine），以物質回饋控制選票。這在政治學領域稱作扈從主義（clientelism），在雛形階段的民主體制下可能盛行，隨著民主的發展和深化而逐漸減少，參看美國學者福山在其巨著 *Political Order and Political Decay* 一書中的詳細討論（Fukuyama 2014: 135-164）。

[21] 可供參照的先例，是瑞士 1847 年內戰之後制定的 1848 年聯邦制憲法在近 1/3 的州（皆屬於內戰中落敗的一方）未能獲得公民投票批准，沒有達到取代舊憲章所需的法定條件，但議會強行頒布實施之，拒絕批准這部憲法的各州最終接受了既成事實，參與了依據這部憲法舉行的新議會選舉（Dardaneli 2011: 149）。值得指出的是，瑞士有六個州在 1848、1874、1999 年瑞士制定新憲時舉行的公民投票都未能批准新憲法，也就是說至今從未批准過瑞士的任何一部聯邦制憲法（Schmitt 2005: 376），實乃被「裹挾」加入聯邦，但這六個州的

　　但是，如果筆者的上述觀點在中國大陸民主轉型時期無法成為共識，那麼，一個折中方案是將民國憲法視同草案，召開憲法會議，再度複決通過（如果通過，那麼憲法會議就成為「復憲國民大會」，但除非在選舉代表時有議決憲法之外的授權，否則不得自我拔高為正式的國民大會），然後加以適當增修，並制定一些轉型時期所必須的臨時條款（例如立法委員選舉之前的過渡政府產生方式）。時隔七十年的增修和轉型時期條款是重大的技術問題，選民難以就其細節形成全面而具體的意見，有必要讓憲法會議代表作為自主議事的法定代表而議決之（這一次重大增修之後，憲法的進一步增修即不再適宜採用自由委任的法定代表制，而應採用強制委任的委任代表制，詳見回答五及本書第二、三章）。憲法事關重大，不可隨意增修，除對保障人權、鞏固憲政有重大意義者外，能夠由一般法律來規範的事項最好留給一般法律。

　　質疑二：中華民國憲法喊了一堆人權口號，中共憲法也喊了一堆人權口號；中共憲法的口號根本沒有效用，中華民國憲法是否也一樣不能保障人權？美國憲法不空喊口號，只禁止政府侵犯人民的自由，中國應該重新制憲並效法美國憲法的人權保障模式！

　　回答二：具體回應這一質疑之前，讓我們先做一個簡單的推理：臺灣解除戒嚴、全面行憲之後對民國憲法所作歷次增修，從未改動人權保障條款；近二十餘年來臺灣社會的自由程度和人權保障相當值得稱道，這恰恰說明民國憲法的人權保障條款行之有效。進一步講，臺灣修憲而成的「總統優越型半總統制」[22]政府架構大幅度強化了總統的權力，但

公民並未因此而抵制聯邦、自外於聯邦。臺灣某些深綠人士否認中華民國憲法之於臺灣的合法性，但在瑞士的參照下，我們可以認為，自從中華民國中央民意代表全部由自由地區國民選舉產生、憲法增修條文由自由地區民意代表制定，中華民國憲法和臺北政府在中華民國自由地區的合法性即已完全確立。

[22] 半總統制的類型劃分有數種方式，臺灣學者吳玉山（2011：10-14）基於半總統制的實際運作，以行政權的歸屬和負責為焦點，將其劃分為準內閣制、換軌共治、分權妥協、總統優越四個次類型。「總統優越」指的是總統控制內閣人事與政策、內閣在事實上對總統負責，實質運作很接近總統制，甚至成為「超級總統制」。

即便如此，臺灣人民的自由並沒有遭到侵害，這更加證明民國憲法能夠保障人權。下面詳細論述之：

（1）民國憲法第 8 條採用了源於英國的「人身保護令狀」制度，以相當詳細的文字為人民的身體自由提供了憲法保障：「人民身體之自由應予保障。除現行犯之逮捕由法律另定外，非經司法或警察機關依法定程序，不得逮捕拘禁。非由法院依法定程序，不得審問處罰。非依法定程序之逮捕、拘禁、審問、處罰，得拒絕之。人民因犯罪嫌疑被逮捕拘禁時，其逮捕拘禁機關應將逮捕拘禁原因，以書面告知本人及其本人指定之親友，並至遲於二十四小時內移送該管法院審問。本人或他人亦得聲請該管法院，於二十四小時內向逮捕之機關提審。法院對於前項聲請，不得拒絕，並不得先令逮捕拘禁之機關查覆。逮捕拘禁之機關，對於法院之提審，不得拒絕或遲延。人民遭受任何機關非法逮捕拘禁時，其本人或他人得向法院聲請追究，法院不得拒絕，並應於二十四小時內向逮捕拘禁之機關追究，依法處理。」司法院釋字第 392 號對此予以更具體的解釋，這裡援引釋字第 443 號的概括：「關於人民身體之自由，憲法第八條規定即較為詳盡，其中內容屬於憲法保留之事項者，縱令立法機關，亦不得制定法律加以限制」。

此條文反復強調法定程序，經大法官釋憲而確立了「正當法律程序原則」。釋字第 384 號：「實質正當之法律程序，兼指實體法及程序法規定之內容，就實體法而言，如須遵守罪刑法定主義；就程序法而言，如犯罪嫌疑人除現行犯外，其逮捕應踐行必要之司法程序、被告自白須出於自由意志、犯罪事實應依證據認定、同一行為不得重覆處罰、當事人有與證人對質或詰問證人之權利、審判與檢察之分離、審判過程以公開為原則及對裁判不服提供審級救濟等為其要者。除依法宣告戒嚴或國家、人民處於緊急危難之狀態，容許其有必要之例外情形外，各種法律之規定，倘與上述各項原則悖離，即應認為有違憲法上實質正當之法律程序。」[23]

---

[23]「正當法律程序」在美國憲法體系中主要強調訴訟程序（對應於民國憲法第16 條），司法院透過對憲法第 8 條的解釋引入這一概念，引起了一些爭議。

（2）民國憲法第 22 條效法美憲第 10 條修正案，涵蓋了所有其他未被羅列的人民權利（「凡人民之其他自由及權利，不妨害社會秩序公共利益者，均受憲法之保障」）。進而在第 23 條對立法權作出了嚴格限制（「以上各條列舉之自由權利，除為防止妨礙他人自由，避免緊急危難，維持社會秩序，或增進公共利益所必要者外，不得以法律限制之」）。上述條文是民國憲法與中共憲法在人權方面的根本區別，決定了民國憲法是切實保障人權的民主憲法──其人權保障的主要來源不是若干重要人權的羅列，而是對政府行為之目的和力度的限制（透過司法院釋憲而具體化），與中共言而不行的人權口號完全不同。

美國憲法雖然沒有明言「不妨害社會秩序公共利益者」這樣的附加條件，但憲法解釋基礎上的實際憲政運作恰恰採行了類似的準則[24]。這裡需要指明的是，憲法解釋屬於「實質意義的憲法」或「不成文憲法」範疇；美國法學界把憲法解釋歸入憲法性法律（constitutional law），也就是說，美國釋憲機關的實際權力大至「出口成憲」的程度，好在憲政傳統和制衡機制使之具有較強的自律性。起源於英美法系的違憲審查制度，早已被大陸法系吸納[25]；在實行違憲審查制度的當世民主國家，不管屬於哪一個法系，憲政實踐中具有操作意義的「憲法」概念都包含了成文和不成文的兩部分，後者主要來自釋憲機關對憲法的解釋。

所以，美國的憲政實踐並不是美憲原文和二十七條增修條文所能夠涵蓋的，司法部門二百多年來的憲法解釋和判例決定了憲法對人民自由

陳新民大法官（2015：251）指出：「……透過法律保留原則、比例原則的運作，以及訴訟基本權利的充實，我國憲法自可導引出正當法律原則，不必依託在憲法第 8 條的人身自由條款」。

[24] 例如，美國最高法院數次釋憲確認，挑釁言辭（fighting words）及類似表達逾越一定界限者不受憲法保護，參看張千帆（2011：384-391）。

[25] 順便指出，隨著各國司法制度的發展和優化，大陸法系和英美法系在許多方面正在走向合流（參看 Mattei and Pes 2008）。中國大陸和臺灣從西方繼受的主要是大陸法系，由於「制度慣性」，中國大陸民主轉型之後驟然間放棄大陸法系而改行英美法系是不可能做到的，也是不必要的（不要忘記，美國路易斯安那州、加拿大魁北克省的法律體系一直以大陸法系為主幹，並未導致其人權狀況比不上美加其他地區），但應當逐步引入英美法系的優良成分。

及權利之保障的實際效力。

（3）關於民國憲法第 23 條：此條文不但與晚於民國憲法兩年的《世界人權宣言》第 29 條相合（「人人在行使他的權利和自由時，只受法律所確定的限制，確定此種限制的唯一目的在於保證對旁人的權利和自由給予應有的承認和尊重，並在一個民主的社會中適應道德、公共秩序和普遍福利的正當需要」），而且在臺灣全面行憲後經司法院大法官釋憲而對立法權和行政權形成了有力的、嚴格的限制，對臺灣的憲政鞏固起到了極其正面的作用。司法院多次根據此項條文（並參照西方民主國家憲政經驗）宣布法條違憲。

司法院從德國繼受的比例原則，經過歷次釋憲，確立為目的正當性、手段適合性、手段必要性、限制妥當性（亦稱手段合比例性或狹義比例原則）四個子原則[26]，相當於對民國憲法第 23 條之立法權限的具體詮釋，已成為臺灣現行憲法體系的重要組成部分。

下面以訴訟權和量刑問題為例說明比例原則的應用。釋字第 507 號：「法律為防止濫行興訟致妨害他人自由，或為避免虛耗國家有限之司法資源，對於告訴或自訴自得為合理之限制，惟此種限制仍應符合憲法第二十三條之比例原則。……專利法第一百三十一條第二項至第四項規定……被害人必須檢附侵害鑑定報告，始得提出告訴，係對人民訴訟

---

[26] 司法院逐步確立這四個子原則的過程，參看黃昭元（2014：3-4）。黃舒芃（2014：3-4）對其具體意涵作出的闡釋頗為簡明扼要，特在此摘錄：「首先，公權力行使所追求的目的，必須具有憲法上的正當性；其次，公權力為追求前述目的而使用的手段，必須有助於目的之達成；再者，公權力為追求其目的之達成，若有多個相同有效的手段可供選擇，則必須使用侵害最小的手段；最後，公權力行使所保護與所侵害的權利，彼此間在損益衡量上，應處於法益相稱的關係，一般又稱之為狹義比例原則。」黃舒芃教授指出，上述四個子原則與國際憲法學界主流觀點相合——筆者不通德文，僅就英文權威資料而言，Barak (2012: 131) 將比例原則分為下述四個組成部分：proper purpose, rational connection, necessary means, and Proportionality *stricto sensu* (balancing)，Luterán (2014: 21) 則採用如下劃分：(1) the legitimacy of governmental aims, (2) the suitability of the means chosen to achieve those aims, (3) the necessity of the means chosen to achieve the aims, and (4) the overall balance of a state action (sometimes referred to as "proportionality in the narrow sense" or "proportionality *stricto sensu*" or the "law of balancing")，二者都一一對應於司法院所確立的子原則。

權所為不必要之限制,違反前述比例原則。是上開專利法第一百三十一條第二項應檢附侵害鑑定報告及同條第三項未提出前項侵害鑑定報告者,其告訴不合法之規定,應自本解釋公布之日起不予適用。」釋字第669 號:「槍砲彈藥刀械管制條例……有關空氣槍部分,對犯該罪而情節輕微者,未併為得減輕其刑或另為適當刑度之規定,對人民受憲法第八條保障人身自由權所為之限制,有違憲法第二十三條之比例原則,應自本解釋公布之日起至遲於一年屆滿時,失其效力。……鑑於限制人身自由之刑罰,嚴重限制人民之基本權利,係屬不得已之最後手段。……刑罰對人身自由之限制與其所欲維護之法益,仍須合乎比例之關係,尤其法定刑度之高低應與行為所生之危害、行為人責任之輕重相符,始符合罪刑相當原則,而與憲法第二十三條比例原則無違。」上面第二個例子說明,民國憲法雖然沒有像美憲權利法案那樣明文規定禁止酷刑,但比例原則能夠起到禁止酷刑的作用。

比例原則也適用於行政權。1999 年,立法院制定行政程序法,第 7條為「行政行為,應依下列原則為之:一、採取之方法應有助於目的之達成。二、有多種同樣能達成目的之方法時,應選擇對人民權益損害最少者。三、採取之方法所造成之損害不得與欲達成目的之利益顯失均衡。」與比例原則的前述四個子原則相比較,上述法條實乃後三個子原則(手段適合性、手段必要性、限制妥當性)的具體內容,其意義不限於行政權限的語境。

值得指出的是,除美憲第 1 條第 8 項第 18 款之「必要而適當」的立法準則外,美國最高法院也已經透過釋憲和判例而確立了與比例原則近乎等價的準則[27],可見不管是英美法系還是大陸法系,不管憲法條文字面上有多大區別,只要在行憲實踐中切實遵循憲政主義之保障人民權

---

[27] 一些美國法學家指出,雖然美國司法部門很少直接使用 proportionality 的說法,但其常用的平衡原則(balancing doctrine)等違憲審查方法在實質上與比例原則大同小異(在形式上當然明顯不同),參看 Bermann (1977),Sullivan and Frase (2009),Schlink (2011),Tushnet (2014: 71-91)。2011 年出任司法院大法官的法學家湯德宗(2009:617)指出美國違憲審查標準與德國比例原則本質相同,依循之邏輯與操作方式不同(筆者不禁想到物理學上的薛定諤波動力學與海森堡矩陣力學的等價關係)。

利與限制政府權力的基本精神，那麼美國、德國、臺灣都殊途同歸，因
為民國憲法第 23 條所明示的「**防止妨礙他人自由，避免緊急危難，維
持社會秩序，增進公共利益**」這四項目的，以及為實現這些目的而立法
和施政之行為的必要性，正是政府存在的法理目的和政府行為的準繩，
其精神洋溢於憲政民主國家之憲法條文和憲法解釋的字裡行間，任何憲
政民主國家都不外乎此。

憲政民主國家在人權保障方面的趨同現象，對中國大陸的憲政選擇
具有極其重大的意義：我們真的有必要為了追求憲法條文的表觀形式而
否定民國憲法、刻意效法美憲嗎？民國憲法確實羅列了若干重要人權，
把這些羅列的人權項目稱為口號或宣言也不為過，但是，歐洲各國憲法
不也大都採用羅列人權的「宣言模式」嗎？歐洲民主國家沒有一個效法
美憲的，到頭來大家還是在實質上走到了一起，那麼，臺灣所踐行、所
驗證有效的民國憲法人權保障條款，難道僅僅因為在字面上不如美國憲
法條文美觀就要否定？

（4）民國憲法第 23 條所蘊含、司法院多個解釋所詳細闡述的比例
原則，是世界各國憲政發展殊途同歸的產物，是民國憲法體系的瑰寶，
雖然並非完美無缺、還有進一步完善的餘地，但臺灣全面行憲之後的政
治實踐表明執政黨和政府幾乎沒有濫用權力而侵犯人權的機會。如果中
國大陸另立新憲，因缺乏憲政經驗和釋憲體系，人權保障條款在憲政的
初步實踐中被踐踏的可能性將要大得多，即便在字面上效法美憲文式也
於事無補。

民國憲法及司法院釋憲體系，如果能夠被中國大陸拿來用，對威權
逆流的抗拒作用將會是極其重要的，將是大陸人民之福。中國大陸深受
共產黨負面影響，轉型後如果從零開始把憲政發展的道路走一遍，是否
有把握不發生重大偏差？恐怕不容樂觀。

（5）民國憲法制定之後七十年來，人權的概念有所發展，但我們
不妨比照美國：在這一時間段內，美國除了保障公民投票權的第 24 條
修正案和降低投票年齡門檻的第 26 條修正案之外，並未在人權方面修
憲。臺灣學界多認為民國憲法第 22 條及基本國策章節為「新興人權」

提供了保障[28]。筆者認為，除極少數例外，國際人權條約可以涵蓋人權的發展，不必訴諸憲法增修。

質疑三：看看美國憲法，政府可以做什麼、不可以做什麼都列得清清楚楚；民國憲法的政府權限在哪裡？不像美國憲法那樣列清楚就不能限制政府權力！

回答三：再來看看臺灣的憲政實踐，民國憲法在臺增修後的現行條文只是調整了政府部門的權力分立方式、修改了政府的產生程序，並未效法美憲模式，中華民國臺北政府的權力就不受到有效的限制嗎？答案顯然是否定的：中華民國自由地區全面行憲以來（尤其是政黨輪替後十餘年來），大量法條和政令被司法院宣布違憲而失效，而且行政部門無法隨意發布政令，沒有立法院的配合就無法推行政策。這些事實表明，民國憲法對政府權力的限制是有效的。下面詳述之：

（1）民國憲法在中央地方關係上屬於聯邦制或「準聯邦制」（是憲法保障的不冠以聯邦制之名的省縣自治），拙作〈民國憲法的聯邦主義精神〉（本書附錄一）有詳細論證：以民國憲法為憲政基礎的中華民國，就是事實上的中華聯邦共和國。但是，民國憲法不同於美國憲法，中央政府權限並沒有集中於立法院所對應的章節，而是效法歐陸（以德國為典型）及加拿大模式，在中央地方關係章節羅列各級政府管轄事項，而且羅列了委辦事項（也就是說一步到位確立了合作聯邦制）。但是，表觀形式上與美憲的最大區別在於憲法未羅列之剩餘權力的歸屬依據權力之性質採用均權原則（**其事務有全國一致之性質者屬於中央，有全省一致之性質者屬於省，有一縣之性質者屬於縣**）[29]，有爭議時由立法院定奪[30]，而不是像美憲那樣剩餘權力歸各州（許多州曾有嚴重侵犯

---

[28] 蕭淑芬（2009：217，220-224）。

[29] 憲法學家、臺灣綠營理論家李鴻禧在《李鴻禧憲法教室》一書中對民國憲法百般攻擊，唯獨讚賞均權制，並認為在當代政治條件下均權制應偏向地方分權（李鴻禧 1994：163）。

[30] 許多學者認為此類爭議應當由司法院定奪。筆者曾持有類似觀點，但考慮再三之後認為，如果某一個央地權限爭議在性質上屬於政治問題而不是人權問

人權的法律，早期的美國聯邦無法過問之）。央地權限問題，在世界範圍內是單一國分權過程中的重要問題，本書第六章介紹的輔助原則可以成為民國憲法之均權原則的補充，暫不詳述。地方自治，需要長期的建設；民國憲法原文囿於時代局限，當然不是終極的答案。

　　回過頭來探討一下民國憲法所採用的專章羅列各級政府權限之歐陸/加拿大模式：筆者認為，此模式與美國模式的區別，體現了聯邦國家構建過程的不同。美國在聯邦整合的層面可以稱為「合成聯邦國」，各州自願加入，憲法不那樣寫就很難獲得各州的批准（最初十三州中的五個以微弱多數票批准了美國憲法）；德國、加拿大則是武力統一或宗主國統轄之後再分權的「分權聯邦國」[31]，後者的晚近實例是由單一國轉變為聯邦國的比利時。比利時遲至 1990 年代才制定聯邦制的新憲法，可以選擇美國模式或歐陸模式；不用問，選擇了後者。中國落實憲法保障的地方自治之後自然屬於分權聯邦國，針對這一國情，民國憲法採用

題，那麼司法機關似應盡量迴避之；如果屬於人民權利問題（包括原住民自治權問題），那麼當然可以作為人權案件訴諸司法機關。此外，如果多數省份尋求某一項目的自主權，在立法委員之多數由各地選區選出（亦即全國不分區名額佔少數）的情況下，立法院強行將此項目劃歸中央的可能性勢必很小。臺灣學者周柏岹、謝秉憲（2009）指出：「……憲法第十章的均權制規定事實上具備中性性格，其為中央集權的護符或為地方自治的保障，端視立法院的角色認知而定：當立法委員自認是中央政府的利益共同體時，自然成為中央集權的護符；若立委自覺是選區利益的代表時，則憲法規定將成為地方自治權擴張的利器。是以地方自治能否落實的關鍵，並非立憲主義者所聲言的修憲，而在地方人民民主自治意識的萌芽，以及因此對選區立委進行的有效控制。」
在少數省份尋求特定項目的自主權、多數省份無所謂的情況下，立法院作為代議機關需要協商討論是否應當允許局部特殊化，如果討論的結果是局部特殊化不會對全國整體利益造成明顯衝擊並有助於滿足局部的特殊需求，那麼自然可以在中央立法之中允許局部例外，或在直接將特定項目劃歸各省的同時提供一個適合多數省份選用的「立法模板」。反之，如果地方自治體在憲法或法律言之不詳的模糊地帶立法，那麼立法院作為憲法第 62 條所稱的「國家最高立法機關」，自當有權在同一領域立法；地方與中央立法內容若有競合之處，後者佔據優位。由此可見，政治性的央地權限爭議由立法院定奪似無不妥。當然，憲法亦可修改為司法部門定奪全部爭議，但司法部門對政治性爭議未必在行。
[31] 美國學者斯泰潘所提出的 "coming together" 與 "holding together" 兩種聯邦建構模式（Stepan 1999），即「合成」與「分權」模式。

歐陸/加拿大模式，並無不妥。

　　不管是合成聯邦國還是分權聯邦國，歷史發展的趨勢都是合作聯邦制[32]（美國建國初期屬於二元聯邦制，聯邦與各個成員界限分明，後逐步趨於合作聯邦制，見下文）。只要真正落實聯邦分權，政府權限的表述方式並非根本性的問題。

　　需要正視的是，中國大陸民主轉型後不管是施行民國憲法還是另制聯邦制新憲法來構建聯邦，初期階段必然需要逐步建設地方自治，其聯邦制國家的性質更多的停留在紙面。全面落實地方自治和聯邦分權，將是民主轉型之後的新挑戰。這一過程中，根本沒有必要刻意追求帶有「聯邦」二字的國號，王天成先生在《大轉型》一書中對此有論證[33]。

　　（2）上面從聯邦制的角度討論政府權限，並不全面：單一制國家仍然需要界定政府權限，美國各州仍然需要界定政府權限。跳出央地分權的窠臼，更深層次的政府權限在哪裡？遠在天邊，近在眼前：民國憲法第 23 條！政府的權力，本質上來源於人民之自由的讓渡，讓渡過多則勢必導致政府對人民權利的侵犯。只有以防止妨礙他人自由、避免緊急危難、維持社會秩序或增進公共利益為目的並具有必要性的法律所確立的政府權力，才是合乎憲政主義之人權保障原則的政府權力。

　　美國南北戰爭之前，聯邦憲法的大部分條文對各州尚不佔據優位，所以當時的聯邦憲法並不能確保人民的自由和權利不受各州政府的侵犯，美國各州的荒唐法律（「荒唐」當然是以當今的眼光來看）不在此詳述，一個突出的例子是某些州以特定的宗教信仰作為擔任公職的條件[34]。南北戰爭之後，尤其是進入二十世紀以後，除了直接限制州權的美憲第十四條修正案以外，美國聯邦憲法的其他一些重要條文也透過最高

---

[32] 關於從二元聯邦制到合作聯邦制的過渡，可參考這方面的專著 *From Dual to Cooperative Federalism* (Schütze 2009)，在此不詳述。

[33] 王天成（2012：170）。

[34] 值得介紹的歷史背景：1789 年，美國憲法之父麥迪遜向第一屆聯邦國會提出的一攬子憲法修正案中的一條是「各州不得侵犯良心的平等權利……」，英文原文 equal rights of conscience 字面含義是各種出自良心的、平等的權利，在美國指的主要是宗教自由和宗教平等，但這一條文未能獲得國會通過，沒有提交各州批准，更沒有成為美憲權利法案的一部分。

法院釋憲而逐步獲得對各州憲法和法律的優位——雖然這些條文在字面
上針對聯邦（而且曾被早期的最高法院裁定只適用於聯邦），但已適用
於各州。也就是說，美國憲法條文把皮球踢給了各州，很多州做得較
差，後來聯邦法院就逐步把皮球收了回來，以多年的釋憲和判例所構成
的「不成文憲法」（例如聯邦憲法之權利法案對各州的適用性）彌補了
美國憲法體系曾經存在的漏洞。當然，不可能十全十美，恕不詳述。

　　民國憲法第 23 條所蘊含的比例原則合乎西方民主國家的人權保障
和政府權限標準；經過司法院對這一條文以及其他條文的具體詮釋，政
府權力之界限在原則上已經充分確立，在憲政實踐中亦透過大法官裁決
多個法條違憲而得到了強化。當然，還有不足，例如「通姦罪」就是歷
史的陳迹，尚未剔除[35]。

　　（3）臺灣全面行憲之後，司法院依據民國憲法第 23 條確認了體現
法治精神的「法律保留原則」，行政部門透過政令或法律實施細則而施
政的權力受到了有力制約。司法院釋字第 367 號：「若法律僅概括授權
行政機關訂定施行細則者，該管行政機關於符合立法意旨且未逾越母法
規定之限度內，自亦得就執行法律有關之細節性、技術性之事項以施行
細則定之，惟其內容不能牴觸母法或對人民之自由權利增加法律所無之
限制，行政機關在施行細則之外，為執行法律依職權發布之命令，尤應
遵守上述原則。」釋字第 380 號：「……國家對於大學自治之監督，應
於法律規定範圍內為之，並須符合憲法第二十三條規定之法律保留原
則。……大學法施行細則所定內容即不得增加大學法所未規定之限

---

[35] 自韓國憲法法院於 2015 年 2 月裁定通姦罪違憲之後，中華民國自由地區成
為穆斯林國家之外唯一的「通姦入罪」的司法轄區（美國一些州尚有歷史遺留
的「通姦罪」法條但已基本上不執行，而且在最高法院對類似法律之違憲判決
的參照下基本上可以認為違憲，參看邱忠義 2013），但廢除通姦罪阻力很
大——法務部 2013 年 4 月、5 月兩度就廢除通姦罪問題委託民調機構進行調
查，發現八成民眾不贊成（法務部 2013）。在如此懸殊的民意壓力之下，維
持通姦罪的 2002 年釋字第 554 號大法官解釋也就不難理解了。可是，通姦
罪和釋字第 554 號解釋明顯違背世界潮流，就比例原則之應用和社會效果而言
也很值得商榷（徐昌錦 2006）。2015 年 6 月就任的四位大法官中的三位支持
通姦除罪（中央社 2015a），在這一趨勢下，通姦除罪化或許指日可待。

制。」釋字第 394 號:「涉及人民權利之限制,其處罰之構成要件與法律效果,應由法律定之;法律若授權行政機關訂定法規命令予以規範,亦須為具體明確之規定,始符憲法第二十三條法律保留原則之意旨」。

概言之,「法律保留原則」不但針對行政部門(不得越過法律授權的範圍而限制人民權利),而且針對立法部門——立法對行政的授權須遵循「明確性原則」,明確的程度或法律規範的密度取決於對人民權利限制的程度。關於授權明確性原則,可進一步參看釋字第 313 號:「若法律就其構成要件,授權以命令為補充規定者,授權之內容及範圍應具體明確,然後據以發布命令」。釋字第 443 號:「……各種自由及權利,則於符合憲法第二十三條之條件下,得以法律限制之。至何種事項應以法律直接規範或得委由命令予以規定,與所謂規範密度有關,應視規範對象、內容或法益本身及其所受限制之輕重而容許合理之差异:諸如剝奪人民生命或限制人民身體自由者,必須遵守罪刑法定主義,以制定法律之方式為之;涉及人民其他自由權利之限制者,亦應由法律加以規定,如以法律授權主管機關發布命令為補充規定時,其授權應符合具體明確之原則;若僅屬與執行法律之細節性、技術性次要事項,則得由主管機關發布命令為必要之規範,雖因而對人民產生不便或輕微影響,尚非憲法所不許。又關於給付行政措施,其受法律規範之密度,自較限制人民權益者寬鬆,倘涉及公共利益之重大事項者,應有法律或法律授權之命令為依據之必要,乃屬當然。」釋字第 445 號:「國家為保障人民之集會自由,應提供適當集會場所,並保護集會、遊行之安全,使其得以順利進行。以法律限制集會、遊行之權利,必須符合明確性原則與憲法第二十三條之規定。……集會遊行法第十一條……第二款規定:『有事實足認為有危害國家安全、社會秩序或公共利益之虞者』,第三款規定:『有危害生命、身體、自由或對財物造成重大損壞之虞者』,有欠具體明確,對於在舉行集會、遊行以前,尚無明顯而立即危險之事實狀態,僅憑將來有發生之可能,即由主管機關以此作為集會、遊行准否之依據部分,與憲法保障集會自由之意旨不符,均應自本解釋公布之日起失其效力。」(這一解釋還包含了國家為人民的自由提供保障的義務,在此不贅述。)

在臺灣憲政實踐中，立法院對陳水扁掣肘八年之後，終於出現了「一致政府」的局面，但立法院長對本黨同僚控制的行政部門仍然施加掣肘，利用「黨團協商」制度（詳細討論見本書第五章）所提供的便利，讓行政部門的施政計劃難以推行。前面說過，中華民國憲法體系在臺灣經司法院充實之後已經深度限縮了行政部門政令所能涵蓋的範疇，沒有立法院的密切合作，行政部門施展不開拳腳。在此略談這個問題，只是為了證明民國憲法體系對行政權的有效限制；關於立法部門和行政部門關係的優化，筆者在本書第五章有所討論。

綜上所述，美國憲法的政府權限表述模式在憲政實踐層面並不具有特殊的優越性，和歐陸模式相比對中國並不具有更強的適用性。民國憲法採用歐陸模式，可以說是一個切合國情的選擇，同時也有進一步優化的餘地。

（4）最後再略談美國聯邦政府權限：雖然美國的成文憲法在字面上授予聯邦政府的權力相當有限，但自羅斯福新政時期開始，美國最高法院對憲法中「州際貿易條款」的靈活解讀導致聯邦政府權力大幅度提升，這顯然是制憲者始料莫及的。美國學者阿克曼甚至提出，羅斯福繞開了直接修憲的高門檻，而是在國會和法院的配合下以立法和釋憲的方式更新和擴大了聯邦政府權限，事實上實現了憲法轉型[36]。

時至今日，雖然美國各州仍然保持了相當的自主權，但聯邦擴權、州權衰微是二百多年來的歷史趨勢。美國各州在財政上對聯邦的依賴，就是重要的佐證：依賴性排行榜上排名第一的密西西比州，近一半財政收入來自聯邦撥款；「獨立性」最強的阿拉斯加州，這一比例也接近四分之一。

美國的憲政實踐與演化表明，刻意追求憲法條文明示的政府權限，並不能保證現實與條文的一致。人民自由的保障與政府權力的限制，僅憑釋憲機關的憲法解釋也是不夠的（甚至是靠不住的），根本的依靠在於人民對自由的追求和對政府的警惕。但是，具體到中國大陸民主轉型時期，由於中共的嚴重負面影響，我們不但難以寄希望於新成立的釋憲

---

[36] Ackerman (1998: 279-311)。

機關，甚至難以寄希望於人民自身。恢復施行民國憲法並移植臺灣的釋憲體系，可以產生強大的感召力和示範作用；這一選擇和其他選擇相比，在憲政制度的血肉和生命力層面是有無的區別而不是多少的區別，有更大的可能保障人民的自由並限制政府權力、避免威權復活。

質疑四：中華民國憲法前言提到了孫中山遺教，第 1 條寫入了三民主義，第 6 條規定的國旗左上角是國民黨黨旗，這不是國民黨的黨主憲法是什麼？

回答四：來自國民黨的這幾個符號化、象徵性的烙印，絲毫無損於民國憲法的民主性和憲政價值，臺灣政黨輪替就是明證，民國憲法在臺增修條文也不涉及這些內容。制憲過程中，民社黨和青年黨如果試圖去除這些符號，勢必對國民黨產生巨大的心理刺激，有可能適得其反；在這些方面照顧國民黨的感情、確保制憲的成功，是正確的做法。

具體而言，孫中山遺教和他所提出的三民主義理念之於民國憲法有一定程度的基礎性是無可否認的歷史事實，但基礎並不是羈絆，民國憲法在這一基礎之上予以修正和發展，超越了孫中山所達到的高度。民國憲法主要執筆人張君勱先生在《中華民國民主憲法十講》一書中即對此予以說明。筆者在本書第一章提出，孫中山晚年所定格的三民主義確實具有基礎性並且合乎憲政原則（當然也有瑕疵和局限），但任何政黨在孫中山身後演繹發揮的三民主義版本都不具有立憲基礎的地位。許多國民黨理論家以孫中山的傳人自居，卻連孫中山之所謂「政府」二字是什麼意思都弄不清楚（見本書第二章第一節），所以國民黨主流三民主義詮釋在民權與憲政制度方面缺乏價值，沒有前途，在此不詳述。

青天白日滿地紅國旗來源於陸皓東烈士的設計，承載了反清起義和抗日戰爭英烈的鮮血，具有特殊的歷史意義。關於其左上角的國民黨黨旗，筆者認為一個變通方案就是說服國民黨修改黨旗。倘若國民黨深明大義，修改黨旗，那麼以一個政黨從前的黨旗作為國旗的四分之一是否仍然不妥呢？不妨以瑞士為參照：瑞士的紅底白十字國旗體現了基督教的影響，但無損於瑞士聯邦的民主自由。

話說回來，如果中國人民認同民國憲法的其他內容但不認同上述象

徵和符號，自然可以修改去除之，不必為此否定整部憲法。如果有人讀到民國憲法第 1 條「基於三民主義」之說就讀不下去了，請靜下心來閱讀整部憲法，切不可一葉障目。

質疑五：中華民國憲法的國民大會每六年開一次常會，這叫哪門子的國會？看起來，中華民國憲法沒有國會，只有國民大會這個除了選罷總統就專事修憲的怪獸！

回答五：行使代議立法職能的國會確實不是國民大會，而是立法院。孫中山在〈五權憲法〉演講中明說「立法機關就是國會」[37]，後來司法院釋字第 76 號也明確了立法院的國會地位。各國國會名稱有別，民國憲法的代議制國會就叫做立法院。

國民大會的修憲職能並非沒有限制。司法院釋字第 314 號憲法解釋明確指出：「憲法為國家根本大法，其修改關係憲政秩序之安定及國民之福祉至鉅，應使國民預知其修改之目的並有表達意見之機會。國民大會臨時會係依各別不同之情形及程序而召集，其非以修憲為目的而召集之臨時會，自不得行使修改憲法之職權」。也就是說，國民大會不得臨時起意而修憲[38]。釋字第 499 號更進一步，因第五次修憲之程序和內容的重大瑕疵（如國大代表「自肥」）而宣布此次修憲無效。如果把國民大會比作「怪獸」，那麼這隻「怪獸」已被司法院馴服。

國民大會在臺灣的表現差強人意，最終被廢除，一個重要原因就是

---

[37] 孫中山（1921b [1989c：254]）。這句話在另一場同題演講（孫中山（1921a [1989c：239]）中亦作「立法就是國會」。

[38] 中華民國憲法第 2 條明示了主權在民的原則，雖然日常例行公事的主權代表是作為法定代表的代議制政府（包括立法和行政部門），但如果涉及重大問題（例如國土、憲法），簡單多數決（立法）和首長制（行政）的法定代表制即不適宜，應當採用一種盡可能反映主權者（國民）意見的決策機制。在不實行公民複決的國家，修憲問題通常採用國會超級多數決，並且往往加以地方議會複決，這樣的程序導致議員慎重行事，連帶著蘊含了國民參與審議之意（透過議員的連任壓力，以及繁瑣的程序所經常導致的議題跨屆之現象）。對照之下，國民大會在重大問題上必須徵詢民意，切不可臨時起意而修憲，司法院釋字第 314 號居功至偉。

國民大會成為代議機關、國民大會代表成為自主議事的法定代表，與選民脫節[39]。國民大會代表的定位，在學理上應當是傳達民意的委任代表（身分是民不是官）而不是法定代表，筆者在本書第二、三章對此有很詳細的論證，釋字第 314 號之修憲過程中必須充分聽取國民意見的要求也與委任代表制相合。

　　釋字第 76 號所確立的是三院制國會：「就憲法上之地位及職權之性質而言，應認國民大會、立法院、監察院共同相當於民主國家之國會」。就職能而言，國民大會雖然人數遠遠多於立法院，但其涉及法律的職權——創制權與複決權——暫被擱置，而且這兩項權力是對立法院之立法權的補充（孫中山稱之為「治法」[40]），嚴格來講並不能算作立法權的一部分。在這個意義上，國民大會相當於一個弱化的國會上院[41]（還有一個上院是監察院，筆者在本書附錄一〈民國憲法的聯邦主義精神〉文中有詳細論述）。西方民主國家的國會上院通常弱於下院，而且英國的國會上院人數多於下院。

　　質疑六：中華民國憲法第 44 條規定「總統對於院與院間之爭執，除本憲法有規定者外，得召集有關各院院長會商解決之」，第 72 條還規定立法院法律案通過後由總統公布，這不是總統獨裁是什麼？有資料把中華民國五權憲法結構歸類於「元首集權」結構，看來正是如此！

---

[39] 有一個例外：國民大會在臺灣被廢除之前的最後一次「任務型國大」，透過立法院於 2005 年制定的國民大會代表選舉法、國民大會職權行使法的特殊規定（代表以比例代表制選出，選票上刊印政黨對憲法修正案的意見，代表的投票違反政黨意見則作廢）而使國大代表成為委任代表，但這之前國民大會多年的沉痾已使臺灣社會形成了廢除國大的普遍共識，此次「任務型國大」之任務是複決通過立法院於 2004 年提出的修憲案，此修憲案的內容之一就是廢除國民大會。此前，國大代表一直作為法定代表而行事。但是，有必要指出，民國憲法原文並未規定國大代表是法定代表，詳見本書第三章。

[40] 孫中山（1924b [1989a：125]）。

[41] 十九世紀末英國法學家戴雪（A. V. Dicey）指出，公民投票可以起到國會一院的作用，對代議立法機關形成制衡和補充（參看 Qvortrup 2005: 56-58）。如果選民之集合體可以在某種意義上視為國會的一個院，那麼具有類似功能的國民大會自當如此。

回答六：民國憲法第 44 條在臺灣並未被增修，繼續有效。臺灣全面行憲之後（尤其是政黨輪替之後）已經成為世人公認的憲政民主政體（2000 年至 2016 年兩位總統都一直被立法院掣肘就是明證），這說明第 44 條不造成總統獨裁。事實上，這一條根本沒有給總統以實權：首先，只有在院與院之間有爭執（且不涉及憲法第 57 條行政對立法的覆議權）時，總統才可以召集有關院長開會。其次，開會是為了商議解決而不是為了仲裁，總統是會議召集人而已。中華民國的會議制度基於孫中山從美國議事制度「抄襲」而來的《民權初步》，會議召集人作為主持人的身分是中立的（總統如果需要發表意見，就不能主持會議），而且總統沒有任何權力來強行仲裁。無論如何，民國憲法第 44 條都與「獨裁」不搭邊。

至於虛位總統或立憲君主公布法律，這是議會制國家的通行做法，不理解這一做法的恐怕是對議會制太缺乏瞭解了。民國憲法原文屬於改進型議會制（立法院有對行政院長人選的同意權，總統公布法律、發布命令須經行政院長副署，所以總統在名義上具有的絕大多數權力都被虛化），第 72 條之所謂「總統應於收到後十日內公布之」，「應」字表明這並非權力而是義務（改為「得」字才是權力，民國憲法制定者的水平可沒有低到這個地步）。也就是說，總統根本沒有自行否決法律的權力（詳細討論見本書第四章第二節）。「但總統得依照本憲法第五十七條之規定辦理」這一但書[42]，將在下文討論。

關於「元首集權」之說，1936 年國民政府提出但從未實施的五五憲草確實屬於「元首集權」（所以筆者反對之）。但是，政協憲草擯棄了五五憲草的「超級總統制」，以政協憲草為藍本的民國憲法原文之總統權力在通常情況下微乎其微，與「元首集權」不搭邊（如果民國憲法原文已經是「元首集權」，臺灣何必費那個勁，透過修憲來擴大總統權力？）。

這裡順便分析一下「府院之爭」的擔憂：民國初年，北京政府在貌

---

[42] 本書徵求意見稿的一些讀者表示不理解「但書」二字，特此解釋：「但書」是法學名詞，指的是規定某種例外情況或附加一定條件的文字，往往冠以「但」字，故有此稱。

似議會制（時稱責任內閣制）的臨時約法架構下多次發生總統與國務總理之間的「府院之爭」，有人據此而不看好中國實行議會制的前景。但是，「府院之爭」的重要原因之一在於臨時約法的重大缺陷。民國憲法和臨時約法的相關條文，比較之下高下立判。民國憲法第 37 條：「**總統依法公布法律，發布命令，須經行政院院長之副署，或行政院院長及有關部會首長之副署**」。顯然，這一條文無懈可擊，「須」字之後的文字是其前文字的必要條件，總統簽發法令必須得到行政院長的副署，否則違憲而無效。臨時約法第 30 條：「**臨時大總統代表臨時政府，總攬政務，公布法律**」；第 31 條：「**臨時大總統為執行法律或基於法律之委任，得發布命令並得使發布之**」；第 45 條：「**國務員於臨時大總統提出法律案公布法律及發布命令時須副署之**」。這就留有重大漏洞，埋下了總統擅權的禍根：從字面上看，臨時大總統發布命令之後就把副署的皮球踢給了國務員（按：臨時約法第 43 條「**國務總理及各部總長均稱為國務員**」），副署是國務員的義務而不是總統發布命令的必要條件[43]。臨時約法頒行之後僅三個月，袁世凱即利用這一漏洞，未經內閣同意即強行簽發人事委任狀，導致民國第一任國務總理唐紹儀憤而辭職。民國憲法之文字的嚴密性可以在很大程度上對「府院之爭」防患於未然，更進一步的防備則在於憲政實踐經驗的積累和慣例的形成（例如執政黨黨魁應出任行政院長而不是總統）；某些強制性的防範措施（如總統候選人必須以無黨派身分參選，當選後必須保持無黨派身份直至卸任）似值得成為憲政制度細節優化過程中的考量。

　　質疑七：中華民國憲法把許多權力規範留給一般法律，而且連行政院長的任期都沒有規定，成何體統？中國應該效法美國憲法制定新憲法，明確規定一切權力的產生、中止和更替的規範化法定程序！

---

[43] 憲法學家荊知仁（1984：230）考證史料，指出臨時約法這一重大失誤的禍根早在臨時政府成立之前即已種下：1911 年 12 月 31 日，作為臨時議會的各省都督府代表聯合會之雲南代表呂志伊、湖南代表宋教仁及湖北代表居正提出的臨時政府組織大綱修正案即包括「國務各員執行政務，臨時大總統發布法律，及有關政務之命令時，須副署之」字樣，當時未及議決。

　　回答七：民國憲法和美國憲法的不同，本質上是歐陸模式和美國模式的不同。原因仍然是美國制憲過程的特殊性，一方面制憲會議必須盡可能給出細節（包括把某些事項如聯邦眾議員選舉制度細節交由各州自行決定），以打消各州人民的疑慮，爭取讓憲法獲得各州批准；另一方面，當時的邦聯議會根本無法正常運作，從憲法公示全國到制憲者所預期的聯邦整合這一過程中，在操作上難以再次以共識模式（例如再度召開各州代表會議）制定細節。

　　歐陸模式則不然。民國憲法是改進型議會制，所以讓我們首先著眼於議會，看一看議會制的德國和換軌式半總統制的法國（左右共治時期接近議會制）的現行憲法：德意志聯邦共和國基本法僅僅在第 38 條規定「一、德意志聯邦議會議員依普通、直接、自由、平等及秘密選舉法選舉之。議員為全體人民之代表，不受命令與訓令之拘束，只服從其良心。二、凡年滿十八歲者有選舉權，成年者有被選舉權。三、其細則由聯邦法律規定之。」第 39 條規定聯邦議會任期四年。整部基本法沒有涉及議員名額。法蘭西第五共和國憲法第 25 條規定「由組織法規定議會每一院的任期、議員名額、議員酬金、被選舉資格的條件、無被選舉資格和不得兼職的制度。」民國憲法在典章架構和表述方式上主要取法於歐陸，採用憲法之外的法律來詳細規定其三院制國會（包括立法院、監察院、國民大會）的具體產生方式，其次取法於美國，在憲法中規定了國會人數的計算方法，這在比較憲法學的意義上是無可厚非的。不管哪一種模式，都不是根本性的問題。

　　但是，看起來奇怪的是，法國憲法沒有規定總理的任期。1998 年筆者第一次閱讀民國憲法，沒有看到行政院長的任期，詫異之餘感到這與責任內閣和議會制有關，所以查閱了一些歐陸憲法，方才釋然。後來讀到憲法學家荊知仁先生的論文集《憲法論衡》，得知這個問題在臺灣曾有爭議，荊知仁先生就英國首相任期制度問題專門致函英國官方，得到了正式回函，英國官方解釋是只要下院多數黨在新的大選中保持多數，首相就繼續留任，不需英王重新任命[44]。也就是說，閣揆任期不

---

[44] 荊知仁（1991：341，350-352）。

限，是議會制的老祖宗留下的傳統。同時，內閣在議會換屆時辭職也是多國的憲政慣例或規定，吳庚大法官在對釋字第 387 號提出的不同意見書中指出了如下事實：「我國憲法第五章及第六章對行政與立法二院之關係規定綦詳，獨未規定行政院院長之任期，亦未就立法委員改選時，行政院院長應否單獨辭職或全體總辭有所規定，乃係制憲當時仿效多數設有閣揆及內閣國家之例，有意加以省略，並非憲法顯有闕漏，而係欲將此一問題委諸政治上實際運作加以解決，不必硬性規定。……內閣是否隨國會改選而總辭，在內閣制國家其答案固屬肯定，但除極少數者外（如日本及德國），鮮有以憲法明文加以規定之例」。

　　雖然如此，但臺灣在野黨和司法院在剛剛擺脫威權陰影的情況下對行政部門持有深重的警惕。1995 年，司法院作出釋字第 387 號大法官解釋，認為「基於民意政治與責任政治之原理，立法委員任期屆滿改選後第一次集會前，行政院院長自應向總統提出辭職。行政院副院長、各部會首長及不管部會之政務委員系由行政院院長提請總統任命，且系出席行政院會議成員，參與行政決策，亦應隨同行政院院長一並提出辭職。」也就是說，行政院的任期與立法委員相同。吳庚大法官對這一解釋的不同意見，並不是反對其內容，只是認為這個政治問題「現時各方並無異議，無須釋憲機關作任何實體上之解釋」。考慮到憲政傳統的薄弱，筆者認為釋字第 387 號解釋有很強的合理性和可操作性，而且任期制並不妨礙行政院長的連任（如果總統和新任立法院希望行政院長留任，自然可以拒絕接受其辭職，或再度提名並同意其擔任下一屆行政院長）。中國大陸如果恢復施行民國憲法，釋字第 387 號應當作為臺灣行憲而累積的「不成文憲法」之一部分而拿來用，而且一定會有人主張對行政院長的累計任期或連任次數設置上限；筆者出於對人的弱點和惡性之警惕，傾向於支持限制行政院長任期，例如每若干年內擔任閣揆不得超過若干年[45]。

---

[45] 議會制提供了較為靈活的權力更替機制（甚至執政黨內部運作即可替換閣揆，較著名的例子是 1990 年英國首相撒切爾夫人遭黨內同僚赫塞爾廷逼宮而辭職；2010 年澳大利亞總理陸克文被黨內同僚吉拉德取代，2013 年又因吉拉德民望低迷、本黨選情危急而再度出任總理，但未能挽回本黨敗局），所以通

質疑八：中華民國憲法根本沒有給立法院以倒閣權，怎能稱作議會制？

回答八：民國憲法確實不是典型的議會制，而是一種改進型的議會制（「憲法之父」張君勱先生稱之為修正式內閣制，是一樣的意思），為了避免重蹈某些國家頻頻倒閣、政局不穩的覆轍，沒有給立法院以倒閣權。張君勱在《中華民國民主憲法十講》中指出：「我們對這種所謂責任政府制，將其特點扼要的說明如下：（一）我們沒有採行英美式的內閣制，各部長同時必須為國會議員。（二）我們沒有要求行政院須負聯帶責任。（三）我們放棄了國會立即倒閣之不信任投票制度。（四）按照前文兩條之規定。所謂移請政府變更政策之決議，或立法院通過之法律案，總統均有交復議權。明白點說，如交復議之際，達不到出席委員三分之二之人數，則變更政府之決議案或法律案，並不引起倒閣風潮。……此種內閣制，絕非英法式之內閣制，而是一種修正式之內閣制。易詞言之，我們採取美國總統制下行政權穩固的長處，而不忘掉民主國中應有之責任政府之精神。我們瞭解歐美民主制度，已有數十年之久，但我們這次不甘心於小孩式的亦步亦趨，而願意拿出多少創造的精神來。」[46]

改進型議會制仍然屬於議會制，除了立法院對行政院長人選的同意權，民國憲法還凸顯了行政院對立法院負責的精神。其一，民國憲法第 57 條明確規定了行政院對立法院負責的方式：立法院可以對行政院提

常不規定閣揆任期上限。但是，如果一個政黨或執政集團連續勝選，閣揆很可能長期任職，例如德國前總理科爾之 16 年。如果真的有一位政績卓著的領導人能夠持續獲得選民支持，那麼議會制的靈活性即可在憲法的框架下為這樣的領導人提供留任的機會（反之，在總統制之下此人有可能訴諸修憲，破壞憲政秩序）。可是，在中國這樣缺乏民主傳統的國家，領導人如果任職過久，即使不威權化也很可能導致政治的個人化。在這一方面，博茨瓦納前總統馬西雷（該國總統由議會選出，屬於議會制）為世界樹立了榜樣：任職近 18 年後，在執政地位穩固的情況下，馬西雷主動辭職。筆者認為，中國大陸遭中共負面影響日久，不可寄希望於政治人物的個人品質，最好在制度上做出嚴格限制，例如要求 15 年內擔任閣揆及閣員總時間不得超過 9 年（首次出任閣揆前擔任閣員的時間不計），而且期滿後至再度獲得入閣資格前不得擔任政黨黨魁。

[46] 張君勱（1947：70-72）。

出質詢；雖然行政院對立法院的法案和決議有覆議權（需經總統核可），但覆議失敗之後行政院長需接受立法院決議或辭職。其二，筆者認為民國憲法隱含了「建設性倒閣」的制度：在行政院失去立法院多數支持的情況下，總統如果提名為立法院所接受的行政院長替換人選，經立法院同意後即可取代原任行政院長，新任行政院長進而改組行政院部會。這種「建設性倒閣」制度與晚於民國憲法三年的德國基本法的明文規定有類似之處，不同點在於德國議會可自行選出新總理，不需德國總統提名。也就是說，民國憲法所隱含的「建設性倒閣」制度比德國制度更加傾向於維持行政部門的穩定，並在立法院與行政院發生政爭的情況下給總統以一定的實權，總統對行政院長的支持可以使其續任至立法院換屆為止，其間的狀態雖然缺乏行政與立法的協作，但至不濟不會差過美國「分立政府」（divided government，即立法和行政為不同黨派所控制）的局面。對議會制的這種改進，筆者認為極其有利於穩定政局。「建設性倒閣」的制度細節和內閣穩定度的詳細論證見本書第四、五章。

除了倒閣權方面的區別，民國憲法之改進型議會制與典型議會制的區別還包括：

（1）行政院徵得總統核可後可把立法院通過的法案和決議打回去覆議，立法院三分之二多數票才可維持原議。這一制度取法於美國的總統否決權，但必須由行政院長提出而不是由總統獨自提出，所以並不給總統以重大實權。立法院對行政院長人選的同意權決定了行政院不可能經常啟動覆議程序，所以總統的覆議核可權不可能經常行使。在政治運作的正常狀態下，民國憲法之總統鮮有機會行使實權，議會制的性質是很明顯的。

（2）立法院有固定任期，行政院長和總統都不得解散立法院。挪威的議會制也採用這種規定。

（3）立法委員不得兼任閣員（司法院釋字第 1 號：「立法委員依憲法第七十五條之規定不得兼任官吏，如願就任官吏，即應辭去立法委員。其未經辭職而就任官吏者，亦顯有不繼續任立法委員之意思，應於其就任官吏之時視為辭職」）。荷蘭、挪威、盧森堡的議會制也有議員

不得兼任閣員的規定[47]。瑞典、比利時的議員出任閣員時，議席由替補人選填充，離開內閣時重新得到議席[48]，此制值得效法。

質疑九：中華民國憲法所設立的司法院為何不負責終審？

回答九：在臺灣的中華民國司法院下設最高法院和最高行政法院（單獨設置行政法院是大陸法系的常見做法）作為終審法院，目前共有法官一百四十餘人服務於臺澎金馬兩千三百萬人民。此外，不妨參考美國制度：美國最高法院人力有限，收到的絕大多數案子都打回去不受理（例如 2011 年有 7713 起案件起訴到美國最高法院，只審理了 79 起、處理了 73 起[49]），這還是在美國各州有各自的最高法院作為州內終審法院的前提之下。可見，司法院若兼為中國全國層面的終審法院，或導致機構龐大到難以想像的程度，或導致絕大多數案件得不到受理。所以，司法院不兼管終審的制度不無道理。但是，這方面還有變通的餘地，本書第五章有詳細討論。

司法院除解釋憲法和法律、命令外，還負責法院系統的司法行政（此為民國憲法第 77 條「掌理」二字的含義）而不掌理公安、檢察。民國憲法第 82 條規定「**司法院及各級法院之組織，以法律定之**」，留有優化的空間。例如，國府遷臺之前在全國各地設有最高法院的六個分院。中國大陸恢復施行民國憲法之後，在轉型階段不可能從零開始，現有的法院系統必然有一定程度的延續，如何優化，可留待將來討論。

這裡需要指出的，是民國憲法的單一制司法體系並不違背中央地方關係上的聯邦制：美國聯邦、州、印第安保留地三軌並行的司法制度，並非聯邦制國家的常態，許多聯邦制國家以單一的司法體系貫穿全國。在長遠的將來，司法體系的聯邦化是一個可以討論的議題，但考慮到中國大陸嚴重缺乏憲政經驗和地方自治傳統，民主轉型之後貿然推行司法聯邦化很可能帶來不利後果。美國的司法體制，在聯邦層面固然體現出

---

[47] Lijphart (2012: 113)。

[48] Van der Hulst (2000: 48)。

[49] Supreme Court of the United States (2012)。

諸多優點，但美國聯邦司法部門規模很小，目前共有八百多位聯邦法官（二百餘年來聯邦法官總數只有三千多），這一制度顯然無法照搬於中國。

　　法官人事制度和法院審案制度的優化，也必然是轉型之後司法改革的重要內容。臺灣現行法官人事制度，基於考試錄用和法院體制內的升遷，雖然在部門層面相對於行政權保持了獨立，但內部升遷機制有可能妨礙法官判案的獨立性，內部人事與外部民主機制完全脫節亦似乎偏頗。司法改革雖然不應走向民選法官這一極端，但借鑒英美的成功經驗、適當引入升遷機制之外的新鮮血液（例如一定比例的中高級法官從資深律師和法學教授中選拔）以及「民決」（即「陪審」）制度[50]，似值得嘗試，在此不詳述。

　　質疑十：中華民國憲法把行政部門的人事權劃給考試院，但臺灣憲政實踐中發現考用不能合一，所以設置了行政院人事行政局（現人事行政總處）以負責人事，這是否說明考試院的設置是多餘的？

　　回答十：臺灣某些學者和政治人物主張撤銷考試院，效法西方的文官委員會，重新構建一個具有獨立性的考試、人事機關。可是，這樣的一個機關除了在名分上矮化，與按照西方文官委員會模式來改組的考試院有什麼區別？

　　時至今日，臺灣憲政趨於鞏固，如果把考試院矮化為文官委員會，或許行得通。但是，在中國大陸民主轉型時期，考試權在五權政府架構中被「拔高」而來的獨立性和崇高地位，對中國「人情」傳統和裙帶關係傳統具有針對性和遏制力。中國大陸轉型時期不要自比英美，人家有數百年法治傳統；考試院由其憲法地位而得的軟性實力，和「文官委員會」級別的相同職能之機關相比，有更大可能發揮積極功效。

　　臺灣行政部門的人事行政總處之設置，作為憲政實踐的產物，對中國大陸有參考價值。進一步的討論見本書第五章。

---

[50] 中國大陸維權律師陳泰和先生主張 jury 制度應當譯為「民決」而不是「陪審」，筆者深表贊同。詳見陳律師著《最基本的權利》一書。

質疑十一：陳水扁任總統期間監察院空轉數年，是否說明監察院毫無存在的必要，應當廢除？

回答十一：監察院確實不是維繫國家運轉所必須的部門，但我們不妨這樣想：如果國會長期休會，行政部門蕭規曹隨、一切因循舊制，國家是不是也能運轉呢？但這樣的運轉是健康狀態嗎？同樣，不管是監察院還是地位稍低的監察機關，其存在對國家的健康運轉都是有益的。

根據監察院 2012 年資料，全球一百五十多個國家和地區設有監察機關，職能包括審計、反腐敗、保障人權等等[51]。鑑於中國大陸遭受中共統治六十餘年而導致人心敗壞、貪腐橫行的現狀，獨立而地位崇高的監察院在民主轉型和憲政鞏固時期必將發揮極其重要的作用。

順便指出，由於監察院是「發動機關」而不具有終局裁判權（彈劾案裁判權在國民大會和司法院之公務員懲戒委員會；糾舉乃臨時緊急處置而非定案），監察權並不削弱司法權。此外，西方國家國會之監察權多屬糾正建議性質，本書第五章提出糾正權並非監察院的專屬權力，立法委員亦可提出糾正建議，因此監察院和立法院亦可相輔相成。

臺灣人民針對公務人員違法或失職行為的「上訪」，如果無法透過相關部門「體制內」的訴願來解決（受憲法第十六條保障），可找監察院陳情。筆者從臺灣朋友口中獲悉，陳情民眾在監察院得到熱情接待，工作人員端茶送水，與大陸「上訪辦」可謂天壤之別。

質疑十二：中華民國憲法涉及邊疆民族的條文是否已經過時？

回答十二：恰恰相反！首先從制憲的角度來考量：如果中國大陸民主轉型期間貿然制憲，由於中共的負面影響和多年的積怨，邊疆民族問題很可能成為制憲過程中的重大難關，造成僵局，影響民主轉型的進程，甚至導致內戰和威權復辟。各方應當認識到，中國大陸民主轉型如果失敗，絕非邊疆民族之福。所以，首先恢復施行民國憲法（增修時暫不涉及邊疆民族問題），以之為起點，再從長計議，各方以清醒的頭腦和冷靜的心態逐步協商解決邊疆民族問題，是確保民主轉型順利進行的

---

[51] 監察院國際事務小組（2012）。

穩健途徑。

　　民國憲法所明示的各族平等的原則和特別扶植邊疆各族地方自治事業的基本國策，以及對西藏自治制度的明文保障，在轉型時期可以為民族問題提供初步的解決方案。事實上，這也符合藏人領袖提出的「真正的自治」訴求。西藏流亡政府業已民主化，所以我們有理由相信，如果在民國憲法的基礎上順利實現流亡藏人的回歸和西藏真正自治，其民主運作必將為包括漢族在內的中國其他各族提供榜樣。

　　關於進一步的制度優化，筆者在本書第六章對地方自治問題和邊疆民族問題提出了一些構想，其中比較新穎的是教育文化自治體的設想：設置跨越省縣邊界的、沒有排他性疆域（即在各族雜居區域可以重疊）的教育文化自治體，以滿足各族保護和發展語言文化的訴求；與各族語言文化無關的民政事業可由省縣自治單位承擔，省縣邊界在轉型期不宜急於變更，以避免劃界所可能帶來的族群衝突[52]——雖然從全局來看中國大陸的民族矛盾主要是漢族和非漢民族之間的矛盾，但在各族雜居區域，事實上也存在著各個非漢民族之間的矛盾。

　　這裡還有必要對自決問題略作評論：以族群或住民為單位和主體的自決權，本質上是一種集體權利，與個人的自由和權利並不具有完全的一致性[53]。憲政主義和自由民主理念中的人權和自由，歸結於個人訴求和個人自由；族群或住民集體的自決訴求，有可能對個人自由產生重大妨礙，在轉型時期的特殊情況下尤其危險。筆者認為，自決問題在轉型時期可以討論，但不宜急於列入首要的議事日程。至於自決訴求的個人因素，如王公貴族的後代，點到為止，不便詳述。

---

[52] 族群（ethnic group），亦稱族裔群體，在學界並沒有確切的定義（葛永光2000：298），但為簡單起見，我們不妨以漢族和獲得官方承認的少數民族（包括中國大陸五十餘個官方承認的少數民族和在臺灣的中華民國政府承認的十餘個原住民族）作為族群劃分的依據。在這裡的上下文中，「劃界」當然與官方承認的民族地位有關。

[53] 需要指出的是，語言權、文化權等帶有一定程度的集體性質的權利實則具有「團體區別」的性質，並不像住民自決權那樣必須集體行使，而是可以由個人依據其團體歸屬而行使，所以在轉型時期即應積極保障。參看 Kymlicka（1995：45-47），林超駿（2004：316）。

國家統一，並非終極目的，但我們不妨把統一作為憲政鞏固的手段：如果中國大陸分崩離析，那麼新建立的各個國家（尤其是在漢土建立的一個或數個新國家）會離憲政更近還是離蘇聯解體後獨聯體各國的現狀更近？

質疑十三：中華民國憲法的基本國策條文是否已經過時？

回答十三：對照民國憲法在臺增修條文，不難看出，民國憲法原文的基本國策條文除第 164 條被棄置外（與臺灣「精省」有關），其他條文仍然有效。在臺增修條文還增加了十二條新國策，對大陸未來的憲法增修工作有借鑒意義[54]。

就學理而言，憲法條文中設置基本國策章節並非絕對必要，民國憲法基本國策中的邊界規範性和立法授權性的條文可以分派至其他章節，但如此之修憲屬於形式主義的行為，實不妥當。筆者認為，基本國策章節不但值得保留，而且可以充實，例如納入公共政策的個人自由原則和福利制度避免獎懶罰勤的原則（詳見本書第六章）。

質疑十四：美國憲法在美國取得了巨大的成功，中國何不效法之，以美國憲法為藍本制定新憲法？

回答十四：民國憲法已經吸納了美國憲法的一些成功經驗，如行政對立法的覆議權。但是，「以美國憲法為藍本」的意思顯然是大幅度採行美國制度，那麼美憲的重要特徵——總統制自然是要採用的了（不採用總統制，恐怕就談不上「以美國憲法為藍本」）。下面主要圍繞總統制問題略作探討：

（1）美國總統制的成功不可複製。

以總統制為特點的美國憲政制度，對許多有志於憲政民主的中國人

---

[54] 就「社會權」之保障而言，臺灣學者雷文玫、黃舒芃（2006：18）認為「除了保障國民住處之規定闕如以外，我國憲法的規定，完整地包含了第二代人權相關的權利。……增修條文中又加入許多第三代人權的規定。……無論在類型上與內容上，我國憲法目前有關社會權的規定，已經十分完整，足以提供大法官在解釋憲法時，制衡立法機關與行政機關的憑藉。」

有著巨大的吸引力，但中國能否透過效法美憲制定憲法而複製美國的成功？很遺憾，可能性近乎零。拉丁美洲、非洲、東南亞早已有數十個國家以美國憲法為藍本制定了總統制的憲法，它們中有沒有哪一個成功建立了長期穩定、不曾崩壞的民主政體？一個也沒有。中國大陸如果以美國憲法為藍本制定新憲法，很可能逃不出這一魔咒。

　　為什麼？總統制導致的行政部門與立法部門雙重民意授權，以及總統大選的「零和賽局」性質，是許多國家政局不穩甚至憲政崩壞的主要禍源[55]。換句話說，諸多總統制國家憲政崩壞不一定是因為憲法賦予總統的權力過大——即使總統或當選人是老成持國之士，即使議會有足夠的自律，總統大選的失敗者及其背後的勢力也有可能掀起政潮，這是總統制的制度性弱點。全民直選總統的半總統制也面臨類似的問題。政治學領域許多學者的研究表明，總統制和接近總統制的半總統制在美國之外憲政傳統並不深厚的國家容易導致政局不穩（肯尼亞、科特迪瓦殷鑒不遠，阿富汗、印尼現狀堪憂）、威權抬頭（埃及、獨聯體各國）或憲政崩潰（亞非拉國家舉不勝舉）[56]。

　　為什麼總統制在美國能夠成功？且不論美國人民自殖民地時期就形成的深厚的民主素養和地方自治傳統，且不論美國自英國承襲的數百年普通法傳統所促進的司法獨立，且不論華盛頓率先垂範，只看下面這一

---

[55] 在西方學界掀起質疑總統制之風潮的美國學者林茨所指出的總統制的主要禍源還包括總統和議會的固定任期（Linz 1994: 6）。不過，近二十餘年來拉丁美洲常見的現象就是總統在任內辭職或遭到彈劾而去職，從而化解了政府危機、不致造成政體危機（Llanos and Marsteintredet 2010），所以這一禍源已經在一定程度上找到了彌補之道，在實質效果上使總統任期獲得了一些靈活性。有必要指出，拉美國家在總統制軌道上畢竟有上百年的憲政嘗試。如果中國貿然實行總統制，不但沒有憲政經驗，而且總統將身負數億張選票而成為世界上得票最多的政治家，一旦遭遇政府危機，總統能否坦然去職？實難想像。
值得一提的是，在總統制走向某種程度的靈活任期的同時，議會制出現了反向演變：英國 2011 年議會固定任期法（Fixed-term Parliaments Act 2011）確立了下議院的五年固定日期，在沒有發生倒閣的情況下執政黨不得在選情有利的時機解散議會、提前大選。

[56] 這方面的著作和論文很多，如 Reynolds (1995a: 95) 指出，尼日利亞 1993 年總統大選的結果被軍方取消之時，敗選的各方事不關己，甚至樂觀其成。

個因素，我們就會明白為什麼美國的成功不可複製：美國的聯邦政府是
從無到有、從小到大逐漸發展而來的，美國行憲之初的數十年間聯邦政
府是小政府、弱政府，各州權力很大並對聯邦形成了很有效的制約；總
統制的內在弊端，在小政府、弱政府的時期得到了磨合，造就了長期穩
定的憲政傳統[57]。這一條件，中國是否有？當然沒有。

　　所以，請致力於中國大陸民主轉型的有識之士放棄幻想，虛心聽取
政治學領域專家學者（包括美國的政治學者）的普遍共識：總統制不利
於民主鞏固，議會制（即內閣制）是更有利於民主鞏固的憲政制度[58]。

　　當然，議會制並非盡善盡美，傳統的議會制（包括英國式小選區多
數決制形成的兩黨主導的「西敏寺」（Westminster）類型和以色列式極
端比例代表制之下的小黨林立類型）雖然規避了總統制的一些容易導致
民主崩潰的制度性弊端，但仍然有重大缺陷。議會制與總統制的不同之
處在於，前述多數決型和小黨林立型議會制形態並不是議會制的根本特
徵，在議會制的框架下有相當大的餘地來改進（反之，雙重授權和零和
賽局是總統制的根本特徵，在總統制框架下無法改變）。1946 年制憲
國民大會通過的中華民國憲法，就是一部改進型議會制的憲法，對傳統
議會制興利除弊。回歸民國憲法、實行改進型議會制並透過選舉制度的
優化而進一步發展憲政制度，是中國大陸民主轉型的最佳選擇。

　　（2）力薦書評：〈美國憲法偶像的破壞者——評阿克曼《美利堅
共和國的衰落》〉[59]。

---

[57] 臺灣學者彭錦鵬（2001：92）提出美國總統制成功的兩個條件：憲法的原生
性與建國初期選民的同質性，前者即意味著筆者所說的「逐漸發展」和「磨
合」，後者則不見於中國。

[58] 關於西方學界在總統制和議會制問題上的主流共識，參看 Lijphart (2004:
102)，在政治學領域影響很大的李普哈特教授認為 "There is strong scholarly
consensus in favor of parliamentary government"；Carey (2008: 94)，此文第二節
題為 "The Academic Concensus Against Presidentialism"；Elgie (2011: 10)，作者
回顧了二十餘年來的學術進展之後指出 "… skepticism about presidentialism
remains the dominant attitude within the academic community"。

[59] 田雷（2013）。順便說一下，此書評涉及的阿克曼「二元民主」理論，切不
可望文生義，請有興趣者參閱田雷的相關文章或《我們人民》系列原著。

　　作者田雷是留美歸國的憲法學家，其涉及中共憲法的文章是筆者完全不能苟同的（或許他有違心的苦衷），但他對美國憲法的闡述主要基於美國憲法學家阿克曼，所以我們不妨把他的相關文章看作阿克曼的「傳聲筒」。誠然，我們既不可迷信美國憲法也不可迷信阿克曼（筆者對阿克曼的某些觀點就持有保留意見），但阿克曼振聾發聵的論斷對我們至少有重要的參考價值。下面是田雷書評的鏈接和一些摘要，摘錄的都是筆者贊同的觀點，目的是給忙碌的讀者提供方便，同時筆者強烈建議大家閱讀書評全文和阿克曼的原著：

　　「由於國內法學界在很長時間內一直存在著美國憲法的拜物教，也由於美國憲法的理論和實踐在相當程度上宰制著中國憲法學在學理和制度設計時的想像力，因此，阿克曼的警鐘就不單單是為了美國讀者所敲響的，同樣是為中國憲法學所敲響的。

　　「在 1999 年的〈新分權〉一文中，阿克曼在比較憲法學意義上反對美國輸出它的總統制，主張新民主國家借鑒德國在二戰後建立的有限議會制（constrained parliamentarism）[60]。但即便是在這時，阿克曼也承認總統制在美國是一種成功：『雖然（總統）體制在美國運轉得非常之好，但總統在別國被證明不亞於一場災難。』……而到了 2010 年，阿克曼已經敲響了警鐘，如果再不進行憲制的改革，總統制在新世紀內極有可能毀滅美國的共和國傳統。

　　「……總統是如何可能成為超凡魅力型的極端主義者。阿克曼在書中指出了三種主要原因。首先，……初選中投票的基本上是共和黨的右翼選民和民主黨的左翼選民，這一結構性的選民組成決定了兩黨經常會推選出更意識形態化的候選人。……其次，……媒體專家可以設計出針對不同群體的不同宣傳，再輔助以社會科學性的民意調查，從而回應、控制、塑造、並且在必要時候煽動群眾性的民意，推銷總統的極端政

---

[60] 「有限議會制」（constrained parliamentarism）在阿克曼教授的論文（Ackerman 2000）中指的是以人民複決、獨立的司法部門所進行的違憲審查、弱勢的國會上院等機制對議會制做出限制。筆者認為德國戰後的成功經驗中更加值得強調的是議會不可隨意倒閣的制度，阿克曼教授亦在這篇論文中指出德國基本法對倒閣的嚴格限制使得倒閣很少發生。

策。一句話，制憲者們最希望控制的煽動政治在新技術條件下卻成了一門（偽）科學。最後，互聯網的興起也在破壞傳統新聞媒體的商業機制。作為一個群體，政治新聞的嚴肅報道者和評論者正在失業，取而代之的是在網絡博客空間內的非職業報道，煽動政治因此失去了它的一道主要制約機制。[61]

「總統制在民主轉型過程中的制度失敗可以說是比較政治學內已經形成的一種准共識。而在有關總統制和議會制的比較研究中，最具代表性的學者當屬阿克曼在耶魯政治系內的同事胡安·林茨教授。林茨的長文〈總統制民主或者議會制民主：這會造成差別嗎？〉早已成為比較政治學內的必讀經典。……在現代意義上，共和國的脆弱性則意味著民主憲政模式的多樣化以及實現過程的復雜曲折，甚至會出現所謂的崩潰、回潮、甚至復辟。」

阿克曼教授對總統制在美國的前景敲響了警鐘。無獨有偶，以「歷史的終結」理論著稱的美國學者福山也認為美國現行政治制度正在走向衰敗，許多問題可以透過改行議會制得到解決，但這是不可想像的，因為美國人幾乎把美國憲法視為宗教經典，根本性的改動極其困難[62]。中國人，請虛心傾聽！

（3）力薦書評：〈美國的不成文憲法〉[63]。

作者劉晗也是耶魯大學法學院出身的青年才俊，他對美國另一位憲法學家卻伯的著作《看不見的憲法》（已由田雷譯為中文）所作的書評，言簡意賅，尤其是開篇頗具震撼力，特此推薦並摘要。同樣，摘要的目的是給忙碌的讀者提供方便，同時筆者強烈建議大家閱讀書評全文和卻伯的原著：

「美國不是成文憲法國家麼？地球人都知道。正是因為地球人都知道，所以大家都想學，因為既然它是個文本，我們就可以把它拿過來，翻譯過來，把美國換成『xx國』，就變成了該國憲法了（諸君看看菲律

---

[61] 關於互聯網對政治資訊的扭曲，筆者推薦 *Trust Me, I'm Lying: Confessions of a Media Manipulator* 一書（Holiday 2012）。

[62] Fukuyama (2014: 503-505)。

[63] 劉晗（2008）。

賓憲法，利比里亞憲法），真是物美價廉。……因為美國是成文憲法國家，所以大夥都以為，只要有一部制定精良的憲法法典，一定國富民強。

「但最近以來，美國最頂級的憲法學家的最前沿的探索將會使最廣大的世界人民失望了。因為他們都在研究美國的不成文憲法（America's unwritten constitution）。……卻伯教授試圖論證，美國憲法這個被美國人民（當然還有世界人民）認為是『神聖文本』的羊皮卷並沒有想像的那樣具有強大的力量，相反，有好多無形的、隱形的、字裡行間的、文本之外的力量同憲法文本一道，構成了美國憲政的成功。因此，卻伯認為，我們必須區分 constitution 和 constitutional law。美國的 constitution 很大程度上是由看得見的部分和看不見的部分組成的。有好多東西是憲法沒有寫的，但卻是構成了美國憲法的關鍵。

「……回到文章開首的問題，似乎我們應該換過來問，『美國是不成文憲法國家麼？』」

所謂「不成文憲法」，在有釋憲制度的國家主要是憲法的解釋和判例（「不成文」指的是沒有寫入法典，而不是沒有記載於文字），其次才是憲政傳統和慣例。

總統制在憲政基礎薄弱的國家造成的危險和不成文憲法的重要作用，是西方學界的主流共識[64]。百家爭鳴的學界當然有人「捍衛」總統制[65]，但根據筆者對憲法學和政治學領域的廣泛涉獵，西方學界即便是

---

[64] 例如，被田雷指為力挺美國憲法的耶魯大學教授阿瑪，繼卻伯之後也出版了巨著 *America's Unwritten Constitution*，對自己先前的立場進行了平衡。

[65] 捍衛總統制的西方學者中最具「戰鬥性」者當屬 Jose A. Cheibub，著有專著 *Presidentialism, Parliamentarism, and Democracy* (Cheibub 2007)。此書在 1946-2002 年數據的基礎上承認總統制民主政體崩潰的機率遠大於議會制，但認為其原因並不在於總統制的內在缺陷，而在於選擇總統制的國家大都具有不利於民主鞏固的社會狀況和歷史背景（尤其是軍隊干政的傳統），在這些國家不論什麼樣的民主制度都難以存活。筆者認為，Cheibub 的論點有一定道理，但對中國大陸的民主轉型意義不大，因為我們面臨的不是宿命問題而是制度選擇問題。從未有過總統制民主實踐的中國大陸，如果貿然實行總統制或近似於總統制的半總統制，很難想像會比 Cheibub 所分析的總統制國家表現更好，而這些國家無一例外都在總統制已有多年實踐和發展的情況下仍然發生了民主崩壞，

總統制的「捍衛者」也沒有哪個像中國大陸許多並不瞭解憲法學和政治學的論者那樣迷信總統制在民主轉型國家的適用性甚至「優越性」，近年來沒有哪個西方學者試圖不加條件即把總統制或美國憲法的一攬子制度兜售給面臨民主轉型的國家[66]，不否定總統制的學者在民主轉型國家的制度選擇問題上至多採取折中態度[67]。

　　指望模仿美國的成文憲法而在中國復制美國的成功，實屬浪漫的空想。如果中國大陸以美國憲法為藍本制定一部總統制的新憲法，或者在

直至近三十年才走向民主鞏固，而且其中委內瑞拉、玻利維亞和厄瓜多爾走向威權化的總統制不容樂觀。

[66] 筆者所見最後一本一攬子推銷包括總統制在內的美國憲政制度的學術專著出版於 1994 年（Siegan 1994），作者曾於 1990 年向保加利亞總理建議以美國憲法為藍本制憲，未果。曾於 2001 年撰文力挺總統制（Calabresi 2001）的美國學者 Steven G. Calabresi，在其 2010 年的論文（Calabresi and Bady 2010）中指出總統制不適於有深度割裂或有強人政治傳統的國家，僅向有「橫切分割」（cross-cutting cleavage，即社會經濟、文化價值等方面的陣營並不與族群相重合，而是將後者「橫切」，從而降低族群衝突的風險）、有民主經驗、聯邦成員強勢的聯邦政體推銷總統制（具體的推銷對象是未來的聯邦化的歐洲聯盟）。如果滿足了這些條件，總統制或議會制的選擇其實已經無所謂了！中國大陸呢？

[67] 持折中態度的學者在承認議會制具有一定程度的優越性的同時，認為總統制在一定條件下適用。例如，美國學者戴雅門（Larry Diamond）認為行政制度的選擇應當與選舉制度的選擇相匹配，如果某國決定共識型政府更合適、有多黨存在，而且議會選舉制度基本上是比例代表制，那麼最好採用議會制；如果某國決定多數型選舉制度更合適，那麼總統制可能恰當而匹配（戴雅門 2015：191）。筆者有不同意見，但姑且把戴雅門的觀點應用於中國大陸的民主轉型，那麼，中國大陸轉型時期共識的重要性和多黨的存在是不言而喻的，一定程度的甚至完全的比例代表制也勢在必行（中國大陸周邊民主政體皆有一定程度的比例議席），從而接近於（乃至符合）戴雅門所說的適於採用議會制的情況。

從另一個角度考慮，多數型選舉制度是否適於中國大陸呢？戴雅門認為多數型選舉制度不適於有深度割裂的社會（Diamond 1999: 104）。如果不考慮中國社會的割裂程度，我們不妨從多數型對中國社會的適用性著眼：多數型意味著勝者通吃、敗者輸光的零和賽局，這種政治模式在一個社會要想達致民主鞏固，需要一種敗者服輸（尊重多數決）、勝者把握分寸（不憑藉多數地位而欺人太甚）的政治文化，中國大陸有沒有這樣的政治文化？答案是顯然的。

妥協之下制定一部直選總統的半總統制新憲法[68]，那麼重蹈獨聯體各國的覆轍恐怕在所難免。即使制定一部議會制的新憲法，因缺乏憲政傳統和憲政實踐，近期前景亦堪憂。

（4）總統制和議會制相比當然不是一無是處。例如，全民直選總統的過程和國會間接產生總理的過程相比，黨內暗箱操作的空間被壓縮，民意性更強。又如，銳意改革的總統在未遭國會阻撓的情況下因直接民意授權而有可能比議會制的總理更快推進改革[69]。然而，總統制的上述可圈可點之處在很大程度上取決於總統的個人品質，為此而選擇總統制，無異於一場豪賭——押對了寶，選出華盛頓、林肯這樣的偉大人物，固然是國家民族之福，但如果在民主憲政尚未鞏固之時選出巧言令色、權欲熏心的蠱惑家，中國大陸能否經承受得起？反之，議會制所強化的政黨政治並不像總統制那樣突出個人，行政部門的間接授權更加弱化了個人因素。以中國大陸的國情民情，應該強化政治人物的個人因素還是弱化之？答案是不言而喻的。

這或許是「兩害擇其輕」——議會制的不盡如人意之處，通常情況下凸顯的僅僅是民主政治的不完美；總統制的缺陷，則往往關乎民主政

---

[68] 西方學界對半總統制的危險性也有主流共識，參看 Elgie (2011: 10, 17)。

[69] 2005 年，美國學者福山和兩個研究生在題為 *Facing the Perils of Presidentialism?* 的論文中提出"Whether one regards presidentialism as good or bad depends in part on what one thinks about the need of democratic political systems to accommodate rapid political change." (Fukuyama, Dressel, and Chang 2005: 114)。2016 年 8 月 18 日，福山教授在舊金山的 Commonwealth Club 以 *American Political Decay or Renewal?* 為題發表演講，筆者籍演講結束後聽眾提問的機會詢問了他對其 2005 年觀點的看法："11 years later, given the escalating political decay in the US, do you still hold the same opinion?"福山教授答道："No, I've actually changed my mind. As I've gotten older, I've really decided that I don't like presidential systems. This is partly due to just observing the way political systems work around the world. In presidential systems—a bulk of them are in Latin America with a bunch of them in Asia—you get one of two outcomes, neither of which I think is good. Either there is gridlock between two branches—between the executive and the legislative like we have now, no decisions get made—or in response to that, the legislature delegates a huge amount of authority to the executive and turns it into a kind of executive dictatorship. ... So, for all of those reasons, I really think that parliamentary systems, where the executive is an emanation of the legislature—they just tend to work better." (Commonwealth Club 2016)

治之存亡，甚至讓人民付出血的代價……上百年來，中國人民已經為政治流了太多的血，雖然中國大陸未來的民主轉型之發端是否會伴隨著流血不得而知，但待到民主轉型啟動之後，制度設計的細節直接關乎流血衝突之可能性的大小，讓我們珍惜每一個人的生命，讓人民在未來的民主實踐中避免流血。

　　（5）「第三波民主化」浪潮中，許多亞非拉國家選擇（或繼續實行）總統制，這是不爭的事實，但這一現象的主要原因在於憲政發展歷程的「路徑依賴」[70]和美國的影響。這些國家的大多數，都是在總統制之下發生憲政崩壞後重歸民主的，它們由於「路徑依賴」而沿用總統制這一事實絕不為總統制貼金。

　　國際民主及選舉協助機構（International Institute for Democracy and Electoral Assistance，簡稱 International IDEA）2005 年出版的《選舉制度設計》（*Electroral System Design*）手冊有一段令人慨嘆的話語，大意是：鮮有實行總統制而長期維持民主的國家，但拉美、東南亞的一些國家執意沿用總統制，所以現在的問題是如何幫助它們設計配套制度以使總統制行得通……云云[71]。總統制的內在缺陷（行政與立法雙重民意授權和總統大選的零和賽局性質）不可能被配套制度所改變（如果去除了二者之一就不是總統制了[72]），所以筆者認為，如果這些國家在總統制的軌道上重歸憲政之後憲政制度得以鞏固，那麼主要的原因在於其憲政實踐（包括憲政崩壞之前的實踐）經驗教訓的積累和國民憲政素養的提高。中國大陸遠離憲政已六十餘年（之前只有憲政的雛形），中共統治亦造成人心的敗壞，如果貿然採行總統制，後果不堪設想，恐怕不來一兩次憲政崩壞是達不到穩定狀態的！

---

[70] 政治領域的「路徑依賴」（path dependence），亦稱「制度慣性」（institutional inertia），參看 Alexander (2001)，Cheibub (2007: 152)。

[71] Reynolds, Reilly, and Ellis (2005: 8)。原文"commitment to presidentialism"，筆者認為結合上下文和歷史背景譯作「執意沿用總統制」較貼切。

[72] 順便說一下，「集體總統制」（collegial presidency）在少數國家有過不成功的嘗試，在當代政治語境中不復存在，學界對總統制和議會制的討論之中通常將其排除在外。

　　質疑十五：恢復施行中華民國憲法，就一定能使中國避免重蹈俄國的覆轍嗎？

　　回答十五：俄國的現狀，不是中國的宿命，因為中國不但有改進型議會制性質的中華民國憲法（1946 年原文），而且有臺灣多年憲政實踐過程中千錘百煉而得的司法院釋憲體系（尤其重要的是司法院透過釋憲而對立法權和行政權做出的極其嚴格的限制，這些解釋與臺灣的憲法增修條文無關）。中國大陸的民主轉型，不需要求助於臺灣，但在大陸制定的中華民國憲法（需要略作增修）和在臺灣形成的釋憲體系（包括一個個活生生的案例）可以由我們直接拿來，成為人民自由的有力保障。在中國大陸憲政構建的諸多選擇中，這是最佳的選擇。

　　回顧獨聯體各國二十餘年來的軌跡，不難發現，萌芽狀態的自由民主政體，加以總統制或半總統制的制度選擇，在具有深重的專制傳統的後共國家很難抵禦威權逆流[73]，俄國就是典型的例子（至於哈薩克斯坦這樣從未真正經歷民主轉型、自獨立伊始即籠罩在威權陰影下的事例，對我們現在討論的中國大陸民主轉型並不具有直接的參照價值）。中國大陸的民主轉型過程中，可以說威權逆流是不可避免的，在事關自由民主制度存亡的關鍵時刻，臺灣的釋憲體系和憲政經驗會產生強大的感召力和遏制力，和從零開始的摸索相比有更大可能幫助民主政體度過危機，鞏固憲政制度。雖然這不是 100%的包票，但和其他選擇相比，民國憲法加以取自臺灣的釋憲體系更有利於憲政鞏固，對威權逆流有更強的抵抗力。

　　此外，筆者曾在 2014 年 5 月召開於舊金山的「民權研討會」上發言指出：「人，具有惡性。中國人，我認為尤其需要警惕，因為中國大

---

[73] 威權逆流往往體現為總統擴權（Frye 2002: 82-83, 99-103），總統直選的制度恰恰為總統提供了攜民意以自重的機會。有學者認為，總統擴權是總統制的特徵，「總統制」的概念指的就是權力和權威流向總統，這一過程可能經歷漫長的歲月，也可能迅速發生，尤其容易發生在缺乏憲政傳統、僅僅在選舉程序這一膚淺層面落實民主的國家（Mezey 2013: 9, 65, 214）。即便是在憲政民主制度業已鞏固的西方民主國家，總統直選也可能造成政黨的「總統化」（Samuels and Shugart 2010）。中國大陸未來的民主政治經得起「總統化」嗎？

陸的人民已經喝了共產黨的狼奶六十多年，許多人就是喝著狼奶出生長大的。……我認為這樣的評價是客觀的：在轉型的過程之中，中國會有一群人來爭當國父，爭當憲法之父。考慮我們中國大陸多年來的這樣一種狀況，我們一定要警惕！如果現在有人戴上了國父的光環，披上了憲法之父的外衣，他們將來能否遏制個人虛榮心和自信心的惡性膨脹，能否保持靈臺的一點清明，我很懷疑。……如果我們回到中華民國憲法的軌道，那麼民主中國的國父只有一個就是孫中山，憲法之父只有一個就是張君勱，他們都已經是古人了，他們的功過是非自由後人評說，但是他們不會再進一步犯錯誤了，我們至少可以減少一種擔憂，就是活著的國父、活著的憲法之父將來有可能權力惡性膨脹。」[74] 這是民國憲政道路所獨具的優勢。

質疑十六：要想在恢復施行中華民國憲法的同時承認臺灣釋憲體系的相關部分在大陸的效力，是否需要徵得臺灣人民的同意？

回答十六：我們不妨拿英美作為參照：美國司法體系的健康發展，在很大程度上是由於美國承襲了英國數百年發展而成的普通法體系；美國獨立後，英國能禁止美國沿用其普通法嗎？美國憲法被許多國家效法，美國管得了嗎？所以，臺灣的釋憲體系中可為大陸所用的部分，大陸只管拿來用！這是公共領域的財富。

順便指出，中國大陸的民主轉型，必須，也只能依靠大陸人民的力量，我們切不可寄希望於臺灣政界出手相助（臺灣偏安日久，積重難返，筆者甚至擔心臺灣政界有可能由於短視和「臺獨」情節而對大陸民主化起到破壞作用）。臺灣問題的和平解決，並不是本書的話題，但臺灣釋憲體系的可用部分在大陸的生效，以及大陸對臺灣的一般法律和判例之中可用部分的虛心承襲，對臺灣問題的解決將起到正面的作用。

小結

上述問答涉及了政府權力的垂直分權（中央地方之間）和水平分權

---

[74] 丁毅（2014：47）。

（各個機關之間）的問題，筆者試用下圖在這兩個維度上標出中國自辛亥革命後各種憲政制度構想的大致坐標[75]：

圖表 1

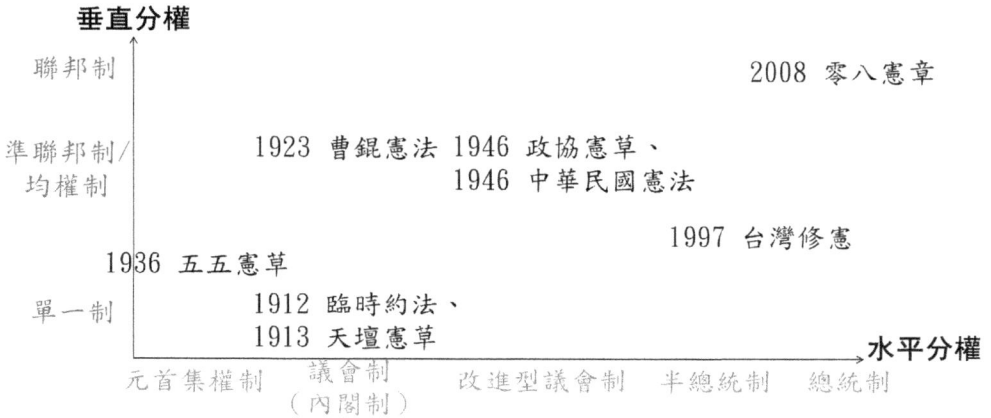

上圖中，政協憲草和以之為藍本的中華民國憲法居於中間位置，與「中庸之道」相合：在央地關係問題上不走極端，依據事務性質而妥善分權；在政府分權（尤其是立法與行政之關係）問題上不偏於立法獨大，也不刻意製造立法與行政部門的對抗，而是在依法治國和責任政治的原則下賦予行政部門一定的自主權來促進政治的穩定。

　　垂直分權和水平分權這兩個維度中，前者的不同坐標由於當世聯邦制民主國家實行「合作聯邦制」、單一制民主國家強化地方分權而日趨混同（也就是說，垂直分權這一維度正在走向坍縮），所以後者對轉型初期的政治發展和民主鞏固具有更為重要的意義。著眼於水平分權的各種類型（不考慮早已走入歷史的「元首集權制」），如果套用「上中下策」的模式來評估中國大陸未來的憲政制度選擇，考慮到中國大陸被中共統治六十餘年的現狀，考慮到比較憲法學和比較政治學的主流共識，即議會制有助於憲政鞏固、總統制容易發生憲政崩壞，那麼：

　　（1）上策就是對改進型議會制性質的 1946 年中華民國憲法略作增

[75]「零八憲章」雖然沒有明文主張總統制，但由於美國憲法在中國大陸知識界的影響，暫且將其水平坐標定位於總統制。

修之後恢復施行，更有一個上上之策就是連帶著把司法院在臺灣多年釋憲而成的「不成文憲法」之中不涉及在臺增修條文的部分也一併拿來。雖然不能保證萬無一失、雖然這套制度並非完美無缺，但和其他選擇相比，這是更有利於憲政鞏固、對威權逆流具有更強抵抗力的選擇。

　　此外，民國憲法之總統虛位、行政院長主政的政治架構對中國大陸人民而言並不陌生，因為中共所設置的「國家主席」職務本質上是虛職（如李先念、楊尚昆），近二十餘年來中共黨首擔任此職，但其權力來自黨內。在這個意義上，民國憲法之改進型議會制對中國大陸的具體國情而言符合「路徑依賴」。

　　（2）中策是效法德國，制定一部議會不可隨意倒閣的改進型議會制新憲法。在中國大陸，由於缺乏憲政實踐，這樣的新憲法對威權逆流可能缺乏足夠的抵抗力，即使它在字面上達到或超越了民國憲法的高度，也只是搭建了憲政的骨架而缺乏血肉，不可過於樂觀。

　　至於議會可以隨意倒閣的傳統議會制，在國會選舉制度上不管是英國式單席選區制還是歐陸式比例代表制，在中國大陸這樣嚴重缺乏憲政傳統的國家很可能顯現嚴重弊端，可以稱為中下之策。

　　由於美國總統制的強勢影響，總統制在中國大陸知識界和民間可謂深入人心，對議會制有足夠瞭解者屬於少數。所以，如果重新制憲，制定出議會制憲法的可能性也許不大。

　　（3）下策是制定一部總統制或半總統制（全民直選總統）的新憲法。半總統制的「總統優越」類型可謂下下之策；「准議會制」類型在歐洲的表現可圈可點，但筆者認為只要總統是直選的（美國這樣與總統候選人掛鉤的選舉人團制也算直選）[76]，威權傳統深重、人民缺乏憲政

---

[76] 有研究表明，總統直選會加劇議會中政黨的碎片化（Shvetsova 2002: 69-73），碎片化的議會恰恰助長總統擴權的傾向（Frye 2002: 82, 93），上述兩個效應無異於惡性循環，在缺乏民主傳統的後共國家尤其容易導致總統的威權化。有必要指出，一些研究顯示，總統制國家議會中政黨數量的增加並不是簡單的加大了民主崩潰的風險，有效政黨數量大於 5 反而會降低這一風險（Cheibub 2007: 96, 98）。但是，必須注意的是，這些研究的對象多為有多年、多次民主嘗試的國家（例如拉美國家），所涵蓋的後共國家數量較少、時間段較短。

素養的中國大陸就很難復制「准議會制半總統制」在歐洲的成功。

　　許多人僅僅看到了美國憲政的一點皮毛、不瞭解世界各國憲政實踐的經驗教訓就奉總統制和美國憲法為圭臬，他們中的大多數確實出自公心，並沒有做著總統夢，但指望效法美國憲法而複製美國的成功實屬幻想。筆者願意提醒兩點：其一，孔子曰「思而不學則殆」。一些學者和民主人士在自己的專業領域是有學識、有建樹的專家或權威，但對憲法學和政治學知之甚少，甚至只認準美國制度[77]，粗通美國聯邦憲法條文的字面意義、觀察了美國聯邦憲政的表層運作（並且對美國憲政體系的重要組成部分——各州憲政制度非常缺乏瞭解）就自以為可以為中國設計新憲法了，不屑於學習憲法學和政治學領域的研究成果與美國制度之外的實踐經驗[78]。「思而不學」又急於制憲，將來政局動盪引發肯尼亞

---

[77] 西方也有這樣的「外行」，對美國憲法推崇備至，把美國憲法的一攬子憲政制度當作適用於別國的靈丹妙藥。例如，美國專欄作家托馬斯·弗里德曼在 2011 年 9 月 7 日 CNN 電視臺播出的專訪中提出 "the only thing I worry about China is when they steal the things that are hiding in plain sight in America. When they steal the Declaration of Independence, the Constitution... when they start to copy those, that's when I'll worry about China. But if their plan to get rich is to steal our intellectual property... we'll always be inventing something new faster than that." （CNN 2011）2015 年，他在中國重複了類似的說法：「美國人有一件知識財產，中國人還沒有來拿，這個東西就擺在光天化日之下，人們卻視而不見，那就是我們的憲法，我們的獨立宣言和權利法案。如果有一天中國人把這個也拿走了，那我們美國人就真的要擔心了，因為這個地方會變成創新的動力中樞。」（《紐約時報》中文版 2015）這兩段話的大意，在國內被張冠李戴到了早已過世的諾貝爾經濟學獎得主米爾頓·弗里德曼頭上廣為流傳。就自由民主價值而言，上述論斷不無道理；就具體的憲政制度選擇而言，如果中國真的拷貝了美國憲法，美國人需要擔心的恐怕就不是中國成為創新中樞對美國造成的威脅，而是中國大陸民主轉型失敗對世界和平與穩定造成的威脅了。

[78] 筆者感到十分痛心的是，目前身陷囹圄的一位維權運動領袖人物入獄前撰寫了盲目推崇美國制度的文章，從其內容不難看出作者對相關學術研究和各國政情並不瞭解就急於下結論。身負民望與道義力量的政治人物如果草率推動總統制憲法的制定，到頭來很可能為反憲政的威權人物做嫁衣，後者善於利用人性的弱點蠱惑人心（參看 Mezey 2013: 172-175），藉總統直選而攫取權力（不可否認，後者在議會制之下也有機會，但總統制突出候選人個人而不是政黨，更有可能讓「黑馬」勝出，例如委內瑞拉的查韋斯）。
筆者不知道鼓吹總統制的民主人士是否有擔任總統大顯身手的願望——這種願

式的流血衝突或俄國式的威權復辟，禍及自身事小，禍及他人、禍及國家民族事大。其二，美國諺語曰「魔鬼在細節之中」（The devil is in the details），如果不去悉心探究總統制和半總統制在美國和其他國家憲政實踐中的細節，嗜血的惡魔會躲藏在細節中偷笑。醜話說在前頭，目的是讓大家保持清醒的頭腦，不致被浪漫的理想蒙蔽住審視歷史與現實的目光。

　　對憲法學和政治學深有研究的異議人士、學者王天成先生推崇議會制、不贊成總統制和半總統制，但出於對後共國家的觀察而推測中國大陸將來更可能選擇半總統制[79]。倘若這個預測應驗，中國大陸轉型之後很可能步俄國後塵走向威權化。如果沒有中華民國憲法和臺灣的司法院釋憲體系，那麼筆者可能會贊成王天成先生的推測，或者說無奈的接受這個宿命。中華民國憲法和司法院釋憲體系是天賜的寶藏，使中國大陸有機會擺脫這個宿命。為了避免重蹈俄國的覆轍，為了增進中國人民的自由，讓我們選擇這個寶藏。切記：天與不取，反受其咎！

（本書導論初稿發表於 2014 年 8 月《黃花崗》雜誌第 48 期）

望本身沒有什麼不好，但是，議會制之下的總理不也可以大顯身手服務於人民嗎？需要警惕的不是成為領袖的雄心，而是對總統制的盲目推崇——這一制度和議會制相比有更大可能導致中國大陸民主進程的重大挫折！但願心儀於總統制的中國大陸民主人士能夠保持開放的心態，在制度抉擇的關頭不致一意孤行。

[79] 王天成（2014：28）。

第一章　民國憲法的思想基礎

　　中國大陸未來的民主轉型過程中，以憲法為中心的憲政制度設計是至關重要的問題。中國大陸應當選擇怎樣的憲政道路？許多致力於民主事業的自由派人士出於對美國的景仰而心儀於美式制度。美國是人類歷史上第一個憲政民主共和國，其憲政制度自美國憲法於 1789 年生效以來保持了極強的穩定性，合理之處自然應當借鑒。但是，出於常理，歷史上首創之物幾乎沒有可能是近乎完善而普遍適用的。美國憲政制度的某些缺陷，美國承受得起，中國能否承受得起？美國最高法院金絲伯格大法官曾建議新進民主政體不要效法美憲[80]，這一建議確有事實依據：美國國內，聯邦政府效率之低下、政爭之嚴重，在西方民主國家中屬於異類；美國之外，世界各地採用美式總統制的國家鮮有民主政體的成功範例。反之，議會制是成熟民主政體的主流，即使不考慮君主立憲國家，議會制在民主程度高的共和國之中亦佔據壓倒多數的地位。這些國家的憲政晚於美國，其制憲者不可能不考察美憲，最後卻不選擇美式制度，這是很能說明問題的。但是，議會制就制度細節而言有多種版本，而且民國初年臨時約法時期多次發生的府院之爭也似乎表明中國的文化背景使得總統難以安於完全虛化的地位。此外，議會制與總統制之間還有過渡形態，如法國的半總統制，但半總統制在民主轉型階段亦有可能招致嚴重弊端。從外國憲政制度中找到適用於中國的樣板，並非易事。

　　放眼世界、審視各國憲政制度之餘，我們一方面必須深入分析中國大陸的國情與民情，另一方面不可忽視歷史的傳承——中共建政之前，民主憲政早已是眾多志士仁人奮鬥多年的目標；**1946 年制憲國民大會在多黨協商而成的「政協憲草」基礎上審議通過的中華民國憲法，已經為中國大陸憲政道路問題提供了極佳的答案。**

---

[80] NPR (2012)。

　　民國憲法是中國迄今為止最優秀的一部憲法，經增修後仍施行於中華民國自由地區，所以也是中國施行最久的憲法。民國憲法在臺多次增修，是國家統一之前因應中華民國臺北政府有效管轄區域和南京政府相比大為縮小的局面而對政體架構作出的臨時調整，人民權利條款保持不變。臺灣解除戒嚴後迅速成為自由社會，說明民國憲法對人民權利的保障是切實有效的。

　　民國憲法原初條文所規定的政治架構，包括國民大會制度、改進型議會制（又稱修正式內閣制）和中央地方均權制度，是諸多先賢總結西方各國憲政實踐的經驗教訓、針對中國具體國情民情而提出的適當方案，至今仍然切合中國大陸的現實。本書將從意識形態、政體架構、地方自治和基本國策的角度，以政體架構為重心，介紹民國憲法之要義。

　　僅有一部憲法尚不足以確立憲政制度，還需要一套制度細節作為補充，所以本書對民國憲政制度細節（例如選舉制度）的進一步優化作出展望，以期中國大陸人民選擇民國憲政道路，順利實現民主轉型。

第一節　孫中山遺教與三民主義

　　民國憲法前言以「孫中山先生創立中華民國之遺教」為制憲依據，正文第一條有「中華民國基於三民主義」之說，而且國民大會、五院政府、均權制度等基本政體架構皆源於國父孫中山先生之主張，其根本的思想源流是顯而易見的。下文將從三個方面分析之：

一　如何看待「主義入憲」

　　在簡要介紹三民主義的歷史傳承與現實意義之前，有必要指出，孫中山遺教與三民主義寫入憲法的做法雖然不符合各國憲法慣例，但這是1946 年制憲過程中為了照顧國民黨人的感情而採取的必要之舉，而且使用了虛化措詞。民國憲法的主要執筆人、代表民盟出席政協會議的張君勱先生在《中華民國民主憲法十講》中專門作出了如下說明：

　　「吾們國人應知道一國家的成立，各黨各人都可以有所貢獻，不必

互相排斥，互相詆毀，專門是己而非人。我們拿定『道並行而不相背』
的原則，自然心胸廣闊，國家的事可以由各方面的人殊途同歸地建築起
來。……我們生長在中華民國，無論如何不能不承認中華民國的創造是
由中山先生發動的。他的三民主義、五權憲法，從清末到抗戰之中，一
直是形成政治上一種大力量。假定國中各政黨採取互相對立的態度，對
他黨的政綱專以駁斥為事，這種態度決非國家之福。所以對於中山先生
的遺教，已經有所成就的，大家要明白承認，他遺教中不能適用於今後
的，也要明白說出，使今後有所改進。這是我們起草新憲法的態
度。……憲法前文中有『依據孫中山先生遺教』的字樣；第一條更有
『中華民國基於三民主義』的字樣；第五章以下的分章方式，無非要使
國人知道前人的功績，同時要全國人知道一國的制度亦決非一個人的思
想所能支配，必須靠一代一代的思想來追加增補的。」[81]

　　1946 年參與制憲的國民黨外人士如張君勱先生並不認同三民主
義，卻能以大局為重，承認孫中山遺教和三民主義具有一定意義上的奠
基作用，從而促成制憲共識，這種態度值得我等後輩效法。「主義入
憲」時常被人用以攻擊民國憲法，但我們如果以一顆平常心，暫且接受
這一歷史形成的事實，那麼不難注意到，民國憲法第 1 條中的「基於」
二字是關鍵字——**三民主義是基礎而不是羈絆**[82]**，在基礎之上發展，沒
有排他性**，這一點在臺灣透過政黨輪替而得到了證明。

　　順便說明，有一種觀點認為民國憲法第 1 條提及三民主義之後即把
中華民國定性為「民有民治民享之民主共和國」[83]，乃用林肯的「民有

---

[81] 張君勱（1947：139-141）。

[82] 根據政治協商會議秘書長雷震（2010a：124）的記述，國民黨法律專家林
彬、史尚寬等在政協憲草審議過程中對「基於」二字提出異議，認為應該改為
「遵照」或「依據」。在這一史料的參照下，「基於」二字的非教條性和開放
性也就非常明顯了。2008 年出任大法官的法學家陳新民（2015：64）指出
「基於」二字意味著「並非完全必須『依照』三民主義，而有彈性」。

[83] 順便指出，以自矜著稱的法國在其第四、第五共和國憲法第二條亦規定法蘭
西共和國的原則是「民有、民治、民享的政府」（gouvernement du peuple, par
le peuple et pour le peuple）。法學家謝瀛洲（1947：31）認為「民有、民治、
民享」可用於政體但不宜用於國體；筆者以為這一責難有吹毛求疵之嫌，而且

民治民享」[84] 取代孫中山的「民族民權民生」，但這顯然是望文生義，不符合制憲過程中的考量。而且，「民有民治民享」在憲法第 1 條的文句結構上也與其前所提及的三民主義無關[85]。

體現了「天下為公」理念的「民有」二字和包含了一定程度的「直接民主」意味的「民治」二字用於國家比用於政府更為妥當（民國憲法具有某些「受節制的直接民主」成分，見本書第二章）。法學家阮毅成（1946 [1980：30]）即贊成民國憲法第一條的提法，並指出孫中山先生在《民權主義》演講中已有「民有民治民享的國家」之說。

[84] 林肯原文 "government of the people, by the people, and for the people" 之確切含義有一定爭議，例如翻譯家錢歌川（1981：226-228）認為 "of the people" 作實格解、指的是「治理人民」，筆者對此不敢苟同。雖然在一定的上下文中（包括林肯的其他論述中）government of the people 可以指「治理人民的政府」，但在林肯之葛底斯堡演說的上下文中如果採用這一解讀就未免無病呻吟。1863 年出生的美國思想家 Santayana (1950 [1995: 396-397]) 回憶起他學生時代同學們朗誦林肯的名言、近乎怒吼般的喊出三個介詞之時，除了他以外也許沒人把 "of the people" 當作實格，而隨著林肯名言的符號化，這一語句在公眾心目中的含義已經確定成為所有格（但是強調的並不是簡單的「擁有」而是「人民性」，即政府官員來自人民而不是特定階層）。"By the people" 固然涵蓋了「民選」即「間接民主」，但將其含義局限於「民選」則有失片面。Santayana (1950 [1995: 408]) 如是說："Government by the people, except in small, simple, and previously disciplined communities, is therefore something elusive and ambiguous." 如果 "by the people" 僅僅是「民選」之意，又怎麼可能捉摸不定而模糊呢？Santayana 的上下文中多次使用 self-government 的表述，含義不言自明。最後，我們再看一段當代的英文資料："...perhaps the best short definition [of democracy], penned by Abraham Lincoln at the end of his Gettysburg Address of 1863... Democracy requires more than that some ruling elites govern for the people. Democratic government must also emerge out of the people and be excercised by the people." (Bessette and Pitney 2012: 9) 這一段引文明顯強調了廣義的「民治」，不分直接民主還是間接民主；"of the people" 則被闡釋為「來源於人民」，相比之下「民有」二字的涵蓋面更加廣泛，但畢竟包含了政權公諸全民而不被王公貴族或精英階層把持的含義，所以不失為上乘的譯法。

[85] 除了上面的引文，張君勱還說過「……只能說中華民國基於三民主義，是承認民國之造成由中山先生三民主義為主動，至於今後之民國，則主權在於人民，故名曰民有民治民享共和國」（張君勱 1946 [1986：7]），將三民主義與「民有民治民享」一前一後分開而不是混同起來。不可否認，政協會議的一些參與者（包括張君勱先生）私下確有以「民有民治民享」取代「民族民權民生」的心思，但形諸文字的憲法條文以及張君勱先生的公開論述都不反映這種

二　孫中山三民主義簡析

　　眾所周知，三民主義指的是民族、民權、民生三大主義。但是，民族主義、民權主義、民生主義三個名詞在三民主義語境中的具體含義經常被誤解，有必要釐清：

　　（1）孫中山先生所倡導的民族主義，在實現了推翻滿清這一消極目的之後，以多元並存的瑞士民族與美利堅民族為榜樣[86]，上升到了中華國族構建這一積極目的[87]，並在儒家傳統的影響下對弱小民族懷有

取代關係。此外，從程序的角度來看，民國憲法的最終制定者是制憲國民大會代表，所以憲法第一條之所謂「三民主義」的意涵取決於制憲國民大會的主流意見。考慮到國民黨籍代表佔據制憲國民大會之絕大多數席位並曾試圖背棄政協憲草、回歸五五憲草，他們不可能放棄「民族民權民生」而將三民主義與「民有民治民享」劃等號。

話說回來，「民有民治民享」對「民族民權民生」有從側面註解說明的作用，制憲國民大會代表、法學家阮毅成（1948 [1980：39]）即在民國憲法頒行後闡述了這一作用。

[86] 這裡需要區分的兩種民族主義類型是以血緣、文化等族裔要素為基礎的「族裔民族主義」（ethnic nationalism，清末之排滿民族革命即出於此類民族主義）和以政治理念、平等權利等公民社會要素為基礎的「公民民族主義」（civic nationalism，瑞士、美國、英國是此類民族主義的典範），其他類型從略，參看 Snyder (2000: 24-25)。「公民民族主義」實則為自由主義者所推崇的以憲政制度為基礎的國家認同（參看江宜樺 1998：106-113，130-135），儘管自由主義者往往迴避「民族主義」的說法。

[87] 「國族」（state-nation）的概念，在孫中山的民族主義論述中有其雛形（兼有法國式單一民族融合和瑞士式多元民族整合的成分，較為強調漢族的主體地位和各族的融合，所以更傾向於法國式）。關於「國族」概念的當代意涵，一個較為全面的論述是 Crafting State-Nations: India and Other Multinational Democracies 一書 (Stepan, Linz, and Yadav 2010)。概言之，國族並不是以文化認同為基礎、以各個族群融合成單一民族為目標，而是多民族國家在尊重並保護各個民族之多元、互補的社會文化特質的前提下，透過政治制度和政策的向心力培養國民對國家的認同，國民不分族裔都對全國國民共同體具有油然而生的我群意識。也就是說，每一個公民兼有血緣文化族群意義上和政治國族意義上的兩層民族認同，後者與瑞士、美國所代表的「公民民族主義」相合。此書提出下述七個有助於打造國族的制度因素：非對稱的聯邦制，個人權利和群體承認，議會制政體，全國性的政黨和向心的地方政黨（參看註 368），政治上整合的各個族群，文化層面而不是分離傾向的民族主義，多元而互補的認同。

「興滅國，繼絕世」的關懷，以世界大同為終極目標，所以**絕不是當前知識界談虎色變的憤青式狹隘民族主義**[88]。許多人因為某些版本的民族主義的狹隘性與欺騙性而把所有的民族主義一棍子打死，這不是客觀公正的態度。

　　鑒於中國當時一盤散沙、飽受外辱的時局，孫中山提出以民族主義凝聚力量、爭取中華民族獨立自主的主張[89]。1946 年制憲之時，中華民國作為二戰同盟國和戰勝國已經廢除了不平等條約、獲得了完整的主權，中華民族業已實現民族獨立，所以民國憲法並沒有涉及這一議題。民國憲法中「民族」二字出現八次，除了在基本國策部分的第 156 至158 條三處指的是國族[90]，其他五處都是作為國族組成部分的族群之意，強調各族平等，並為邊疆各族的權益提供保障、扶植其自治。

上述前三個因素已經為民國憲法所包含，後四個因素有待中國大陸民主轉型時期促成。

[88] 從許多國家民主轉型的歷史經驗看，轉型過程中很可能發生民族主義思潮的勃興，甚至由此引發流血衝突（Snyder 2000: 28-32）。如何遏制民粹蠱惑家和軍事野心家煽動狹隘的族裔民族主義思潮？一些自由派學者可能寄希望於透過普世價值的宣教而全面遏制各種民族主義，但是，考慮到中共近年來利用民族主義、大肆宣傳「勿忘國恥」而造成的不利局面，筆者不看好民族主義被全面遏制的可能性。孫中山倡導的和平、積極的民族主義，加以當代的詮釋（尤其是強化「公民民族主義」的因素和多元文化在憲政價值和憲政秩序之下的共存），在民主轉型過程中可以起到疏導的作用，把民眾的民族主義情緒引導到健康的方向，使之成為民主化的助力。

[89] 民族主義的一個重要功能就是為「集體行動問題」（collective action problem）提供一種解決方案（參看 Tamir 1997: 233, Snyder 2000: 47）。民國初年「一盤散沙」的中國無力維持一個有效的政府，在袁世凱死後的北洋時期淪為典型的「失敗國家」（failed state，例如當今的索馬里、南蘇丹），飽受外辱，軍閥割據混戰，這種情況下民族主義思潮應運而生；孫中山先生所主張的民族主義即以對外追求國家自主性、對內追求國家整合為目標（葛永光1998 [2005：45-54]）。中國大陸迄今仍然缺乏公民社會，孫中山所痛心疾首的「一盤散沙」現象仍然存在。待到公民社會業已成型、公民責任感深入人心，民族主義將在「公民民族主義」的方向上趨於隱形。

[90] 有學者認為憲法不宜對國族做出界定，因為國族的「憲法鎖定」（constitutional entrenchment）會妨礙少數民族借助政治討論和立法途徑滿足自身訴求，反而加劇離心傾向（Alonso 2011: 177-178）。如果這個論斷是正確的，那麼民國憲法對國族著筆不多就是一個不經意的好處。

（2）**民權主義，就其含義而言實乃民主主義**。據考證，1919 年五四運動之前「民主」通常用作「君主」的反義詞，指的是由身分為「民」者出任國家元首，「民權」則是英語 democracy 的早期漢譯之一，對應於五四運動後「民主」一詞的含義[91]。確實，孫中山《民權主義》第一講開宗明義：「今以人民管理政事，便叫做民權」，繼而在第二講指出「外國很多的書本和言論裡頭，都是民權和自由並列」（後者正是現代漢語政治語彙中的「民主和自由」）；「自由爭得了之後，學者才稱這種結果為民權。所謂『德謨克拉西』……」[92]。所以，作為意識形態的「民權」或「民權主義」應當理解為「民主」或「民主主義」[93]。

　　作為人民權力的「民權」則是人民為了「管理政事」而行使的政治權力，即參政權[94]。孫中山有選舉、罷免、創制、複決「四大民權」之說，這個意義的「民權」當然不是「民主」的同義詞，所以「民權」二字的含義取決於上下文[95]。

　　孫中山多次考察歐美民主制度，而且畢生博覽群書孜孜不倦，加以對民國初年政治經驗教訓的總結和對中國國情民情的認識，提出了權能區分原理和具有民族特色的五權憲法主張，作為其民權主義理論（即民主理論）的主要內容。惜天不假年，孫中山先生在三民主義系列演講中

---

[91] 桂宏誠（2008：100-106，2009：162-165）。

[92] 孫中山（1924a [1989a：55，67-68]）。

[93] 陳儀深（1980：21-23）。

[94] 此處「權力」作「權利」的子集解，在強調人民作為群體透過投票對政府形成制約之時宜用「權力」，但強調公民個體參與政治的「參政權」之時亦可用「權利」，以凸顯參政權的憲法保障。

[95] 劉小妹（2009：92）指出，「民權」一詞可以指「從『個人的權利』（自由）到『全體人民的權利』（民主）之間的任何一個比例的『眾人的權利』」，「因時而異、因人不同、交雜多歧」，「然而『民權』一詞的獨特魅力和獨特性恰恰就體現在此，它是一個獨立的概念，不能簡單地對指自由、權利、民主中的任何一個，又同時包含、雜糅並融合三者」。在孫中山民權主義的上下文中，「民權」一詞的確呈現了複雜的多義性，除了「民主」和「人民參政權」之意，在涉及盧梭的「天賦人權」理論的段落還作廣義的「人民權利」解。

公開提出權能區分原理之後不久即不幸病逝，未能作出更詳盡的闡述。中外許多學者（包括國民黨內的一些主流學者）誤解了這一重要原理，民國憲法在這一方面遭到的攻擊大都純屬誤會。本書第二、三章將詳細分析權能區分原理及其在民國憲法中的應用和發展。

（3）民生主義，主要包括以民生為歷史發展原動力的民生史觀和一系列以促進民生為目的的具體政策主張。孫中山先生和許多早期國民黨人（如胡漢民先生）有感於中國當時民生困苦、工業落後的局面，在經濟政策上具有一定程度的社會民主主義傾向。平均地權和節制資本的主張，如果按照字面生搬硬套，鑒於國情的演變和社會主義經濟政策的內在缺陷，勢必造成危害（例如印度獨立後四十餘年發展緩慢）。

民國憲法對平均地權問題採取了務實的做法，以類似於中國傳統社會田底權與田面權相區分[96]的方式，解決了「土地屬於國民全體」之理念與土地使用權之私有制的矛盾[97]，並透過西方民主國家通行的地產稅與土地增值稅制度解決了土地收益歸屬的問題。本書第六章將進一步論證，民國憲法將地產稅與土地增值稅劃歸國家的做法，在中國大陸民主轉型之後將產生遏制極左勢力的效果——以略受左派影響的中道而不是針尖對麥芒的右派制度來遏制極左，在轉型時期尤其有益。節制資本問題，民國憲法有關條文相當中允，臺灣經濟建設實踐中亦採用了「活學活用」的態度，不在此贅述。

有必要指出，**孫中山雖然在經濟政策上略偏左，但絕不認同馬克思主義**，在《民生主義》系列演講中從民生史觀出發，對馬克思主義的階級鬥爭和剩餘價值等核心內容作出了有力的批駁[98]，絲毫不因為蘇俄代

---

[96] 謝幼田（2010：108-109）。

[97] 民國憲法第 143 條規定「中華民國領土內之土地屬於國民全體。人民依法取得之土地所有權，應受法律之保障與限制。……附著於土地之礦及經濟上可供公眾利用之天然力，屬於國家所有，不因人民取得土地所有權而受影響。」中國人買地常說「買一塊地皮」，因而民國憲法的上述規定是符合中國文化意識的。

[98] 此外，孫中山在《民權主義》演講中主張「始初起點的地位平等」、「把平等線放在立足點」，將「把位置高的壓下去」造成的「平頭的平等」稱為「假平等」（孫中山 1924b [1989a：78，83]），亦有反對馬克思主義的意味。

表在場而留情面，這說明孫中山聯俄僅僅是權宜之計。二十餘年後共產黨奪取中國大陸，是二戰前後國際國內形勢之必然性和偶然性綜合作用的結果[99]，將之歸咎於孫中山即失之偏頗。

三　對待三民主義的應有態度

孫中山的三民主義理論，是寶貴的思想財富，但國民黨對三民主義長期持有獨佔和排他的態度，在黨內導致了三民主義的教條化，對外危害了三民主義的說服力和包容性。中國大陸一些認同三民主義的青年也在某種程度上流露了這種傾向，這一現象值得注意。

出於傳承和發展的眼光，我們顯然不應把三民主義局限在孫中山 1924 年所達到的高度。孫中山自號「日新」，取自成湯「盤銘」之「苟日新，日日新，又日新」。終其一生，他保持了「日新」的精神，虛懷若谷，學貫中西，在《三民主義》系列演講中即引用了之前不久西方學者發表的論點，1924 年 3 月 30 日還在為《民族主義》單行本手書的自序中提出「尚望同志讀者，本此基礎，觸類引伸，匡補闕遺，更正條理，使成為一完善之書，以作宣傳之課本，則其造福於吾民族、吾國家誠未可限量也。」[100]假若孫中山得享高壽，必將繼續修訂、充實其學說。思想家殷海光先生也在〈我對於三民主義的意見和建議〉一文中一針見血的指出，三民主義要想有生命力，必須成為一個能夠吸收各個

順便說一下，臺灣學者周世輔、周陽山（1992：188）指出孫中山之平等觀有別於西方左派如政治哲學家羅爾斯「將聰明才智視為一種集體擁有的資產」之論點。筆者對羅爾斯的一些主要論點並不苟同（簡言之，羅爾斯將人的社會抉擇視為經濟利益權衡之下的純粹理性選擇，忽視了人類道德認知與社會心理的複雜因素，其建構在簡單化的出發點之上的某些思辨產物如「最大化最小值」未必經得起深入推敲，也無法在實踐和實驗中得到驗證，在此不詳述，參看 Gaus 1999: 101-106，周保松 2004）。本書附錄二即為筆者為促進經濟上「始初起點的地位平等」而提出的一種設想。

[99] 有必要指出，截至西安事變，共產黨在中國境內業已式微，如果沒有日本侵華，敗逃蘇聯在所難免。反過來，即使沒有國民黨 1920 年代中期的聯俄容共政策，日本侵華亦勢必給共產黨提供趁亂坐大的機會，希臘、南斯拉夫等國即為例證。

[100] 孫中山（1924a [1989a：1]）。

領域最新研究成果的開放系統:「近十幾年來,對於三民主義研究得最
努力的,我所知道的只有任卓宣先生。可是,他所走的路是鑽到三民主
義裡面加以詮釋。這種工作,類似中世紀的繁瑣哲學家之注解亞里士多
德哲學。這種路線愈走愈窄。……我們看孫先生所作三民主義序文,可
知他自己並沒有像他底信徒那樣,把三民主義當作天經地義的意
思。……世界進步得太快了,中國人底知識也有些進步。如果要它跟上
時代,永遠常新,並且使青年們讀起來真正從內心發生興趣,那麼必須
來一次改造。改造的工作,必須從吸收現代心理學……、文化人類學等
等著手。」[101]

　　問題在於,後人對孫中山三民主義理論的詮釋、補充和發揚,必然
有不同的版本。一個人或一個黨如果視自己的版本為正統,就很難避免
獨佔性和排他性的傾向。意識形態的發展性與包容性的矛盾,在操作上
可以說是無解的——各個宗教、各個政治理論歷史上和現實中的派系紛
爭,從來無法避免。更為可悲的是,同一意識形態大類之內的不同流派
之間,往往因為爭奪相同的受眾而陷入激烈的鬥爭,甚至因為極其微小
的分歧而血流成河,意識形態截然不同的群體之間卻時常相安無事。

　　上面的問題儘管無解,但三民主義作為載入民國憲法的立憲基礎,
具有極其特殊的地位,有必要在盡可能多的場合避免紛爭。讀者可能已
經注意到,筆者經常使用「孫中山三民主義」這樣的提法。筆者對三民
主義與民國憲法的關係有三點意見:

　　(1)**作為民國立憲基礎的三民主義,是孫中山晚年著述所定格的
三民主義**。其基礎性毋庸置疑,在歷史背景下一定程度的局限性和不完
整性也是顯而易見的。孫中山身後任何人解釋和發展的三民主義,不論
影響大小,都不具有立憲基礎的地位。例如 1936 年國民政府頒布的五

---

[101] 殷海光(1960:10)。按:引文中「底」字表示所有格,現已被「的」字
取代。二十世紀上半葉的慣常用法是「底」表示所有格、「的」表示形容詞、
「地」表示副詞(參看林政華 1996),三者皆為前對後的修飾或界定,在歷
史上亦多有混用,細分實無必要(「得」字相反,引領補語,後修飾前,所以
仍應區分開來)。現在前二者已經合併了;筆者認為「的」與「地」合併為
「的」也是大勢所趨。

五五憲草，在很大程度上符合孫中山晚年的主張，但五五憲草的憲政制度細節設計屬於對三民主義的發展，所以不應視為民國憲法的基礎（事實上，民國憲法與五五憲草有巨大區別，否則張君勱不可能獲得「中華民國憲法之父」的美譽）。

（2）**民國制憲者及後人對孫中山設計的憲政制度作出訂正和優化，並在制度細節上加以必要的補充，正是對三民主義的傳承與發展。**為之做出貢獻者甚至可能完全不自知，例如民國憲法的主要執筆人張君勱先生並不認同三民主義。國民黨所力主的五五憲草存在對西方代議制矯枉過正的成分；1946 年制憲過程的各方角力之中，張君勱把憲法草案向西方代議制的方向牽拉，幾經反復之後，最終定稿的政協憲草以及以此為藍本的民國憲法相當接近最為合理的中道。在這個意義上，張君勱對三民主義和五權憲法的貢獻屬於「無心插柳柳成蔭」之舉，但既然效果是好的，張君勱的貢獻就應當得到承認。

（3）**超越了孫中山遺教的三民主義，在具體實踐中應當回到最基本的民族認同、民主憲政和民生幸福的層面，以開放式的、有原則的兼容並包精神來面對各種政治思想流派。**不應因為某人不表示認同三民主義而為其扣上「反三民主義」、「非五權憲法」之類的帽子，也不應因為某人直接聲稱反對三民主義而順水推舟，因為如此聲稱者很可能誤讀了孫中山的著述，或僅僅反對其中某些明顯具有歷史局限性的內容。

三民主義，作為融匯了民族主義、民權（民主）主義和民生主義的政治思想，在多元化的、各有側重的知識界不一定能夠形成廣泛的共識，但深究其三個部分，不妨這樣考慮：**只要不否認民族/國族認同的客觀性（不需附加任何以國族整體為單位的政治訴求），不反對民主憲政（不需局限於某種特定的憲政制度形態），不排斥民生幸福的目的（不需主張依靠國家力量來促進民生），就與三民主義的基本原則不相衝突（甚至可以說在原則上相合）**[102]。懷有三民主義理念者應以基本原

---

[102] 早有學者指出，三民主義「無所不包」，殷海光（1960：9）甚至稱之為孫中山的「統戰工具」。臺灣學者石佳音（2008：25-27，68）對此作出了精闢的總結和論述，並提出三民主義「其實是『三大問題』——民族問題、民權問題、民生問題」，「是作為一套問題架構而問世的，並不是完整的理論體

則而不是制度設計細節為重，盡力與他人合作、共建憲政民主的自由社
會，不應強求具體主張的一致，更不應以三民主義為政爭的工具。

　　我們甚至可以這樣毫不客氣的說：民國憲政所強調的是孫中山三民
主義基礎上的憲政制度發展，而不是某種版本（包括孫中山所定格的版
本）的三民主義。以三民主義為棍棒攻擊政敵的做法，將違背民國憲政
以及世界各國民主憲政的核心精神。這種做法固然屬於言論自由的範
疇，但政府及執政黨出於憲政義務，萬萬不可為之背書。

第二節　對民國憲法有影響的其他意識形態

　　1946 年制憲過程，國民黨之外有多個政黨參與，其中在意識形態
上產生了一定影響的有二：（1）以憲法主要執筆人張君勱為代表的國
家社會黨（後與民主憲政黨合併為民主社會黨），主張溫和漸進的、具
有國家主義傾向的、奉行議會民主政治的社會主義。國社黨作為中國民
主政團同盟（民盟）的一員參與政協會議，並脫離民盟參加了制憲國民
大會。（2）堅決反共並積極參與制憲的青年黨（時為中國第三大政
黨）主張具有民族救亡色彩的國家主義。

　　共產黨在政協會議憲草審議委員會活動期間的主要訴求是推動聯邦
制以保持其武裝割據，在中央層面反而力主議會民主政治以制約國民
黨。所以，民國憲法絲毫沒有受到馬列主義意識形態的影響，其審議制
定過程中與國民黨的三民主義相角力的意識形態，是議會民主制的社會
主義和國家主義。

一　議會民主制的社會主義對民國憲法的巨大影響

　　張君勱先生多次赴歐洲遊學考察，深受歐洲社會民主主義思潮影
響，接受了奉行議會民主制、主張國家干預經濟生活並發展社會福利的

系」，「內容含混固然是其缺點，但是以它作為一套『問題架構』，反而容易
用來因應時局而不斷重新定義其內容。」筆者認為這一說法很有道理——孫中
山生前試圖為三大問題提出解案，但隨著時代的發展，問題也在發展，解案必
須隨之調整，切不可拘泥於教條！

社會主義理念；1946 年制憲時，由於德、蘇極權教訓的反思以及自由主義的影響，他已不再突出國家的功用，並且淡化了社會主義主張[103]。

張君勱主筆的民國憲法放棄了孫中山所推崇、五五憲草所具體化的總統制（總統作為政府權的代表，行政院對總統負責），轉而採用改進型的議會制（總統作為人民權的代表，超然於政府五院），這是五權憲法的重大突破和合理發展。張君勱以三民主義的公開反對者的身分主持制憲，以託五權憲法之名、行三權憲法之實為目的，卻在效果上優化了五權憲法，功不可沒。改進型議會制的細節問題，下文將作討論。

社會主義的影響，則深刻反映於民國憲法的基本國策部分。除了直接宣傳社會主義的國家社會黨/民主社會黨，青年黨之全民福利主張和國民黨之民生主義都具有一定程度的社會主義性質，共產黨則以蘇聯式「社會主義」為近期目標，所以 1946 年參與制憲的四個主要政黨都具有某種意義上的「社會主義」傾向[104]，說民國憲法由左派政黨主持制定亦不為過（青年黨因為堅決反共而往往被認為屬於極右派，但中國自滿清覆滅後即不存在強勢少數民族，青年黨的民族救亡綱領不包含右翼的民族壓迫成分，其他主張仔細分析之下實乃左派主張，恕不贅述）。

這個不爭的事實，或許會讓一些自由至上主義者和新自由主義經濟學者對民國憲法望而卻步。但是，自由主義與社會福利實則相容[105]，筆者也願意現身說法：在具有強烈的自由至上理念的同時（曾於《黃花崗》雜誌第 30 期發表〈權利與自由的邏輯體系，兼論財產權屬於自

---

[103] 參看薛化元（1993：41-42，70-71）。尤其值得指出的是，張君勱在制憲前已讀過哈耶克的《通往奴役之路》，受到影響。

[104] 異議人士、學者綦彥臣先生對本書前身〈民國憲法要義與憲政制度展望〉一文提出指正，認為應當對「社會主義」概念作出澄清，孫中山先生之社會主義思想是基於西方原初社會主義的，而不是馬列主義之下的社會主義；前者是「人人享有普遍福利之社會」的政治主張，後者是國家極權主義製造「世上天國」。封從德先生也提出指正，認為需要指明這兩種不同的「社會主義」在市場經濟、民主政治、公平普選等問題上判若雲泥。筆者對兩位學者的意見深表贊同，特在此腳註中加以引用並致謝。

[105] 例如，自由主義經濟學家哈耶克和弗里德曼不但不反對一定程度的社會福利，而且倡導最低收入保障制度（按：並非最低工資制度），見 Hayek (1994: 133-134, 1979: 55)，Friedman (1951 [2012: 8-9], 1965 [2002: 191-194]）。

由〉），筆者多年來對民國憲政道路的認同和對民國憲法的推崇，是自由至上主義與民國憲法之兼容性的例證。民國憲法受社會主義影響的基本國策條文，包含了當代自由民主政體無法避免的社會福利制度，而且有助於遏制極左勢力，本書第六章將詳細探討。

二　國家主義對民國憲法的些微影響

當代學術意義上的國家主義（statism）泛指國家政權對社會、經濟進行一定程度的控制；除安那其主義（又稱無政府主義）之外的各個政治意識形態，包括主張最小政府的自由至上主義，都在社會經濟理論方面或多或少具有一些國家主義的成分。然而，「國家主義」在 1920 年代中國的政治語彙中實則為「民族國家」概念基礎上之「民族主義」的代名詞[106]，稱之為「民族國家主義」或許更加貼切。這一意識形態不但強調國家積極介入社會經濟活動，而且強調人民對民族國家的忠誠[107]。如前所述，中華民國不存在強勢少數民族這一事實避免了「民族國家主義」的法西斯化。

在民國制憲的具體歷史環境中，國家社會黨/民主社會黨的國家主義成分主要體現為對社會主義的界定和補充（以國家力量實現社會主義），同時主張歐式議會制代議民主政體和社會自由，並不提倡以一定程度的直接民主作為代議民主的補充。青年黨則直接以國家主義為基本理念，主張國家至上。雖然青年黨針對共產黨的階級鬥爭而提出了「全民政治」的口號，但其全民政治指的是不分階級的政治參與，以造就強勢政府為實際目的。孫中山三民主義極其強調人民所行使的政治權力，主張人民享有選舉、罷免、創制、複決四大民權，隨時能夠制約政府，稱之為全民政治；政府雖然獲得廣泛授權，但在人民面前並非強勢。所以，政治操作意義上的國家主義與孫中山三民主義明顯不同。

---

[106] 筆者找到的關於中國國家社會黨、中國青年黨的英文資料如 Jeans (1997)、Levine (1992) 都用 "nationalism" 一詞指稱這兩個黨的「國家主義」綱領。

[107] 學者胡衛清指出，國家主義與民族主義的區別之一是國家主義者很少強調國家對人民的責任，只強調人民對國家的絕對服從（轉引自彭葉飛 2009：16）。

　　1946 年制憲時期的政局，則存在著國民黨多年訓政的事實。訓政，並不是三民主義理論的內容，而是孫中山因應中國國情而設計的軍政、訓政、憲政建國過程中的一環，屬於三民主義之外的孫中山遺教。國民黨以排他的方式所實行的訓政，在效果上造成了一黨獨大、以黨治國的局面，青年黨和國家社會黨所代表的國家主義者對此極力反對。

　　制憲過程中，政治制度上的國家主義和三民主義相比畢竟是微弱的聲音，所以民國憲法的政治制度設計並沒有直接體現國家主義政治理念。但是，憲法前言[108]中「鞏固國權」四字（不見於五五憲草）似可視為國家主義的烙印。考慮到制憲之前多年內憂外患、共產黨武裝割據和國民黨在中央以黨治國的歷史背景，此四字以歷史的眼光來衡量是妥當的，當時是能夠為各方接受的。事實上，美國在經歷了軟弱無為的邦聯政府後制定聯邦憲法，也有「鞏固國權」的意味。

第三節　人權理念

一　民國憲法的人權保障

　　基本人權的保障，是憲政的要務，自十八世紀以降即成為各國民主憲法或憲法性法律中不可或缺的部分。孫中山先生於 1920 年 8 月為吳宗慈著《中華民國憲法史前編》所作序文即指出：「*憲法者，國家之構成法，亦即人民權利之保障書也。*」[109]

　　二戰期間發生的一系列大規模侵犯人權的惡性事件，促使國際社會對人權問題加以更多關注，張君勱先生也深受國際人權運動發展的影響[110]（在《中華民國民主憲法十講》中稱之為「新人權運動」[111]）。1945

---

[108] 在比較憲法學的意義上，各國憲法的前言有象徵性的、解釋性的、實質性的，參看 Orgad (2010)。民國憲法之前言，主要闡述了國民大會制憲的歷史背景和目的，其性質當以象徵性的政治意義為主，略具背景角度的解釋性，但不應視為具有實質性和法律約束力。參看林紀東（1998：25），李震山（2005：196-199），陳新民（2015：54）。

[109] 孫中山（1920 [1989d：600]）。

[110] 1944 年，張君勱發表了〈人民基本權利三項之保障〉、〈兩時代人權運動

年聯合國憲章提出「**不分種族、性別、語言、或宗教，增進並激勵全體人類之人權及基本自由之尊重**」；張君勱是出席聯合國會議的中華民國代表之一，並簽署了聯合國憲章[112]。

1936 年國民政府擬制的五五憲草，包含了十九條人民權利保障條款，其中八條明文列舉人民的自由，一條總括人民之其他自由和權利。但是，這九個條文的每一條都包含「非依法律不得限制之」字樣（此之謂人權的「消極保障」），如此文式凸顯的反而是授權政府立法限制自由，所以遭到了國民黨外各界的批評。1946 年定稿的民國憲法，改正了上述弊端（亦即改為「積極保障」）[113]。

民國憲法的人民權利保障條款在臺灣並未增修，仍然發揮著效力（本書導論分析了司法院大法官在民國憲法原文和西方國家憲政經驗基礎上積極釋憲而形成的人權保障功效，在此不贅述）。例如，出版法於1999 年廢除之後，臺灣人民即享有民國憲法所保障的充分的出版自由，這一點已為十多年來臺灣出版業的實踐所證明。

出版法的廢除也說明這樣的問題：政府從憲法獲得的立法授權，導致人民的自由受到限制；人民不但需要選舉出對人民負責的立法機關，而且需要在理念和行動上追求自由，使政府的立法行為盡力避免侵犯人民的自由，並在必要時由人民行使複決權以直接廢除不當限制自由的法規。如果一個民主政體的人民並不追求出版自由和信息自由，甚至認為一定程度的出版審查是必要的，那麼即使沒有出版法也會出現類似的法律以限制出版自由。以自由精神著稱的美國，就曾以憲法修正案的方式禁酒（施行十三年後廢除）。人民對自由的追求，是保護自由的根本途徑，這一點在任何國家都是如此。請牢記張君勱先生的肺腑之言：「我

概論〉等文章，參看翁賀凱（2010：115-116）。對張君勱深有研究的臺灣歷史學家薛化元（1993：100-101）認為張君勱的人權思想經過了從注重自由權到強調社會權再回歸自由權的發展、變化和成長；抗戰勝利前夕，張君勱已經擺脫了國家主義所帶來的極權陰影，社會權不再具有優位，制憲之際強調的是自由權。

[111] 張君勱（1947：23）。

[112] 中華民國是聯合國憲章的第一簽字國。

[113] 鄭大華（1997：430-431）。

願意奉告諸位一句話，就是：『你們對自己的權利有警覺性，自然就有
憲法』，否則若是你們自己沒有膽量維護自己的權利，那麼儘管有一篇
美麗的憲法，也就是孟子所謂『徒法不能以自行』了。我對諸位說：人
民對於他的權利的警覺性，乃是憲政的第一塊礎石。」[114]

二　人權概念的發展性

　　人權，是一個動態的概念，其範疇至今仍在演變之中。早期的民主
憲法，以美國憲法前十條修正案為例，所保護的主要是屬於自由權的消
極人權（又稱「第一代人權」）。中華民國 1946 年制憲之前，具有福
利性質的積極人權（即經濟社會文化權利，又稱「第二代人權」）已經
日益成為國際社會的主流共識。民國憲法第二章對人民的自由提供了廣
泛的保障（詳見本書導論回答二），積極人權則多見於民國憲法基本國
策部分的政策條款。民國憲法在臺增修條文則納入了環境權等具有集體
權性質的「第三代人權」。

　　但是，鑒於人權概念的發展性，強求在憲法條文及修正案中羅列人
權並不現實。更為務實的做法，是承認國際人權公約的超憲性[115]，並且
透過立法和釋憲途徑來逐步落實尚未見諸國際人權公約的新興人權[116]。

---

[114] 張君勱（1947：11）。

[115] 國際人權公約的國內效力在不同國家取決於其憲法模式或相關規定而有所
不同，包括一般法律位階、高於一般法律但低於憲法的高級法位階、憲法位階
甚至直接入憲（法學家張文貞 [2015：11-18] 稱之為「憲法的國際化」）。俄
國憲法第 46 條規定每個人都可以在窮盡國內法律的人權保護途徑之後依據俄
國所締結的國際條約訴諸國際人權組織，更加蘊含了國際人權條約的「超憲」
色彩（但是，普京威權統治下的俄國已於 2015 年 12 月立法授權俄國憲法法院
在國際法庭判決違反俄國憲法優越權的情況下裁定國際法庭判決無法執行，從
而閹割了這一極其進步的條款）。筆者認為俄國憲法第 46 條值得中國借鑒，
但獲得「超憲性」的國際人權條約之批准途徑宜比照修憲案之標準，若在立法
部門獲得過半支持但未能達致修憲案所需票數，則僅具有法律位階或高級法位
階。關於國際人權訴訟制度的詳細討論，參看廖福特（2009）。

[116] 法學家陳新民（2015：128）指出，立法者對新興人權的裁量空間使之獲得
一個「成長期」，釋憲機關也可以「助長」之。

三　人民義務問題

需要進一步討論的是人民義務入憲的問題：民國憲法規定了人民納稅、服兵役、受國民教育之義務，有人為此而詬病之。殊不知，政府的要求與人民的義務構成法理上的相依關係[117]，例如美國憲法雖然沒有明文規定人民納稅的義務，但授予政府立法徵稅的權力，導致政府可以依法要求人民納稅，也就構成了事實上的人民納稅義務。

所以，民國憲法所規定的**人民依法履行的義務應當反向理解為對政府的立法授權**，政府不依據法律則無法強迫人民履行義務。例如，人民依法納稅的義務經司法院大法官釋憲而形成「租稅法律主義」（釋字第217號「*人民僅依法律所定之納稅主體、稅目、稅率、納稅方法及納稅期間等項而負納稅之義務*」），起到了限制政府權力的功效，政府行政部門無法以行政命令的方式隨意徵稅。

或許有人會為了文字的美觀而主張刪除憲法中的人民義務條文，這無異於掩耳盜鈴，著實不可為之。義務兵役制之存廢，則是單列的議題，不在本書討論範圍之內（值得注意的是，歐洲一些老牌民主國家的憲法規定了人民服兵役之義務）。

第四節　各國憲政的經驗教訓

中華民國肇始之時，憲政民主共和國在全球並不多見，美國憲法與法蘭西第三共和國的憲法性法律在民初制憲的嘗試中起到了參考作用。第一次世界大戰導致了一系列憲政民主共和國的建立，張君勱先生曾極力推崇德國威瑪憲法，但威瑪德國憲政慘遭失敗，為中國制憲事業提供了很有價值的反面參照。

透過簡單的對比，以及張君勱的自述，不難得出結論：民國憲法略受美國、加拿大等國憲法的影響，更多的是借鑒德國威瑪憲法的成敗，吸取其合理因素，而針對其教訓作出改進。下面暫對民國憲法之中央政

---

[117] 司徒一（2009：155，160）。

府制度設計與德國憲法和美國憲法略作比較：

　　德國威瑪憲法是世界上最早的半總統制憲法之一，試圖以直選產生的總統在議會與內閣之間起到協調作用，總統有權任命內閣，也有權解散議會，並有緊急狀態下的獨裁權，但內閣在正常運作中對議會負責，議會有倒閣權。看似中道的制度，在實施期間暴露了嚴重的弊端：從初期的議會頻繁倒閣到後期的總統獨裁，原本意圖在議會制與總統制之間實現平衡的半總統制淪為從一個極端到另一個極端的震盪[118]，直至憲政被納粹政府終結。

　　作為參照，這裡順便介紹一下晚於民國憲法的 1949 年德意志聯邦共和國基本法。後者吸取了威瑪憲法的教訓，採用了改進型的議會制：總統改為虛位，不能直接組閣而必須向議會提出總理人選，也失去了解散議會的權力（改由總理行使）和緊急獨裁權。議會則受到「建設性倒閣」規定的限制，必須選出新任總理後才能對現任內閣提出「建設性不信任案」。建設性倒閣制度，加以政黨進入議會的最低門檻制度（避免小黨林立），確保了德意志聯邦共和國政局的長期穩定[119]。

　　民國憲法的制度設計，則是另一種類型的改進型議會制。行政院長的產生方式與德國基本法類似（總統對行政院長的提名需要得到立法院的同意），但立法院沒有單方面發動倒閣的權力。行政院長徵得總統核可之後可以把立法院的決定打回去覆議（類似於美國總統的否決權），立法院需要三分之二多數票才可推翻否決。此制度吸取了美國憲法的經驗，如果行政院長在立法院內的支持跌至二分之一以下，只要不低於三分之一，並且獲得了總統的支持，那麼行政院長就站穩了腳跟，類似於

---

[118] 臺灣學者沈有忠（2009：158-159，2011：43-46）因德國威瑪憲法的這一特徵而稱之為「分時式」、「填補式」的二元行政，屬於這一類型的還包括奧地利、冰島、斯洛文尼亞等國憲法。值得指出的是，中華民國憲法原文之總統在政局趨於不穩的情況下能夠起到穩定政局的作用（參看本書第四、五章），因而具有一定程度的「分時式」色彩，但總統任命行政院長必須得到立法院的同意，也沒有解散立法院的權力，而且沒有直選所帶來的民意基礎，所以在任何情況下都沒有威瑪德國總統那樣的大權，國家政治沒有兩極震盪之虞。

[119] 1949 年至今，德意志聯邦共和國僅發生過兩次倒閣，其中一次成功，一次未能選出新任總理而失敗。

美國總統與國會多數席位分屬兩黨之「分立政府」局面,政府效率低些,但政局大致穩定,避免許多議會制國家頻繁倒閣的弊端。由於執政黨或執政聯盟的解體對其中的小派別或小黨沒有直接的好處(即使轉投他黨以形成新的多數集團,也無法僅憑立法院的意志而倒閣),民國憲法的制度可以促進執政黨或執政聯盟的穩定,所以立法院與行政院對立的局面不會經常發生。但是,如果二者確實發生了嚴重的對立,以至「分立政府」的局面難以為繼,那麼民國憲法仍然留有類似於「建設性倒閣」的脫困途徑,這一點留待本書第四、五章詳細討論。

有必要指出,民初第一屆國會在 1923 年曹錕賄選總統之後曾匆匆通過一部憲法(從未真正施行,一年後隨著曹錕下臺而被廢止,史稱「曹錕憲法」)。由於第一屆國會 1923 年通過憲法之時合法性與公信力的欠缺[120],以及這部憲法「經驗值」為零這一事實,多年來很少有人主張恢復這部憲法,所以民國憲政道路基本上沒有歧義。至於中國大陸恢復中華民國國號但另制新憲的主張,未免有「買櫝還珠」之嫌,筆者相信持此看法的朋友們瞭解了民國憲法的價值之後必將珍視這顆寶貴的明珠。

---

[120] 曾有一位喜歡較真的朋友如是說:「曹錕出錢是請國會議員來開會,沒有附加條件,怎麼能說是賄選呢?」筆者反問:「中國是人情社會而不是美國這樣的契約社會,你按照契約社會的規則來理解中國政治,可行嗎?」

第二章　權能區分原理詳解

　　權能區分原理，是孫中山民權主義的核心內容之一，也是民國憲法中央政體架構的基本出發點之一。令人遺憾的是，權能區分原理多年來被許多人誤讀，連帶著導致民國憲法的相關內容被誤讀[121]，所以本書在詳細闡述民國憲法政體架構之前，首先對權能區分原理做一番解析。

第一節　權能區分的概念

一　基本原理

　　孫中山在 1924 年 4 月的《民權主義》第五講中提出了權能區分的基本概念，即人民有權、政府有能：「諸葛亮是有能沒有權的，阿斗是有權沒有能的。……中國現在有四萬萬個阿斗……如果政府是好的，我們四萬萬人便把他當作諸葛亮，把國家的全權都交到他們。如果政府是不好的，我們四萬萬人可以實行皇帝的職權，罷免他們，收回國家的大權。……講到國家的政治，根本上要人民有權；至於管理政府的人（按：指政府官員），便要付之於有能的專門家。」[122] 權與能的具體內容，見於《民權主義》第六講：「歐美對於政府，因為沒有管理很周密的方法，所以他們的政治機關至今還是不發達。我們要不蹈他們的覆轍，根本上要人民對於政府的態度，分開權與能。把政治的大權分開成兩個：一個是政府權，一個是人民權。……在人民一方面的大權，剛才

---

[121] 臺灣學界通說是中華民國憲法放棄了權能區分（例如李惠宗 2015：484-488），確切的說應該是放棄了「國民黨主流詮釋的權能區分」。國民黨主流詮釋實有大謬，應當放棄之！但筆者即將闡釋的權能區分原理仍然反映於民國憲法原文的國民大會章節。

[122] 孫中山（1924b [1989a：107-108，110，113]）。

已經講過了，是要有四個權。這四個權是選舉權、罷免權、創制權、複決權。在政府一方面的，是要有五個權，這五個權是行政權、立法權、司法權、考試權、監察權。用人民的四個政權來管理政府的五個治權，那才算是一個完全的民權政治機關。」[123]

　　在權能區分原理的上下文中，「權」與「能」各自有兩種含義：

　　（1）「權」是政治權力，有狹義與廣義之分。狹義的「權」指的是對政府人事與法規的最高決定權，在民主社會即為人民權[124]；廣義則包含了政府權。

　　（2）「能」用於人（包括政府官員）即指人的才能[125]，用於政府則可引申為經人民授權而獲得的政府權。授權於有才能之人，是應然而且經常能夠實現的狀態，所以「能」的兩層含義具有很大程度的一致性，但無能者獲得授權的情況也時有發生[126]。反過來，即使官員有才能，是否獲得足夠的授權以形成有能政府，仍然取決於人民的意志，所以政府之「無能」往往是因為人民不願授予政府較大權力[127]而不是因

---

[123] 孫中山（1924b [1989a：123，126]）。

[124] 臺灣學界有將「人民權」或「政權」視同「主權」之說（謝政道 1999：107-110），此說之濫觴似為對孫中山思想有深入研究的美國學者林白樂（Linebarger 1937: 107）。但是，「主權」與全體國民之「政權」的關係似乎不是等價或重合的關係，而是因果關係，全體國民因為擁有「主權」而有資格行使「政權」，後者強調的是操作性而不是所有權。

[125] 美國學者林白樂（Linebarger 1937: 107）把「能」用於個人的含義解讀為 "competency"、"capacity" 或 "ability to administer"（周世輔、周陽山 [1992：37] 將之譯為「勝任」、「能力」或「治事才能」），相當貼切。

[126] 孫中山（1924b [1989a：110]）在《民權主義》演講第五講中指出「現在歐美民權發達的國家，人民對於政府都沒有這種態度（按：指的是『把他們當作專門家看』），所以不能利用有本領的人去管理政府。因為這個原因，弄到在政府之中的人物都是無能……」。

[127] 孫中山（1924b [1989a：122]）在《民權主義》演講第六講中指出「如果在國家之內，所建設的政府只要他發生很小的力量，是沒有力的政府，那麼這個政府所做的事業當然是很小，所成就的功效當然是很微」。此處政府無能，與官員之才能無關，而是由於政府「沒有力」；至於「力」從何來，民主國家「所建設的政府」當然來源於人民的授權，人民如果只想讓政府「發生很小的力量」，就不把較大權力授予政府。至於具體的授權方式，除了少數的修憲案

為官員不勝任。

　　孫中山論述了西方代議政體權能不分和政府時常無能的原因：其一，「歐美人民對於政府不知道分別權與能的界限」（反之，「中國要分開權與能是很容易的事，因為中國有阿斗和諸葛亮的先例可援」）。其二，歐美「各國所行的民權，只有一個選舉權。這就是人民只有一個發動力，沒有兩個發動力。只能夠把民權推出去，不能夠把民權拉回來」。[128] 沒有罷免、創制、複決諸權，能發不能收，所以歐美人民不放心給政府以較大權力，導致政府無能，人民較為放心，但享受不到有能的政府所可以創造的福利。解決這兩個問題的辦法在於釐清權能區分的道理，以及在人民的選舉權之外落實罷免、創制、複決諸權，使人民對政府形成有效的制約，能發能收。

　　基於主權在民的原則，人民權（「民權」或「政權」，即狹義的「權」）具有根本性的地位；政府權（「治權」，即「能」）由人民授予而產生，居於從屬地位。享有四大民權的人民可以放心授較大權力於政府——人民作為「阿斗」，深知自身能力之局限，所以**平時並不行使民權，樂得清閒**；在政府未盡職守或嚴重違背民意並無法說服人民改變看法的情況下，人民可以行使罷免權來提前取消對某些政府官員的授權，或行使創制權、複決權來直接介入立法程序。

　　孫中山的權能區分原理，加強民權而避免民粹[129]，倡導專家治國但

（例如 1913 年美憲第十六條修正案授權聯邦政府徵收所得稅）之外，在憲法框架下的政治運作中對政府的授權通常是透過立法而實現的，立法則取決於選舉，選舉中的政治議題和各個政黨的施政綱領往往涉及政府在社會經濟領域之「為」與「不為」或「多為」與「少為」，西方國家政黨輪替也通常發生在主張限縮經濟管控和福利開支的偏右政黨與反其道而行之的偏左政黨之間。不言而喻，孫中山的政治主張明顯具有「大政府」、福利國家等「左派」色彩，我等後人切不可以機械、教條的方式對待之。

[128] 孫中山（1924b [1989a：110，116]）。

[129] 政治上的民粹主義（populism）意味著政治蠱惑家（或「魅力型領袖」）裝扮為民意的化身、借助民主程序攫奪權力，並且無視分權制衡的原則，伺機逾越憲法授權而行事（江宜樺 2001：45，Urbinati 2014: 149-153）。權能區分原理之政府有能，不但不是集大權於領袖一身，而且強調政府分權、強調人民權對政府權施加制約，明顯有別於民粹主義。

並非精英統治，符合執兩用中的中道，體現了高超的政治智慧。

二   「權」與「能」的制衡，以及政府分權制衡

對比權能區分原理與西方代議制度，不難看出，**權能區分原理具有二重制衡的特點：首先是人民權與政府權的對立這一最高層級的權力制衡，其次是政府內部權力部門的分立和制衡**。[130]

就最高層級的人民權與政府權之制衡而言，雖然人民權具有至上地位，但人民在治國問題上的無能和簡單多數決所可能帶來的負面效應使得權能區分的制度設計之中必須包含對人民權的緩衝、協調和制衡[131]，這一點下文還會詳細討論[132]。政府權應當服務於人民，而且專家組成的有能政府有更多機會服務於人民，但政府權若行使不當即有可能成為洪水猛獸為害人民，不管政府官員故意作惡還是好心辦壞事（有可能是出於良好動機的政策在執行過程中暴露重大問題，但主事官員一意孤行，不願承認問題）。所以，人民在透過定期選舉對政府作出授權之外，還有必要以其他三大民權對政府作出制衡——在政治操作意義上，人民行使民權的可能性即可對政府起到制衡作用[133]。

就政府內部的權力架構而言，很多人認為孫中山反對制衡，純屬誤解。孫中山從來沒有反對過分權制衡原則，對蘊含了制衡的三權分立制度不但不是持有否定態度，而且在 1922 年撰寫的〈中華民國建設之基

---

[130] 臺灣學者朱諶（1997：21-23）認為權能區分是「兩階段分權」，產生「雙重安全辦」的保障功能：五權相互合作而牽制，形成「第一重安全辦保險絲」；政權（民權）對治權的監督則為第二重。本書所謂「二重制衡」，與朱諶教授的上述論斷相當類似，不同點在於筆者認為政府權對人民權有反向制衡之功用。

[131] 涂懷瑩（1986：605，2000：569）。

[132] 另一個關乎人民權之地位與界限的理論是人民作為一個整體具有「憲法機關」的地位，在憲政秩序之下需要受到憲法規範的制約。此說由德國憲法法院在判決中提出，在德國哲學家哈伯馬斯的民主法治國理論中得到論證，參看顏厥安（2000 [2005：17-19，27-34]）。值得注意的是，《民權主義》第六講提及的「民權政治機關」在字面上似可理解為人民全體，但在孫中山所展示的圖表的參照下，此「機關」之所指應為國民大會。

[133] 參看 Qvortrup (2005: 125)。

礎〉文中予以讚頌：「三權分立，為立憲政體之精義。蓋機關分立，相待而行，不致流於專制，一也；分立之中，仍相聯屬，不致孤立，無傷於統一，二也。凡立憲政體莫不由之。吾於立法、司法、行政三權之外，更令監察、考試二權，亦得獨立，合為五權。」[134] 這段引文中「機關分立，相待而行，不致流於專制」雖然沒有說「制約」或「牽制」，但「待」字在這個上下文中恰恰作「防備、抵禦」解[135]，「機關分立，相待而行」意即各個機關之間相互制約！孫中山把這一事實作為三權分立之所以是「立憲政體之精義」的原因之一，怎能說他反對分權制衡呢？[136]

至於權力的平衡，孫中山在這段引文中沒有明說（「分立之中，仍相聯屬，不致孤立，無傷於統一」強調的是權力部門分立之餘仍有合作[137]，並未涉及平衡），但他在西方三權的基礎上進一步提出將考試權、

---

[134] 孫中山（1922 [1989b：353]）。

[135] 《教育部重編國語字典修訂本》網頁給出了「待」字讀去聲的五種含義，僅有「防備、抵禦」與下文「不致流於專制」相合，其他含義如「依恃、憑靠」如何防止專制？而且，若以其他含義解釋「待」字，即與下半句話的「仍相聯屬」相近或重複而不合文法。

[136] 參看張益弘（1969：276），田炯錦（1967：51、59，1973：111）。臺灣學者鐘國允（2006：159）說得好：「……五權分立是主張權力互相制衡的，論者批評孫中山不主張權力制衡，所應攻擊的是某些後來者的詮釋，卻不能算到孫中山的頭上。」說孫中山反對分權制衡，不啻「汙名化」，請參照王天成（1999）的論斷：「共和主義組織政府的一個基本原則是分權制衡，反對分權制衡也就是反對共和政體」！

[137] 「分立之中，仍相聯屬，不致孤立，無傷於統一」這句話對孫中山思想研究也非常重要。筆者所批評的國民黨之三民主義主流詮釋全盤否定權力制衡，實乃大謬，但國民黨內的一些開明人士對五權憲法也有認識上的誤區。例如鄭彥棻先生撰寫的《中華百科全書》「五權憲法」詞條說「三權分立偏重互相制衡，以防止專制，五權分立則分立之中、仍相聯屬，以發揮整體功能」（鄭彥棻 1983），這句話固然沒有否定五權的制衡關係（只是說三權偏重制衡，沒有說五權不制衡），但把「分立之中、仍相聯屬，以發揮整體功能」當作五權分立之區別於三權分立的特點和優勢，在孫中山引文的對照下顯然有誤——「分立之中、仍相聯屬」八個字在孫中山原文中恰恰用於解釋「三權分立，為立憲政體之精義」。孫中山撰寫的三民主義、五權憲法專著手稿焚毀於 1922 年 6 月 16 日的陳炯明叛變，致使後人研究三民主義、五權憲法只能以他的演

監察權從行政權、立法權中獨立出來，目的正是避免行政權和立法權過於強大而產生流弊，隱含了「平衡」之意[138]。

　　國民黨之三民主義主流詮釋否定分權制衡，其實也有孫中山先生本人的責任：孫中山 1923 年 12 月在廣州對國民黨員的演講中以蜜蜂的分工比喻五權分工，說「蜜蜂合居的也是極多，並且很有條理，他們住在一窩之中，都是分職任事⋯⋯好像國家一樣，有行政、立法、司法種種人員，毫不紊亂。做起事來，既不侵越權限，又能夠互相幫助。⋯⋯好像一個蜂窩一樣，全窩內的覓食、採花、看門等任務，都要所有的蜜蜂分別擔任，各司其事。總而言之，三民主義和五權憲法，都是建國的方略。建設一個國家，好像是做成一個蜂窩，在窩內的蜜蜂，不許有損人利己的事，必要整整有條，彼此毫無衝突。」[139] 這段論述所採用的措辭很容易給人以「五權分工合作而不制衡」的印象[140]，然而，這種印象來自概念的混淆——孫中山指的是各個政府部門之分工應當明確，職有專司，而不是否定制衡！至於各個部門「能夠互相幫助」、「彼此毫無衝突」，這和制衡並不矛盾——比照三權分立，如果三權分立之立法部門與行政部門在一些問題上意見一致，行政部門主導的一些法案很快得到立法部門通過、立法部門提出的一些法案得到行政部門的支持，就發生了互助與合作，但這是否違背了分權制衡原則呢？當然不是。「制約」與「合作」並非反義詞，制約之中可有合作，合作之中亦可有制約。所謂「毫無衝突」，在權力分立之明確性的上下文內指的是各個權力部門應當尊重其他部門專屬職權之行使，部門之間的制約因為明確分工和互相尊重而不致達到「衝突」的程度（換句話說，制約並不等於衝

講錄為主要依據，慶幸的是孫中山為上海《新聞報》三十週年紀念而作〈中華民國建設之基礎〉，留下了寶貴的資料，足以洗刷後人強加於他的「反對權力制衡」的污名，並幫助後人準確理解三權分立和五權分立的關係。

[138] 孫中山多次反對「議院專制」或「國會獨裁」、主張監察權獨立於議會，三民主義主流詮釋者視之為孫中山反對權力制衡的證據，殊不知議會權力過大實乃權力不平衡所致，孫中山提出修正方案是為了加強權力的平衡，並非反對制衡。彈劾權改由獨立的監察機關行使，難道就不制約行政部門了嗎？

[139] 孫中山（1923b [1989c：395，397]）。此演講又名〈宣傳造成群力〉。

[140] 此類論述的匯總見謝政道（1999：138-141）。

突）。當然，「毫無衝突」乃「理想狀態」，政治運作之實際則是政府部門之間時而發生一定程度的衝突。孫中山對政府部門「毫無衝突」的期待與其說是天真的幻想，不如說是在演講中為了給國民黨員聽眾鼓勁而採取的「宣傳策略」，在效果上有很強的誤導性，筆者認為後人有必要持批評的眼光來看待。

國民黨主流還有三權制衡導致政府無能之說[141]，這一誤解與孫中山先生「政府有能」之論述有關，但不能歸咎於孫中山，只能說國民黨理論家們欠考慮。孫中山在 1924 年〈民權主義〉系列演講中反復指出的是人民對政府不放心而使政府無能，並不是分權制衡導致政府無能[142]。二十世紀初葉以降，西方國家的總體發展趨勢是政府走向有能[143]，這恰恰是在三權分立而制衡的制度下發生的。

綜上所述，孫中山很顯然是主張政府分權制衡的，他提出五權分立是為了對三權分立做出補充和發展而不是否定[144]。國民黨主流之誤解，必須予以糾正[145]。

---

[141] 謝政道（1999：140）。

[142] 參看註 127。

[143] 以美國為例，1913 年通過的美憲第十六條修正案賦予聯邦政府徵收所得稅的權力，成為美國聯邦政府由「小政府」走向「大政府」的分水嶺（Garrett and Rhine 2006）。

[144] 筆者在此為方便起見，主要依據孫中山的一段引文；臺灣學者許雅棠（1992：60-66）從《國父全集》摘錄十餘段引文得出結論：「五權分立是美國三權分立的延伸，至此可信是證據確鑿之事。」曾任制憲國大代表、監察委員、司法院長的田炯錦先生（1967：62）則從學理的角度指出：「……分權是造因，制衡是結果，分權而不互相制衡，乃不可能之事。」

[145] 張益弘著、孫科校訂的《孫學體系新論》即對國民黨之三民主義主流詮釋否定分權制衡的說法予以駁斥（稱之為「妄言」），指出「並不是三權牽制而不合作，五權合作而不牽制的」（張益弘 1969：276-278）。令人遺憾的是，孫中山先生哲嗣親手校訂、認可的佳作，並沒有能夠在臺灣的三民主義研究、教育體系中形成足夠的影響，國民黨之主流詮釋積重難返，謬種流傳至今，例如 2014 年第五版的一部《憲法與立國精神》大學教科書即沿用了五權「分工合作，相輔相成」有別於三權「相互制衡……防止政府的專橫、濫權」的說法（林明煌 2014：7）。五權分立制度難道不能「防止政府的專橫、濫權」？在權力制衡的必要性已經深入人心的當今時代，筆者不禁嘆息，這種把五權憲法

三　「政府」的定義與定位

進一步剖析權能區分原理之前，還有三個需要釐清的概念。

（一）「政府」的定義

　　漢語「政府」二字在文言中僅指宰相辦公場所，其現代含義是借用古代詞彙的外來詞，對應於英語 government。此詞在英國及英聯邦國家通常僅指行政機關或內閣（即「政府」的狹義概念），某黨執政的英國內閣常被稱作某黨政府。但是，在美式英語中，此詞指的是包含了立法、行政、司法三個分支的全部國家機關的總和（即「政府」的廣義概念），美國人指稱某黨執政的行政機關之時從來不說某黨政府，而稱之為某黨或某總統的 administration（可譯為行政當局）。廣義的政府概念之下，議員、法官皆為政府官員。

　　孫中山著述中的「政府」一詞多為廣義，但有時在狹義與廣義之間切換，讀者需要根據上下文判斷此詞的具體含義。在權能區分原理的語言環境中，五權政府可以由人民授權獲得「國家的全權」（見本節開頭的引文）；孫中山在《民權主義》第六講中亦詳細指出：「……分開政府的大權，便可以說外國是三權分立」，「我們現在要集合中外的精華，防止一切的流弊，便要採用外國的行政權、立法權、司法權，加入中國的考試權和監察權，連成一個很好的完璧，造成一個五權分立的政府」[146]。顯然，這個上下文中的五權政府是廣義概念的政府。

　　有人（尤其是對美國制度和美式英語不瞭解者）試圖以狹義的「政府」概念來理解權能區分原理，認為孫中山所設想的五權政府之立法機關相當於狹義政府下設的立法局，自然是解釋不通的。況且孫中山在

與權力制衡相對立的論述莫非是五權憲法理念的「高級黑」？當然，臺灣教育體系並非全然如此，例如 2015 年第十五版的另一部《憲法與立國精神》指出「蓋五權分立制，將五種治權分由五個機關行使，在相互制衡與分工合作下，限制政府內部權力組織之無限擴張，籍以保障人民之政治自由」，「……五種治權，除了具有權力相互制衡之作用外，並以人民與政府及政府各權力機關間職務上之分工合作為其指導原則」（賴農維 2015：244-245），即為全面、準確的描述。

[146] 孫中山（1924b [1989a：127]）。

《五權憲法》演講中列舉政府五權時明確指出五權之中「立法機關就是國會」[147]，所以五權憲法的立法機關是代議立法機關，而不是從屬於行政當局的立法局，這一點是毋庸置疑的[148]。

中國大陸知識界目前深受美國影響，「政府」一詞的廣義概念可謂深入人心。但是，在中國從清末走向 1946 年制憲的艱難歷程中，來自歐洲和日本的政治概念佔據了主導地位。對滿清預備立憲和中華民國制憲有重大影響的日本明治憲法[149]和德國威瑪憲法之中「政府」一詞皆為狹義，在這樣的認知背景下，中華民國臨時約法、天壇憲草、曹錕憲法之中的「政府」作狹義解也就在所難免了。孫中山提出權能區分理論之後，一些不瞭解「政府」之廣義概念的學者以為孫中山企圖把立法權、司法權都集中到狹義政府手中，為此攻擊孫中山，實乃誤會。但是，以孫中山傳人自居的一批國民黨理論家也不明就裡，發生了類似的誤解[150]。國民黨內不乏熟習美國制度者，如法學家、第一任司法院長王寵惠先生是美國耶魯大學法學博士，而且對大陸法系也深有研究，想必洞悉許多國民黨理論家的概念混淆，但未能以權威身份加以澄清[151]。1971-1977 年擔任司法院長的田炯錦先生是美國伊利諾伊大學政治學博

---

[147] 亦作「立法就是國會」，參看註 37。

[148] 田炯錦（1967：18），陳春生（2014：278）。

[149] 日本明治憲法主要受到德國的影響。1946 年由美軍佔領當局主導制定的日本現行憲法日文版正文完全迴避了「政府」一詞，行政部門稱作「內閣」。其前言中「政府」一詞出現一處，涉及政府的行為所可能導致的戰爭災禍，很明顯是廣義的「政府」概念（政府行為在這個上下文指的是國家行為而不是內閣行為）。此憲法的初稿由美軍軍官主筆、用英文寫成，反映了美式英語 "government" 和 "cabinet" 的區分。

[150] 例如，高旭輝教授的〈五權憲法中國民大會的幾個問題〉一文主張國民大會不應設置常設機構，這一主張是正確的，但其所給出的理由是「國父之主張權能區分及國民大會制，就是為了要擺脫國會的牽制，以免妨害政府之能」（高旭輝 1978 [1987：608]），這一理由實乃大謬。

[151] 王寵惠先生在學術和政治領域有很高的成就，而且為人謙和，為官清廉，在這些方面堪稱楷模。可是，1946 年中華民國制憲過程中與他密切共事的雷震（2010a：222）如是說：「王寵惠對憲法亦有研究，但老於世故，做官有竅門，決不肯多講一句話。」一嘆。

士，曾任制憲國民大會代表，他在著述中對「政府」概念做出了辨析[152]；1976-1985 年擔任大法官的涂懷瑩教授曾赴美擔任訪問學者，也就此問題予以澄清[153]，可惜國民黨內（以及「三民主義教育」課程體系內）的概念混淆已積重難返。時至今日，堅持權能區分理念的臺灣藍營人士已為數不多，可是其所堅持的往往是錯誤的理解之下形成的教條，令人嘆惋[154]。

值得指出的是，中華民國憲法原文中「政府」一詞出現十餘次，多為廣義或狹義解釋皆可（例如基本國策條文中給政府委以職責、劃出權限），亦有少數廣義用法和狹義用法[155]。

（二）「萬能政府」的含義

孫中山在《民權主義》演講中以促成「萬能政府」為運用權能區分

---

[152] 田炯錦（1973：104-106）。

[153] 涂懷瑩（1986：601，2000：563）。

[154] 值得肯定的是，憲法學家、臺灣綠營理論家李鴻禧（2002：18）指出「孫文所指『政府』，並非一般政治學、法學所指之擁有行政權力之行政機關的狹義『政府』，而是指擁有全部國家權力之政府機關的廣義『政府』」，這是很準確的認識。但是，李鴻禧教授進而提出「孫文……將權力分立制之權力濫用的性惡論，完全改變為權力運營的性善論，使立場觀點變得完全相反。……5 種『治權』，不使依權力分離及分立方法而彼此抑制均衡，無寧反而使這 5 種『治權』分工合作」。這正是在國民黨對三民主義的主流詮釋之誤導下形成的錯誤認識，可惜、可嘆。

[155] 宜作廣義解的，是第 67 條「立法院……各種委員會得邀請政府人員及社會上有關係人員到會備詢」——此條不見於五五憲草而見於政協憲草，力主歐式議會制的張君勱先生使用「政府」一詞之時心中所想可能是行政部門，但「政府」和「社會」並列，所以廣義解釋是較為妥當的。例如，涉及司法院、考試院、監察院之立法自當邀請此三院相關人員到會備詢（司法院釋字第 461 解釋提出司法、考試、監察三院院長可不去立法院委員會備詢，但三院所屬非獨立行使職權而負責行政事務之人員並不例外）。
明顯的狹義用法是地方制度章節把省縣「政府」和省縣議會並立，顯然作行政部門解，這一用法來自國民黨擬制的五五憲草。雖然筆者希望避免概念，但「政府」一詞的兩個含義都是客觀存在的，注意依據上下文辨析即可。將來如有可能，似可考慮將狹義的省縣「政府」改稱省縣「治府」（取「治」字隱含的「執行」之意），甚至取法「曹錕憲法」，將「省政府」改稱「省務院」。

原理的目的，在這個上下文中，「萬能政府」指的是在涉及人民福利的方面獲得較大的授權、有充分能力服務於人民的政府[156]（孫中山在《民權主義》演講中提及「萬能政府」的上下文中也多次使用「強有力的政府」這樣的措辭來表達相同的含義），「完全歸人民使用，為人民謀幸福」[157]，並且由於人民四大民權的落實而隨時可以被人民節制。有人認為孫中山所說的「萬能政府」是無所不能的政府、是憲政民主制度下「有限政府」的反義詞，實屬望文生義[158]。「萬」字在這裡實則為「多」的意思，如「萬用表」、「萬能鑰匙」。權能區分原理的運用，使政府有能，同時政府仍然是有限的，受憲政分權制度、人權保障條款與人民四大民權的制約與限制[159]。換句話說，政府是否有能與是否有限，實乃施政效能與憲政法治這兩個不同維度的概念（例如學界所謂「蘇丹制」劫掠型政府之權力可謂無法無天，但施政效能非常低下），不可混為一談[160]。

---

[156] 臺灣學者林桂圃撰寫的《中華百科全書》「萬能政府」詞條（林桂圃1983）對這一概念做出了相當精闢的闡述，下面是一些摘錄：「……所謂萬能政府，顯然是指一個具有充分為民服務，為社會解決問題的能力而言，絕不是指那具有無限威力來控制個人及社會而言。……有人誤認為萬能政府既是權力極大，當然是可以無所不為的，其實不然。　國父所主張的萬能政府，並不是無所不為的政府，而是有所為和有所不為的大有為政府。」

[157] 孫中山（1924b [1989a：104]）。

[158] 令人遺憾的是，國民黨對三民主義的主流詮釋往往犯有這一錯誤，否定有限政府。有限政府是憲政主義的基本原則之一，三民主義在臺灣式微，與其主流詮釋的諸多謬誤不無關係。

[159] 周世輔、周陽山（1992：190）。美國學者林白樂（Linebarger 1937: 112）也在 *The Political Doctrine of Sun Yat-sen* 一書中指出："His concrete proposals dealing with the minutiae of administrative organization, his emphasis on constitution and law, and his interest in the exact allocation of control all testify to his complete acceptance of a sharply delimited state."

[160] 「有限政府」概念的模糊性也是概念混淆的原因之一———在憲政主義和法治原則的上下文之內，「有限政府」指的是權力受到憲法和法律制約、不可肆意妄為的政府；然而，在自由至上主義和財政保守主義的上下文內，「有限政府」往往是「小政府」甚至「最小政府」的代名詞。孫中山「萬能政府」理念的政治主張是強化政府之施政作為、使政府為人民謀幸福，當然有別於自由至上主義和財政保守主義，是「最小政府」理念的反面，但否定孫中山「萬能政

　　但是,「萬能」二字確實容易引起誤解,所以在不必使用此二字的場合(例如不涉及孫中山引文之時)最好用「有能」二字代之。

　　有能政府,雖然合乎憲政主義的有限政府原則,但不同於許多自由至上主義者所主張的最小政府(只負責國防、治安、仲裁,而不為人民謀幸福)。筆者對自由至上主義有很強的認同,同時深知最小政府之不可能——人類歷史上除中國漢代初期奉行「無為」原則[161]的「黃老之治」[162] 階段之外,似乎不曾有最小政府理念成為國家政治基本原則的實例[163];許多自由主義者推崇備至的美國憲法,在前言中亦有「增進全民福利」(promote the general welfare)之語。為人民謀幸福的有能政府是世界各國不可避免的政治發展趨勢[164],自由至上主義者應當致力於避免有能政府在為大多數人民謀幸福之時侵害個人和少數群體的自由,致力於監督有能政府的行為、優化其公共政策、促使其尊重個人自由與個人選擇,而不應以不切實際的最小政府為政治目標,這一問題將在本書第六章詳細討論。

府」理念者恰恰是在憲政主義的上下文之內討論問題,把「萬能政府」打為「無限政府」或「集權政府」(例如李鴻禧 1994:212 說「西方對三權的集中已經非常害怕,孫文卻只怕不是萬能政府」),實乃概念混淆,令人遺憾。

[161] 關於道家的「最小政府」理念,參看張千帆(2012:224-225)。順便說一下,張千帆教授在這部著作(《為了人的尊嚴——中國古典政治哲學批判與重構》)中分析了儒、墨、道三種學說所隱含的人格尊嚴的觀念,指出三者都把人作為目的自身而不是作為其他目的的手段、堅持每個人的內在價值應該受到尊重和保護,從而建構了從傳統文化通向憲政的橋梁。在此引用該書的最後結論:「尊重和保護人的尊嚴是衡量每一個政治體制和社會行為的合法性依據,也是重構之後的中國古典哲學流派所能共同接受的憲政原則。」

[162] 「黃老之治」的詳細討論,參看楊芳華(2006)。值得注意的是,此論文指出文帝、景帝奉行黃老治術時期仍「常下詔令,振窮養老,恤孤矜寡」(頁157),可見文景治世的「無為」政府仍然負有社會福利的職能,大於「最小政府」。

[163] 1980 年代英、美之「小政府」理念離「最小政府」還差得很遠。

[164] 參看 Mezey (2013: 100-104)。許多學者(如陳新民 1991:20-23,許育典 2013:49-50)把以造福人民為國家行政的主要目的、同時堅持法治原則的國家形態稱為「社會法治國」或「社會福利法治國」(有別於共產黨之「社會主義國家」)。

以美國政府為典型的西方國家代議制政府，自二十世紀初以來的一百多年間，幾乎無一例外都走向「有能」，政府在社會、經濟事務方面的權限不斷擴展。既然西方國家不運用權能區分原理也造成了有能政府，那麼孫中山以促成有能政府為目的而提出的權能區分原理是否失去了意義呢？絕不。在絕大多數西方國家，人民在國家層面只具有定期選舉權，能發不能收，而且定期的大選通常為某些重大議題所左右，政府在某些並非焦點的問題上的濫權或瀆職行為（例如稅法漏洞的既得利益者透過遊說代議立法機關而使漏洞長期存在）往往無法在大選之時成為選民的考量。此外，兩次大選之間的重大議題完全託付給代議制政府，政府即有可能不顧民意而強行立法——民意固然不可能完全正確，但政府在人民有很強烈的不同意見之時無視民意，並不妥當，在民主制度尚未成熟之時更為有害[165]。代議制政府越有能，越容易形成這些方面的流弊，但人民的罷免、創制、複決三項民權如果得到充分的落實，就可以在很大程度上遏制代議制政府的上述弊端[166]。

（三）權能區分之「政府」仍然是代議制政府

還需要著重指出的是，權能區分原理之下的「政府」在性質上仍然是代議制政府——孫中山對西方代議制的一些流弊提出批評，無論在邏輯上還是在孫中山本人的闡述中都不意味著全盤否定代議制、設計一個全新的制度取而代之，而是透過落實四大民權對代議制政府施加制約，以解決其流弊[167]。在這個意義上，權能區分原理在實行（或部分實行）直接民權以補充代議政治的國家和地區已有一定程度的實踐。小國寡民的瑞士可以說是成功的範例[168]，但直接民權在美國數州（尤其是人口眾

---

[165] 2014 年，在臺灣的中華民國立法院之多數黨不顧民意，試圖強行通過「服貿協議」，因而引發「太陽花學運」，即為例證。

[166] 一些研究表明，即便是在老牌民主國家，官員的利益集團化和尋租行為也在所難免，一定程度的直接民權有助於遏制代議制政府的膨脹和官員的「自肥」。參看 Frey and Stutzer (2006: 43-47)，Mueller (2006: 215-219)。

[167] 田炯錦（1973：107-110），涂懷瑩（1986：603-604，2000：567-568）。

[168] 瑞士各州的人口和地域與中國各縣相近，其成功經驗對中國將來的縣級直

多的加州）的表現差強人意。孫中山提出的國民大會制度設想雖然在臺灣的實踐中走上歧路、最終被廢除，但筆者認為，國民大會在合理的制度設計之下可以對直接民權興利除弊、與代議制五院政府相得益彰，下文將詳細闡述之。

四　作為「阿斗」的人民

另一個容易引起疑惑的問題是孫中山將人民比作「阿斗」的做法。孫中山的時代，可以說民智未開，資訊不暢；在教育普及、信息發達的當代，尤其是在有數百年民主經驗的西方民主國家，人民是否不再是「阿斗」而具有「諸葛亮」的治國能力呢？人民群策群力，是否可以「三個臭皮匠，勝過諸葛亮」，獲得足夠的能力來治理國家呢？很不幸，答案是否定的。

近年來社會心理學、行為心理學和行為經濟學的研究成果表明，人在理性思維能力和判斷力等方面存在著普遍弱點和難以擺脫的直覺心理誤區，國家的治理即使對專家而言也是艱難的任務，所以人民（或者說人民中的絕大多數）的「阿斗」性質是人性的弱點所決定的客觀事實，並不因為教育和科技的發達而發生根本性的改變。關於人民群策群力治國的設想，一方面，人民在絕大多數議題上甚至不能與「臭皮匠」相提並論（三個臭皮匠的故事涉及其所精通的具體領域），另一方面，人民的多元性決定了人民並不是純一的集合體，難以凝聚共識，不但效率低下，而且頻繁的、日常的直接民主機制甚至可能加劇各個社會陣營之間的割裂[169]。

直接民主的弊端能否透過加強審議的方式得到彌補呢？美國學者阿

接民權有重大的參考價值。瑞士各州制度並非整齊劃一，州與州之間的區別為直接民權的研究提供了重要的數據。一些學者的研究表明，瑞士各州和市鎮之中公民直接民權範圍較廣的，和直接民權較少甚至完全實行代議制度的同等自治體相比，財政赤字更低、公共事業效率更高、人民生活滿意度更高。美國也有類似的現象，但不如瑞士顯著。當然，有必要指出，相關性並不意味著因果關係。這方面的總結，參看 Frey and Stutzer (2006: 51-55)。

[169] 直接民主固然能夠促進大眾參與，但隨之而來的一個重大缺點是缺乏協商性（Fishkin 2011: 247，Sunstein 2002: 7）。

克曼、菲什金倡導的「審議日」全民審議模式（即全國放假一天，首先在電視播放辯論，之後各地選民組成小組、大會繼續討論，由此引發的討論一直持續到投票日[170]）似乎為大國的直接民主提供了一條廣泛參與、審慎投票的路徑，但筆者不敢苟同，因為這一全民參與的民主模式必須以大多數選民積極參與為前提，可是缺乏政治熱情者或不關心具體議題者或許佔據了選民的絕大多數[171]。在這個意義上，即便在縣市級施行直接民權仍然有其流弊，好在縣市級地方自治體權限較小（通常限於地方財政、地方稅收、市政建設等領域，除了涉及住民的財產權之外鮮有侵犯基本人權之虞[172]），所以縱使在某些情況下出現弊端亦不致發生重大的人權問題。孫中山先生倡導縣級直接民權（仍是對縣級代議機關的補充而不是取代），但對全國範圍的直接民權持有審慎的態度（參看下文關於國民大會的討論），實乃洞見。

綜上所述，人民的直接民主只可能作為代議民主的補充而不是政治的常態，人民在定期大選之時透過選票而對國家的大方向作出的選擇是最常用的民權，罷免、創制、複決三項民權則是人民在特殊情況下行使的保留權力，而不是時時行使的日常權力。此外，孫中山並未主張全國範圍的直接罷免、創制、複決，而是設計了國民大會制度，並在《民權主義》演講中提出人民「把自己的意見在國民大會上去發表」[173]，暗含「審議」之意[174]。可見，**孫中山先生的權能區分原理具有恆久的價值，**

---

[170] 參看 Ackerman and Fishkin (2004)，Ackerman (2008)。

[171] 西方學界有「理性的無知」（rational ignorance，參看 Caplan 2008）之說，因為一個選民積極參與政治需要耗費很多精力甚至財力，但對自己未必有什麼直接的好處，這樣，許多選民不熱衷參與政治反而是某種意義上的「理性選擇」。

[172] 中華民國憲法第 23 條確立了對基本權利之限制的比例原則和法律保留原則，第 170 條規定「本憲法所稱之法律，謂經立法院通過，總統公布之法律」，第 109、110 條所保障的省縣自治項目幾乎全部圍繞財政經濟，所以地方自治體無法以「自治」或「直接民主」為藉口侵犯人權。

[173] 孫中山（1924b [1989a：118]）。

[174] 沒有適當的審議機制，「全民政治」的理想難免產生流弊。但是，如果這種「審議」完全託付國大代表以「代議」的方式在國民大會上討論，將製造一

並且合乎主張分權制衡、對純粹的民主作出限制的共和主義。[175]

第二節　治權機關與政權（民權）機關

「權」高於「能」，但為方便起見，下文首先討論「能」之特性。

一　治權機關的特性

政府，是行使治權的機關。從權與能的基本概念中不難看出，治權機關具有下列必要性質（如果沒有則不是治權機關）和應有性質（如果沒有，仍然可以是治權機關，只不過不是優化的治權機關）：

（1）次生性，即政府需經人民授權，是治權機關的必要性質。主權在民的憲政制度之下，只有人民的權力是原生的。

（2）相對獨立性，即**政府一經授權即可在其權限之內和授權有效之時自主行事**，是治權機關的必要性質。人民可以透過行使四大民權來管束政府，但人民並不時時行使四大民權，所以，主權在民的憲政制度下的治權儘管是次生權力，相較於原生的民權仍然具有相對獨立的地位。換言之，政府的意志來自政府官員的自主意志——雖然政府的目的是服務於人民，通常情況下政府官員（包括代議立法機關的議員）亦在

個龐大的代議機構，造成流弊。如何實現「審議式民主」的全民政治？筆者認為，國民大會提供了「雙重審議」的途徑，各個國大代表首先在各自選區組織選民進行審議，凝聚了選區民意、承載了選民訓令之後到國大會場再度略做審議（亦即二重審議之中以第一重為主）。詳細討論參看本書第三章第一節。

[175] 中國大陸異議人士、學者王天成在其闡釋共和主義的名作《論共和國》中指出：「要保證政府尊重基本人權，最深厚的力量來自人民對政府的控制，但同時還必須有輔助性的防備措施，那就是政府部門之間的相互監督牽制。……現代共和國的代議制不能僅從民主的角度理解，它具有『貴族』和『民主』的雙重屬性。……一種好的政府制度應有擇優、汰劣機制，為精英人物奉獻才智提供盡可能多的機會。明智的選擇是讓精英治理，但精英人物由民眾定義，受民眾和憲法的牽制。……不能沒有民主，但民主必須受限制；共和中有民主，但共和中的民主是受節制的民主；民主而不是其他因素，應該在共和中成為主導因素；只有民主共和國，才是最符合共和精神的共和國。」（王天成1999）孫中山先生的權能區分原理在共和主義的參照下愈加閃爍出哲理之光。

相當程度上參照民意來形成自己的意志，但是，是否參照民意，取決於政府官員的自主選擇，而不是法理之要求[176]。政府官員甚至可以指出某些具體民意的不合理之處，並拒絕服從其所認為不合理的民意。

主權在民，不等於「公意」至上──「人民」之上仍然有憲政原則，縱使大多數人有一致意見也不可侵犯少數派的人權。另一方面，就公共政策的合理性而言，人民作為「阿斗」，其意志具有局限性，縱使大多數人有一致意見也未必能夠做出正確的決定。在人民尚未行使創制權、複決權之時，政府是否遵循民意，必須慎之又慎。政府官員如果為了討好選民而不加判斷、一味迎合民意，就是失職[177]。

政府的相對獨立性，在權能區分原理的應用中具有重要的意義：一方面，人民作為沒有治國才能的「阿斗」，其意志時常有誤，政府在必要時應當對民意進行制衡；另一方面，政府僅僅從人民獲得授權，沒有資格攜民意以自重。

（3）專家性，在人民享有四大民權的前提下，是治權機關的應有性質。罷免權、創制權、複決權的落實，使人民可以在人民認為必要時對政府加以制約，在很大程度上遏制政府官員擅權或被利益集團控制的傾向。在此基礎上，人民可以把政府託付給有能力、有專長的專家，享受專家的優質服務而不必擔心被專家反噬，「阿斗」與「諸葛亮」各得其所。但是，是否把政府託付給專家，取決於人民的自主選擇。所以，**專家性是治權機關在充分落實民權的前提下的應有性質**而不是必要性質；在此前提業已滿足的情況下，不具有專家性的治權機關不是優化的治權機關。

孫中山考察西方民主政體，注意到人民有時會捨棄專才而選出質樸而平庸之人擔任政府官員，只因他們貼近民眾，讓選民產生更多的認同感，更相信他們能夠體察民意。這種現象至今尚存，例如 2010 年爆出官員高薪醜聞的美國加州貝爾市，時任民選市長居然是個文盲。在人民

---

[176] 「法理」在此指事物本質，這一名詞的詳細討論參看註 18。

[177] 一味強調政府順應民意、對民意反應過度，不但給煽動民粹情緒的蠱惑家提供溫床，而且有損於多元化、獨立媒體、法治等基本的民主價值。這方面的一個簡要總結見 Alonso, Keane, and Merkel (2011: 11)。

只有定期選舉官員的權力而沒有其他三大民權（或其他三大民權難於行使）的代議政體中，人民對政府官員順應民意的期待是合理的，為此而選出庸才，是傳統代議政體不可避免也不應避免的局限性——傳統代議政體如果強調專家治國，容易導致威權化的傾向。對崇尚自由的人民而言，選出庸才或許是兩惡擇其輕，但此小惡亦可讓人民付出沉重的代價——庸才官員不但降低政府效率、降低政府的服務質量，而且因為能力低下而容易盲目順從政府機關之中少數專家的意見，事實上強化了少數專家的權力，為利益集團甚至貪腐團伙大開方便之門，例如上文提及的美國文盲市長被存心貪腐的市政經理玩弄於股掌之上[178]。又如，許多議員都是缺乏立法能力甚至連法律條文都讀不太懂的繡花枕頭，就很容易導致立法過程的暗箱操作，少數專家操控了立法的過程和結果（當然，專家性並不能完全避免暗箱操作，但議員在立法能力或公共事務議題上的普遍專家性在這一方面有利無害）。

　　在以罷免、創制、複決諸權充實民權的前提下，人民不必把政府官員貼近民眾的品質作為主要考量，更有可能選擇有立法能力和施政能力的專家而不是庸才擔任議員和其他官職。某些選舉方式有助於選出專家，本書第五章還會詳述[179]。

---

[178] 市政經理制度是在美國相當盛行的一種市政府組織模式，此制度下日常施政主要由市議會任命的市政經理負責而不是由民選市長負責。

[179] 有必要指出的是，孫中山除了主張公務員資格考試外，還主張透過候選人資格考試制度確保政府官員的專家性（在《五權憲法》演講中指出「美國選舉的時候，常常要鬧笑話。……博士比車夫好，然而博士不能當選，這個就是只有選舉，而沒有考試的緣故」）（孫中山 1921a [1989c：240]）。但是，被選舉權是人民的基本權利之一，以資格考試加以限制會導致很大爭議，在優化的選舉制度之下亦無必要（參看本書第五章）。

民國憲法在候選人資格考試問題上語焉不詳，雖然第 18 條保障了人民「應考試服公職之權」（司法院釋字第 42 號解釋認為「公職」包括各級民意代表），但並沒有規定全部公職必須考試。也就是說，憲法第 18 條的意涵是在設有考試的情況下保障人民的應考權，屬於權利保障，而不能反過來理解為資格限制。從另一個角度觀之，憲法第 130 條規定「中華民國國民……除本憲法及法律別有規定者外，年滿二十三歲者，有依法被選舉之權」，可見被選舉權的普遍限制僅有年齡一項，其他「另有規定」的限制當屬特別限制，因此候選

二　政權機關（民權機關）的特性

權能區分原理的上下文之所謂「政權」，指的是人民所行使的政治權力，即四大民權。如果政權（民權）由人民根據自身意志直接行使，就談不上「機關」，至多把選民全體看作一個廣義的機關，不具有「機關」二字的通常含義[180]。下文所說的「機關」都是通常意義而不是廣義的。在人民的直接民權難以操作的情況下（例如中國這樣的大國的全國範圍），如果設置一個機關來傳達民意，並由它間接行使原本屬於人民的民權，那麼它就成為「政權機關」或「民權機關」。這一機關的間接性是確定無疑的，所以有必要遵循一些原則，以保護人民的權益。

從權與能的基本概念中不難看出，政權（民權）機關具有下列必要性質（如果沒有則不是政權機關）和應有性質（如果沒有，仍然可以是政權機關，只不過不是優化的政權機關）：

（1）民權職能性。顯然，政權（民權）機關必須行使四大民權之中至少一項權力，否則就談不上「政權」，所以這是一條必要性質。

（2）民意性。用孫中山在〈中華民國建設之基礎〉文中的說法，「為人民之代表者或受人民之委任者，只盡其能，不竊其權，予奪之自

人資格考試不應成為普遍的限制。在民國行憲實踐中，「應考試」限於事務官、司法官等職位，並未涵蓋競選產生的代議士和負政治責任的政務官。

美國許多州實行司法官民選制度，多以律師執業若干年作為司法官候選人資格限制，在效果上與考試制度類似。但是，世界上絕大多數政區的民選公職僅限於代議士和政務官，沒有類似的限制。

[180] 臺灣學者陳春生教授（按：1937 年生、從事三民主義和國家發展研究；1954 年生的陳春生大法官與他重名）援引 1930 年代研究五權憲法頗有建樹的金鳴盛先生的觀點，認為孫中山所設想的政權機關——國民大會應作「全國總投票」或「公民總投票」解，至於每縣選舉一名代表組成的有形國民大會不應成為政權機關（否則就成為另類代議制），僅應起到人民與政府之間溝通的作用，成為「政權發動機關」，可提議發起罷免、創制、複決但由人民直接表決（陳春生 1997：904-910，1998：249-254，2014：189-195）。這是一個自洽的主張，於臺灣亦有很大意義（第三次至第五次增修條文之總統、副總統罷免案由國民大會提出、人民表決，即與上述主張相合），但中國大陸人口過多，全國總投票即使用於直接選舉總統都不是良策，更難以用於罷免、創制、複決。本書以中國大陸為著眼點，因此不討論這一「無形國大」方案。

由仍在於人民，是以人民為主體、人民為自動者」[181]。政權（民權）機關必須遵循民意，否則廣大人民的民權就被竊取，民意被少數人的個人意志取代。所以，**民意性是政權（民權）機關的最高原則和必要性質，違背這一原則也就違背了「政權」（民權）概念本身**。在這個意義上，政權（民權）機關的成員應當是如實傳達民意的委任代表[182]，**有遵照選區民意而對政權（民權）事務進行投票的法理義務**，而不是受人民信託、自主行使日常立法職權的法定代表[183]。

　　西方學界有「委任式民主」（delegative democracy）的說法，此名詞的一個含義是直接民主與代議制民主之間的中間狀態[184]。權能區分原理之政權（民權）機關，就是委任式民主的一種類型，但並不取代代議制政府，而是為代議制性質的治權機關提供補充並作出制衡（反之，西方政治學者之所謂 "delegative democracy" 在學術界通常指的是有民望的總統攜民望以自重而架空議會[185]）。

---

[181] 孫中山（1922 [1989b：353]）。

[182] 臺灣學者許雅棠（1992：73-76）在孫中山多處論述的基礎上對國民大會代表的委任代表性質作出了詳細的論證。曾任最高法院院長、司法院副院長的法學家謝瀛洲先生力主國民大會代表應為委任代表，參看謝瀛洲（1946：76，1947：120-123）。曾任司法院大法官的董翔飛教授（2000：164-166）從學理和孫中山先生本意的角度贊成此說，但援引了法學家劉慶瑞（1957：122-123）對委任代表制之可行性和必要性提出的質疑。本書第三章將詳細論證國民大會實行委任代表制的可行性和必要性。

[183] 「委任代表」以及「法定代表」的說法，乃借用民法上的相應概念，但奧地利法學家凱爾森早已指出，政治上的委任關係與法律上的、契約性的委任關係有所區別，前者無法追究法律責任，所以政治語境下的這一名詞會意即可（凱爾森稱之為一種「政治虛構」），不能生搬硬套法律概念，參看 Urbinati (2011: 39-41)。本書第三章第一節詳細討論了委任代表制在政權機關的操作辦法。關於委任代表與法定代表的區別，請看下一小節的詳細討論。

[184] 例如 Ford (2002)，Boldi *et al.* (2011)。這是一種非主流的觀點，鮮見於嚴肅的學術討論，筆者曾考慮是否完全避而不談，最後決定略談，因為在網上搜索 delegative democracy 這一名詞還是會找到許多網頁採用這一用法。

[185] O'Donell (1994)。奧唐奈是政治學領域影響很大的學者，delegative democracy 在學界的通常含義就是他所指的這種不成熟的、缺乏「橫向問責」（即立法、司法對行政部門之制衡）的民主形態。需要指出的是，O'Donell 在

　　需要指出的是，雖然政權（民權）機關必須是民意機關，反過來民意機關不一定是政權（民權）機關。例如顧問性質的諮議會，如果由民意代表組成，即可算作民意機關，但完全不具有四大民權之中任何一項權力（甚至沒有任何其他權力），所以不是政權（民權）機關。人民直選產生的代議立法機關，儘管略微具有民意性，同樣不是政權（民權）機關，這一點，下文還會詳細論證。

　　政權（民權）機關在操作上如何確保民意性，是一個很大的課題，留待本書第三章討論。這裡需要說明的是，在確保了民意性的前提下，政權（民權）機關的權力固然具有間接性（孫中山在〈中華民國建設之基礎〉文中即把國民大會與五院政府並列為「由代表而行於中央政府」的間接民權），但可以視為「間接的直接民權」，因為政權（民權）機關成員作為具有傳達民意之法理義務的委任代表，在政權（民權）議題上相當於選區民意的傳聲筒。如果不考慮少數「跳票」現象（包括委任代表在特殊情況下相信民意在最新資訊的參照下會發生改變、在來不及徵詢民意之時冒著事後被罷免的風險而改變投票立場的做法，下文將詳細討論這些例外情況），那麼政權（民權）機關的權力就可以和媒體轉播的聲音做一類比：媒體受眾聽到的聲音並不是原聲，但具有很大程度的真實性。反之，政府作為治權機關行代議政治，包括代議立法機關成員在內的政府官員在政務問題上有權背離民意而自主行事，是純粹的間接民權，毫無直接性可言。

　　（3）非專家性。政權（民權）是「阿斗」之權。權能區分原理的要義之一就是人民作為「阿斗」，深知自身能力的局限，所以只享有政權（四大民權），而把治權授予諸葛亮式的專家來行使。那麼，是否應該刻意選擇諸葛亮式的專家作為政權（民權）機關的成員呢？不妥。原因有二：其一，治權機關已經有許多專家，如果政權（民權）機關成員也是一群專家，二者難免陷於牽制，降低效率，而提高政府效能是權能區分的主要目的之一。其二，專家自身有很強的政治能力，難以心甘情

其論文中說明了其所謂「委任式民主」與民粹主義有所不同，因為民粹煽動家依賴於廣泛的群眾動員力量，而「委任式民主」往往伴隨著民眾對政治參與的逃避，把政治訴求「委任」於總統。

願把自己的職能局限於代言「阿斗」的意志，從而容易傾向於表達個人意志、違背民意。

（4）非官性。雖然從操作角度而言無法透過法律條文來規定專家不得進入政權（民權）機關，但為了確保政權（民權）機關的民意性質，為了避免政府官員借助政府力量或選民對他們的熟悉度而在民意代表選舉中相對於非官員背景的候選人佔有不公平的優勢，有必要禁止政府官員參加政權（民權）機關代表選舉[186]。民國憲法第 28 條規定「現任官吏不得於其任所所在地之選舉區當選為國民大會代表」，是一個良好的開端。

最適合擔任民意代表的，是富於公益心、善於傾聽選民聲音並持有開放心態的社會賢達，他們能夠與選民互動，不把個人意見凌駕於選民之上。

（5）非專業性。四大民權不需時時行使，所以政權（民權）機關只需開很少的常會和一些臨時會。但是，為了讓政府治權機關與民意代表加強互動，是否應該讓政權（民權）機關長期開會、讓其成員全職擔任民意代表呢？不可。政權（民權）機關作為「阿斗」的機關，不應頻繁行使權力。如果民意代表專業化，必然導致「沒事找事」的現象，形成不必要的內耗，甚至走向政權（民權）機關的獨裁[187]。

此外，臺灣的經驗表明，人民中需要陳情者可以找監察院或其派出

---

[186] 高旭輝（1978 [1987：610-611]）。

[187] 臺灣法理學家顏厥安（2000 [2005：16-17，35-36]）指出，「主權者常設化」必定含有「獨裁化」的危險，這種獨裁化往往通過「授權」的方式，例如人大授權於人大常委會。顏厥安教授認為中華民國憲法之國民大會是憲法所創設的機關，受制於憲法，其修憲權也受到憲政原則和修憲界限的約束，並非主權者常設化或民意機關的權力絕對化。大陸學者王天成（1999）指出：「大會制政府是極端、純粹民主情緒在現代的一種表現形式，在擺脫專制追求自由的過程中必須予以警惕。如果一個國家的憲法設計了一個不受任何部門牽制卻可以牽制一切部門的議會，一旦這樣的憲法真正得到實施，人們將面臨著另一種專制的危險——議會的專制或者說議會中的多數專制。」王天成先生在與筆者的思想交流中多次表示了對國民大會制度的保留意見；筆者深以為「大會制政府」必須避免，但國民大會制度在中華民國憲法所規劃的框架的基礎上可以興利除弊，參看下一章的詳細討論。

機關，而不必麻煩民意代表，所以民意代表更缺了一條專業化的理由。傳統代議政體（如美國）主要依靠國會議員聽取並轉達陳情者的傾訴[188]；監察院的存在，可以把立法委員和國大代表從接受陳情的重擔下解脫出來，這是五權憲法的一個優點。

（6）權力的必要性。四大民權，本來是人民自身之權，為什麼一定要設置一個政權（民權）機關？原因很簡單：其一，人民要想主動行使罷免權、創制權和複決權，需要一定數量的選民簽字，這在中國全國這樣人口極多的政區很難做到。其二，以目前世界上直接實行四大民權的政區中人口最多者——美國加利福尼亞州——為例，近四千萬人口，逾兩千萬選民，選舉權之外三項民權的施行不但遇到了收集簽名的困難，而且全州廣告宣傳所必需的龐大財力導致利益集團對直接民權加以利用，這就根本違背了直接民主的初衷。所以，在中國的全國層面甚至各省確實應當設置政權（民權）機關，以落實罷免權、創制權和複決權，對政府形成有效制約。中國各縣人口與瑞士各州相近，從瑞士直接民主的成功經驗來看，縣級選民可以直接行使四大民權，而不必訴諸政權（民權）機關。

但是，如何看待全國層面的選舉權呢？世界上絕大多數民主政體（大至人口逾十億的印度）的代議立法機關都由選民以各種方式直選產生，積累了豐富的成功經驗。中國政體架構中設置政權（民權）機關，就全國層面的罷免權、創制權和複決權而言是必要的，但把選舉代議立法機關成員的權力也完全交給政權（民權）機關就毫無必要了。

從邏輯上講，沒有必要並不意味著不可操作，政權（民權）機關選舉權的操作性留待下文討論。這裡需要解釋的一點是，孫中山在《民權主義》演講中提及「用人民的四個政權來管理政府的五個治權，那才算是一個完全的民權政治機關」[189]，這句話本身沒有邏輯問題（行使全部四項民權的機關的確是完全的民權機關），但是，在制度設計的上下文之內，機關權力的完全性與適當性毫無關係，完全的不一定是適當的，

---

[188] 參看 Mezey (2008: 85)。
[189] 孫中山（1924b [1989a：126]）。

不完全的不一定是不適當的。

所以，孫中山在上面那句話之後又說「有了這樣的政治機關，人民和政府的力量才可以彼此平衡」，就失之武斷了，這一推論在邏輯上並不成立，可以說是一種邏輯混淆[190]。人民和政府的力量要想取得平衡，關鍵在於真正落實罷免權、創制權和複決權，讓人民在滿足一定條件之後（比如一定百分比的選民或政權機關成員簽名申請）能夠在政府官員任期內即施加制約，而不必等待下次大選。把選舉議員的權力完全託付給政權（民權）機關，與人民對政府的制約無關，並不改變人民和政府的力量平衡。

事實上，孫中山在 1919 年出版的《孫文學說》一書中即主張「憲法制定之後，由各縣人民投票選舉總統，以組織行政院；選舉代議士，以組織立法院……人民對於本縣之政治，當有普通選舉之權，創制之權，複決之權，罷官之權；而對於一國政治，除選舉權之外，其餘之同等權，則付託於國民大會之代表以行之。」1923 年，這一主張再度出現在〈五十年來之中國革命〉（又稱〈中國革命史〉）一文中。[191] 此後，孫中山的想法有所改變，在 1924 年發布的「建國大綱」中提出「國民大會對於中央政府官員有選舉權」。

權力項目的必要性，是政權（民權）機關職能設計的重要考量。本書第三章將要論證，權力不完全的政權（民權）機關，加以人民直接行使的對代議士[192]（即代議立法機關成員）的選舉權，是比權力完全的政

[190] 此外，孫中山在《五權憲法》演講和《民權主義》演講中展示的五權憲法架構圖具有極其簡潔的層級關係，每縣一名國民代表組成國民大會，中央政府與國民大會關聯但不與人民直接關聯。這樣的關係固然簡潔，但簡潔性並不意味著合理性，簡潔的不一定是合理的，不簡潔的不一定是不合理的。筆者認為，由於人們對簡約架構的直覺偏好，人民與中央政府之間設置國民大會的架構所具有的簡潔性很可能對孫中山和許多國民黨人造成了心理誤導。

[191] 孫中山（1919 [1989a：388]，1923a [1989b：357]）。

[192] 「代議士」，對應於英文 representative。西方民主國家的民選代議士皆為自由委任的法定代表，至多由於選民對代議士之罷免權的存在或代議士爭取連任的企圖而導致代議士重視民意、略微引入一些強制委任的成分，但在這種情況下仍然極其接近於自由委任。至於整體政治形態層面的「代議制」和「代議

權（民權）機關更合理的架構。

三　代表類型辨析

　　委任代表與法定代表的區別，在西方政界和學界是一個久經探討的話題。簡言之，若不考慮抽樣表徵，那麼政治代表有三種類型：委派（delegate）和信託（trustee）兩種基本類型，以及二者的混合型（稱作「政客」，politico）[193]。

　　「委派」（delegate）類型，即委任代表，強調受任人執行委任人的意旨，相當於大陸法系的「訓令委任」（imperative mandate 或 binding mandate，又譯「強制委任」）關係，目前並不見於西方民主國家的民選議會，僅見於德國聯邦參議院，因其並非民選而是由各邦政府委派的代表所組成[194]。

　　「信託」（trustee，字面含義是信託受託人）類型，在政治代表的語境中指的就是法定代表，強調「信任」之下的自主行事，相當於大陸法系的「自由委任」（free mandate 或 [free] representational mandate）關係。西歐國家之民選議會在政治運作中（甚至在憲法條文中做出規定）採用自由委任的信託模式，例如法國現行憲法第 27 條規定對議員

立法機關」等概念，更加凸顯了間接的、「代替」人民審議法案、議決政務的性質（吳庚、陳淳文 2013：440）。因此，筆者在發表於《黃花崗》雜誌的本書前身〈民國憲法要義與憲政制度展望〉文中以「代議士」一詞指稱法定代表。但是，由於代議政治的雛形時期有人將代議士視為委任代表，為了釐清強制委任和自由委任的關係，筆者決定在本書中不再混用「代議士」和「法定代表」這兩個詞彙，而是在大部分場合將代議士稱為「議員」，在需要強調自由委任關係的場合稱之為「法定代表」。

[193] 參看 Eulau *et al.* (1959)，呂亞力（1985：197），Nalder (2009)，Mezey (2008: 119-122)。

[194] 參看 Van der Hulst (2000: 11)。順便指出，美國聯邦參議員於 1913 年改為民選之前曾由各州議會間接選出，但和德國各州所委派、可隨時撤換的參議員不同，美國聯邦參議員即使在間接選舉時期亦屬於法理上的自由委任，州議會對他們施加訓令的企圖並沒有法律約束力，也不可罷免之，但有的參議員在與州議會意見相左的情況下由於政治壓力而辭職（Cronin 1989: 25）。

的任何強制委任都無效[195]。在政黨政治盛行的當世，自由委任的議員實
則在很大程度上受制於政黨[196]，但政黨的意志相對於民意仍然具有相當
程度的獨立性（政黨勝選後偏離競選綱領甚至 180 度轉彎的現象是屢見
不鮮的），在政黨行為的意義上繼續稱之為「自由委任」亦不為過。

　　大陸法系的自由委任模式，在學理上基於全國整體的「國民主權」
（national sovereignty）而不是隱含了選民對議員問責的「人民主權」
（popular sovereignty），認為議員代表全體國民而不是其選區人民[197]
（例如德國基本法第 38 條規定民選的聯邦議會「議員為全體人民之代
表，不受命令與訓令之拘束，只服從其良心」）；並且由此認為議員一
經選出即不可被選區罷免，甚至從可否罷免的角度解釋強制委任和自由
委任的區別[198]。英美法系則不然，英美兩國議員兼有對選區人民的代表
性和對全體國民的代表性，而且美國在理念上和政治運作上強調的是前
者而不是後者[199]，否則美國獨立戰爭之前何來「無代表，不納稅」的口
號。雖然美國國會議員沒有罷免機制，但美國許多州的州議員可被選區
罷免的制度已逾百年，英國則新近頒行了國會議員罷免法（Recall of
MPs Act 2015）。早有學者指出，方式（style，即強制委任和自由委任
之分）和焦點（focus，即全國和選區之分）是代表性的兩個不同維
度，不宜混淆[200]。

　　美國學者福山指出，在國家和公民關係的問題上，許多歐陸國家盛

---

[195] 早在法國大革命時期的 1791 年法蘭西王國憲法中，強制委任即已被擯棄。

[196] 蔡宗珍（1996 [2004：60-61]），蕭文生（2002：9）。

[197] 參看劉兆隆（2011：3-7）。法學家陳淳文（2010：358-365）指出「國民主
權」在歷史上曾強調代議政體，對立於「人民主權」所容納的直接民主程序，
但兩個概念在當代已經有所融合，奉行「國民主權」理念的國家雖然仍然排斥
議員罷免制度，但不再排斥一定程度的直接民主作為代議制度的補充。另一方
面，奉行自由委任和國民主權概念的法國雖然在理念上強調議員代表全國，但
是由於政黨強勢，單個議員很難對政策的制定發揮影響，所以議員的主要角色
往往蛻變為選區的代言人，為選民謀求中央政府撥款（Mezey 2008: 110）。

[198] Van der Hulst (2000: 8-9)。

[199] Jackson and King (1989: 1147)，盛杏湲（2005：4-7）。

[200] Eulau et al. (1959), Pennock (1979: 321-322)。

行的概念是國家作為公共利益的監護者，高於公民的個別利益，化身為
專業常設官僚機構（professional permanent bureaucracy）的國家有時為
了全民公共利益而需要違背民意；美國則盛行源於英國思想家洛克的
（古典）自由主義觀念，認為公共利益只不過是個體利益的總和，國家
作為服務於人民的公器，不能違背民意[201]。這一分析，為歐陸和英美在
議員代表性問題上的區別提供了註解。孫中山在歐風美雨的影響下發展
出的權能區分理論兼有上述兩方面的因素，一方面政府應當具有專家
性，能夠超越人民的局限而為人民謀幸福，另一方面人民應當以四大民
權對政府形成制約，在必要的情況下迫使政府改變政策甚至撤換官員。

　　儘管西方國家的民選議會和選民的關係在法理上屬於自由委任、不
存在強制訓令，但試圖競選連任的議員出於選舉的壓力，在選民關心的
議題上有可能以委任代表自居、在自身意見與選區主流民意相左的情況
下順從選民，從而成為事實上的混合型，這種情況在英美式單席選區尤
為多見。民國憲法允許選民罷免立法委員（第 133 條規定「被選舉人得
由原選舉區依法罷免之」），司法院釋字第 331 號解釋將按政黨比例方
式選出的全國不分區立法委員代表資格與黨籍掛鉤，也會導致類似效
果，司法院釋字第 499 號解釋理由書由此指出中華民國各級民意代表並
非純粹自由委任。筆者認為，民國憲法在立法委員與選民關係的問題上
偏於英美模式，所以不是「純粹自由委任」（即歐陸視角下議員代表全
民、不可罷免）的關係，但接近於英美視角下的自由委任關係或信託關
係。

　　美國學者 Pitkin 在其名著 *The Concept of Representation* 一書中把強
制委任與自由委任的對立稱為「訓令與獨立性的爭議」（The Mandate-
Independence Controversy），認為這對矛盾實則無法完全化解，也不必
強求化解，而是應當避免極端的強制委派與極端的自作主張，給關於代
表性的各種意見留下空間[202]。筆者主張政權（民權）機關成員應當是接

---

[201] Fukuyama (2004: 110)。

[202] Pitkin (1967：166)。此處 "mandate" 一詞是狹義的「訓令」之意（近乎文言
之「命」），但在 free mandate 和 imperative mandate 的上下文中 "mandate" 一
詞是廣義的「委任」之意。

受選民強制委任的委任代表，同時也可以具有一定程度的靈活性，參看
本書第三章第一節的詳細討論。

關於詞彙表達，筆者感到「委任代表」和「法定代表」不很貼切，
前者因「委任」二字的歧義而無法直接達意，只能借助「委任代表」四
字的固定用法和專門解釋；後者在民法上對應的「法定代理人」概念往
往用於對未成年人、無行為能力人的代理，用於對人民的政治代表性則
稍顯不妥。令人遺憾的是，這兩個詞彙已經沿用多年並見於大法官釋憲
文，也許難以更改。如果還有更改的機會的話，那麼改為「委派代表」
和「信託代表」似更合適。在中文語境中，「派」字明顯蘊含了遵照委
託人意旨行事的含義，而且隱含的更深一層意思就是委託人在相關事務
上有判斷力，受派者處在委託人的監督之下（例如「派出所」之於公安
局）。「信託」二字隱含的意思則是委託人在相關事宜上有可能缺乏能
力和判斷力、需要借助受託人的專長以維護自身利益，這恰恰是選民和
議員在大多數立法議題上的關係。

第三節   權能區分原理辯誣

孫中山的權能區分原理，在學理淵源上通常被認為與英國思想家密
爾（John Stuart Mill，又譯穆勒、彌勒）的名著《代議制政府》
（*Considerations on Representative Government*）有關[203]。密爾主張由專
業的立法委員會擬制法律，代議機關由不具有立法能力的民選代議士組

---

[203] 周陽山（1993：478，514-516）。對孫中山思想深有研究的臺灣學者李酉
潭教授有專著對比密爾（彌勒）與孫中山的政治思想，認為二者實則有很多區
別（李酉潭 1999）。
需要指出的是，周陽山教授在密爾所倡導的「立法委員會」的對照之下，認為
「五權分立之下的立法院，並非純粹的『國會』或『代議機構』，而係由專業
的立法專家（而非代議士）所構成的立法機構」。這一論點不符合孫中山
1919、1923 年兩度提出的「憲法制定之後，由各縣人民投票……選舉代議
士，以組織立法院」之主張。雖然孫中山在 1924 年提出由國民大會選舉五院
官員，但選舉方式的直接或間接並不改變立法院成員作為代議士的性質。孫中
山的構想是透過考試制度確保代議士候選人的專家性。

成，不直接立法而僅對立法委員會提出的法律案討論之後進行表決（類似於複決），並可以對立法委員會提出擬制法律的要求（類似於創制）。孫中山雖然沒有在其著述中直接提及密爾的《代議制政府》，但密爾影響極大而著述不多，孫中山博覽群書，說他沒有涉獵過此書是很難想像的。

　　此外，孫中山學習了美國學者威爾確斯（Delos F. Wilcox）詳細探討罷免、創制、複決三權的著作《全民政治》（*Government by All the People*）[204]，考察了瑞士、美國數州及美國地方自治體的直接民主制度，進而提出權能區分原理和國民大會制度，達到了新的高度。

　　以臺灣綠營理論家李鴻禧教授為代表的某些學者出於對權能區分原理的誤讀，將其打為「民主集中制」[205]的假民主來攻擊[206]。但是，上文介紹的權能區分原理之思想源流，即形成於列寧的民主集中制和蘇維埃制問世或傳入中國之前。「建國大綱」和「五五憲草」所設計的國民大會，在中央代行包括對政府官員的選舉權在內的全部民權，因而在這一方面與共產黨國家所謂「民主集中制」的最高蘇維埃或全國人民代表大會制度有某種程度的相似性，確屬孫中山晚年的一處敗筆[207]，上文已

---

[204] Wilcox (1912)。

[205] 許志雄、劉淑惠（1992 [2010：456]）如是定義「民主集中制」：「……實施議會統治制或『民主集中制』的國家，強調議會、最高蘇維埃或全國人民代表大會總攬國家權力，屬於典型的權力集中制。」此為「民主集中制」在憲法制度上的含義，這一名詞在政黨組織運作上的含義並不相同，恕不詳述。

[206] 例如，李鴻禧（1990：17）聲稱「國民大會制度本非資本主義憲法所得見，洵係社會主義憲法體制中，運營人民民主集中制之無產階級專政底制度……孫中山先生仿此而建立『國民大會』」。幾年後，李鴻禧在「公民投票與國家改造座談會」上斷言「我個人研究比較憲法已經四十多年，從沒有看過一個憲法比中華民國憲法更亂，這部憲法參用的價值意識，像國民大會就是『人民民主集中制』，而政權和治權區分，這也是人民民主集中制」（鄭欽仁、吳春貴 1999：301）。又如，許志雄（1997：79）認為「五權憲法模仿社會主義民主集中制的最高蘇維埃或全國人民代表大會，設置國民大會」。

[207] 在「聯俄」政策的背景下，說孫中山晚年之國民大會設計完全沒有受到蘇俄影響是說不通的，但二者亦有明顯區別（吳庚、陳淳文 2013：364，陳新民 2015：437）。

經討論了孫中山從政權（民權）機關權力的完全性到權能平衡的邏輯混淆，本書下一章將要論證國民大會選舉五院官員所可能導致的弊端。但是，孫中山民權主義理論對人民的局限性有清醒而深刻的認識，設置國民大會之目的是在少數的、萬不得已的情況下對代議制五院政府做出制衡和補充，而不是製造一個凌駕於代議制政府之上的「太上國會」，並無「民主集中制」之「一切權力歸蘇維埃」的虛假民主色彩[208]。

　　就權能區分原理之整體而言，政權（民權）機關是否代選中央政府官員固然是一個極其重要的問題，但並非關乎原理之成立與否的根本性問題，因為權能區分原理在最基本的層面所涉及的是「政權」（民權）而不是「政權機關」，後者是為了將權能區分原理應用於中國全國層面而不得不設置的機關，如何優化這一機關的職能並避免流弊，是孫中山未竟的事業。雖然國民黨擬制的五五憲草不是合格的答卷，但中華民國憲法並未拘泥於孫中山 1924 年的著述，而是對權能區分原理的具體應用和國民大會的職權做出了改進[209]。業已在 1946 年制憲過程中修正的早期理論缺陷，卻被一些綠營學者揪住不放、當作權能區分原理整體和民國憲法本身的問題來攻擊，令人遺憾[210]。

────────────

[208] 一個值得指出的事實，是孫中山著述很少涉及國民大會。《民權主義》系列演講洋洋數萬言，「國民大會」和「民權政治機關」這兩個術語各自只出現一次；演講末尾說民權之行使辦法不能盡述，可參考《全民政治》，而此書並沒有提及國民大會。筆者認為，這一事實不但說明孫中山對國民大會建制的考慮並不周到，而且說明權能區分原理與刻意強調「一切權力歸蘇維埃」的蘇俄「民主集中制」無關。

[209] 本書第一章已指出，張君勱大幅度刪改五五憲草而確立民國憲法之政治架構之時並沒有以發展權能區分理論、改進國民大會建制為目的，但無心插柳柳成蔭，產生了這樣的效果。

[210] 李鴻禧等極力否定中華民國憲法的綠營學者並非不知道中華民國憲法之國民大會已經與「建國大綱」和「五五憲草」所設計的國民大會大相徑庭，例如李鴻禧（1990：18）用鄙夷不屑的口氣評價道「國民大會經現行憲法如此扭曲變異，已變成非社會主義憲法之全國代會……」，許志雄在「國民大會與憲政改革座談會」上指出「國民大會因為六年左右才開一次會，充其量是一個『大而無當』的機關」（洪貴參主持 1999：277），但他們在其他論述中往往有意無意的把憲法條文所規範的國民大會和國民黨早年設想中的國民大會混為一談，而後者在藍營學者對孫中山理論的誤讀和綠營學者的武斷定論之下被「坐

　　現在我們澄清了權能區分原理與民主集中制的區別，那麼體現了權能區分原理的民國憲法自然迥異於共產黨國家有憲法之名而無憲政之實的「民主集中制」假憲法[211]。與蘇聯憲法、中共憲法恰恰相反，民國憲法不但包含了代議制的五院政府，而且能夠以行委任代表制的國民大會對代議制政府作出制衡，在民主性上超越了絕大多數西方國家的憲法。

　　這裡順便討論一下李鴻禧教授的師祖宮澤俊義[212]以及後者的老師美濃部達吉（二人都是影響很大的日本憲法學家）對五權憲法的批評意見。《李鴻禧憲法教室》一書中提及美濃部達吉認為西方國家的人民「權」與「能」都有，並轉述了宮澤俊義在 1937 年出版的《中華民國憲法草案評析》中的說法：「現在歐美各民主國家，人民不但擁有孫文所稱的政權，同時有治權，政權與治權並不是兩種不同的東西，他所稱的治權是人民的權力的本質，政權則是人民行使權力的方法。」[213]關於美濃部達吉的意見，且不論罷免、創制、複決三權在西方國家中央層級的普遍缺失（也就是說「權」不完整），僅看「能」的問題，從「能」的兩個含義即政府權和個人才能兩方面來看，西方國家代議制政府的治權並不直接屬於人民，上文討論過的行為心理學和行為經濟學的研究成果以及日益細化的社會分工也說明治國之才能不可能為廣大人民所普遍擁有，所以美濃部達吉的觀點不切實際。關於宮澤俊義的觀點，對照上文闡釋的權能區分原理與此原理上下文中的政權（民權）、治權

実」了「民主集中制」的罪名，於是乎，國民大會在臺灣運作過程中由於採用法定代表制而造成的弊端被定性為「民主集中制」的原罪，可嘆。

[211] 關心大陸民主事業的臺灣學者曾建元（2012：330）指出「共產黨參與政協期間，放棄對民主集中制憲法理論的堅持，而與擁護立憲主義、主張權力分立的民主黨派站在一起」，更是妙筆——就連共產黨都在 1946 年參與制憲過程中放棄了「民主集中制憲法理論」！

[212] 李鴻禧曾在講座中把宮澤俊義稱作自己的老師蘆部信喜的大師兄，說宮澤俊義和蘆部信喜都是美濃部達吉的學生（李鴻禧 1994：21）。事實上，蘆部信喜是宮澤俊義的學生。李鴻禧後來說「戰後一九四六年，他（蘆部信喜）閱讀了美濃部達吉為戰後日本新憲法草案所撰寫之系列論文……於是決定師事宮澤俊義，專攻憲法憲政」（李鴻禧 2000：162），可見早先的說法是他做講座時的口誤，不能引以為據。

[213] 李鴻禧（1994：210-211）。

概念，不難看出，宮澤俊義根本沒有弄明白權能區分原理是什麼意思就予以批駁，實屬草率之舉。

　　不可否認，孫中山關於權能區分原理的論述有不甚詳盡之處、依據這一原理作出的制度設計有一些缺陷，而且孫中山身後許多國民黨人物對權能區分原理也有所誤讀（一個常見的誤讀，就是把孫中山在權能區分原理的上下文中所說的「政府」理解為英式英語的狹義「政府」，見本章第一節），並在實踐中把國民大會作為一個專事修憲的、法定代表組成的代議機關來運作，沒有使國民大會成為傳達民意的工具。所以，許多國民黨外的人士誤讀民權主義理論和民國憲法，不足為怪。但是，李鴻禧及其師門作為憲法學家，在誤讀的基礎上以缺乏學術嚴謹性的態度對民權主義和民國憲法進行攻擊，著實令人遺憾。

　　李鴻禧教授影響甚大，他出於誤讀而否定民權主義和民國憲法的著作（例如《李鴻禧憲法教室》把民國憲法貶為各種制度拼湊而成的「龍的憲法」[214]，認為其窒礙難行，實則沒有領會民國憲法的要義就急於下結論）在臺灣民間和知識界流傳甚廣，甚至成為許多學校的教科書和參考書。以李鴻禧為代表的綠營理論家的影響難以量化，但民國憲法在臺灣的臨時增修條文背離了孫中山民權主義原則，制度設計上反而類似於並非民主憲政典範的韓國憲法，是顯而易見的事實。

　　臺灣修憲過程中並沒有優化國民大會制度，而是最終廢除了國民大會制度，現行公投法亦有嚴重弊端，導致人民在每四年一次的大選之外無法透過憲政渠道制約政府。2014 年 3 月執政黨試圖在立法院強行通過「服貿協議」而觸發學運，即凸顯了代議制政府的弊端和簡單代議制在華人社會所可能造成的深刻危機，這一教訓從反面印證了孫中山民權理論對中國的價值。下文將要論證，民國憲法原初條文基礎上的國民大會制度，在操作上加以優化，即可使人民獲得制約政府的憲政渠道，同時對民意起到緩衝和協調的作用，促進國家政治的良性發展。

---

[214] 李鴻禧（1994：85，208-218）。

第三章　國民大會

　　鑒於中國人口基數之龐大，孫中山設計了國民大會制度——國民大會作為全國層面的政權（民權）機關，以委任代表制民主的方式行使民權[215]，而不是像西方國家國會那樣作為代議制政府的一部分。這一制度具有很強的原創性，需要深入探討，並在制度細節上對孫中山的原初設想加以完善和發展。

第一節　國民大會的職能

一　國民大會選舉權的界限

　　四大民權之中，選舉權是最基本、最普遍的，各個民主國家早已積累了許多成功經驗，本書第五章討論立法委員的選舉方式之時會略做介紹。

　　孫中山在「建國大綱」中提出由每縣一名代表組成的國民大會選舉中央政府官員。在「建國大綱」的上下文中，總統是政府的一部分；在民國憲法的架構中，總統超然於政府五院而成為人民權的代表。無論哪一種架構，國民大會選舉總統都是合理而可行的，甚至是必要的，本節第二部分將要進一步論證。

　　但是，如果把選舉政府五院官員的權力交給國民大會，就會出現一系列問題。

　　（1）複數職位導致的公平性問題。以立法院為例，應選立法委員名額過百，如果採用簡單的、沒有任何附加限制的間接選舉制度，那麼

---

[215] 雖然孫中山並未明說國民大會當行委任代表制，但筆者已在上一章論證，國民大會作為政權（民權）機關應當具有委任代表性質，否則名不副實。

一個大黨只要控制了國民大會 50%加一的席位就可以獲得 100%的立法委員席位，導致一黨專權，一方面不公平，另一方面被邊緣化的小黨很可能訴諸街頭抗議，甚至走上叛亂之路，影響社會的穩定。

在社會團體的選舉中，通常採用限制連記法（即每張選票可選的人數少於應選名額）來解決這一問題。在政治選舉中，政黨比例代表制是通行的解決方案。與此同時，還有必要照顧地域的均衡[216]，所以需要設計一個很複雜的間接選舉制度，以保證公平。與之相比，立法院分區直選可以很方便的解決公平性問題，詳見本書第五章。

（2）政黨政治過於強化的問題。國民大會選舉五院，在效果上將會導致政黨政治在國大內部的強化（例如，政黨必須大力爭奪國大代表席位，才可以在立法院獲得更多議席）。國民大會和立法院都盛行政黨政治，對人民而言未必是好事——在國民大會之內，政黨政治難免妨礙民意的傳達，損害國民大會的民意性和公信力。立法委員的選舉如果交由選民直接進行，那麼國民大會就不必成為政黨政治的另一個戰場，更有可能充分傳達民意（下文將討論如何弱化政黨在國大代表選舉中的作用）。如果立法院的產生不必經由國民大會，其他各院同樣無此必要。

（3）民意不可徵詢問題。國大代表的投票應當盡量遵循民意原則，但國大代表背後民意的可操作性在立法委員選舉問題上至多達到黨派傾向性的程度，絕無可能對數百個候選人作出清晰的選擇。所以，要麼任由各黨根據一定比例確定立法委員人選，使間接選舉成為橡皮圖章，這就強化了黨派暗箱操作，容易遭到詬病；要麼國大代表根據個人意見作出投票選擇，這就背離了民意原則。立法委員分區直選，即化此問題於無形。下文將要論證，即使立法委員的直選採用選黨不選人的政黨名單比例代表制，選民因通常缺乏黨性也更容易對政黨候選人名單的

---

[216] 1936 年的五五憲草即規定「立法委員由各省……國民代表舉行預選……各提出候選人名單於國民大會選舉之，其人選不以國民代表為限」，但沒有照顧到少數派，如果付諸實施，很可能發生以省為單位的「勝者通吃」，有利於一黨獨大體制，但在國家遭遇危機的情況下有可能發生急劇震盪。土耳其開放多黨選舉之初實行了各省「勝者通吃」的議會選舉制度，原本一黨統治的威權政黨——共和人民黨大獲全勝，但在下一次選舉中即作法自斃。

合理性產生反應（例如一個政黨把爭議很大的人物列入名單、排在高位，會影響這個黨的得票率，詳細討論見下一章），從而促成政黨候選人名單的優化。國民大會對立法院的間接選舉，不論是與國大代表選舉原始選票的政黨比例掛鉤還是與國大席位的政黨比例掛鉤，都難以在操作上對政黨形成優化候選人名單的壓力。

上述問題，只要不把五院官員的選舉權交給國民大會，即可規避。民國憲法規定立法委員由人民而不是由國民大會選舉產生，並規定了各省名額計算方法，促成了事實上的立法委員分區直選制度[217]。

綜上所述，國民大會選舉五院官員並不是合理的做法。孫中山晚年在這個問題上的主張，確有欠考慮之處。事實上，1936 年五五憲草即沒有採取國大選舉全部五院官員的制度。我們不應拘泥於孫中山的具體設想，而應把握權能區分原理的要義，選擇合理的制度[218]。

---

[217] 但是，立法委員直選是否導致立法院具有政權機關（民權機關）的性質呢？不是。原因如下：其一，立法院不享有四大民權中的任何一項（值得指明的是，立法院之立法權與人民的創制權大相徑庭，因為立法院是專門的審議機關，負責逐條審議法案，而人民創制過程中沒有條件做到逐條審議，所創制的通常為立法原則或高度概括性的修憲案）。其二，如前所述，政權機關（民權機關）應當以民意為本，其成員不應以個人意志替代民意。立法委員是專業的法定代表，受人民信託，獲得立法權，雖然享有一定的民意基礎，而且在事實上時常受到民意的影響，但立法委員的行事以自主判斷為原則，是否參考選區民意，是立法委員的個人選擇，而不是法理的要求（亦即立法委員不是受制於選民訓令的委任代表）。其三，權力機關的性質並非由其選舉產生方式決定。鄭彥棻先生（1990：115）對上述第二、三點原因做出了精闢的論述：「政權原應由人民直接行使，立監兩院委員固可由國民大會選舉產生，假如能由人民直接選舉，自益可發揚民權。政權與治權之區別在其職權與作用不同，而與是否由人民選舉產生無關，自不能因其民選而認為政權治權不分。且選舉原有委任代表與法定代表之分，政權機關係選舉委任代表以行使政權，當選代表應受選民意見之約束，不得違反選民之授權命令，國父說『為人民代表者，或受人民之委任者，祇盡其能，不竊其權，予奪之自由，仍在人民』，意即在此。治權機關則在選賢與能，使當選者得盡其才能，以為人民服務，如仍成為人民代表則屬法定代表，而非委任代表。故國民大會與立監兩院，雖均由民選產生，其政權機關與治權機關之性質不同，仍至明顯。」
[218] 臺灣學者周陽山指出，民國憲法之限縮國民大會職權和總統職權的制度設計雖然與「建國大綱」有所不同，但有助於政治的安定，而且順應了權能區分

二　國民大會的三重職能

　　雖然國民大會的原初設想以行使政權（民權）為目的，但在實際操作中，國民大會應當具有三重性。

（一）作為代選機關的國民大會

　　民國憲法所定義的總統職位極其重要，雖然不介入政府日常運作，但對外代表國家，對內代表人民，所以不可輕易付諸全民直選，以免總統攜民意以自重、擅權亂政。但是，美國的總統間接選舉制早已顯現了直選的弊端（加劇社會割裂，有時選出富於煽動性而缺乏品德與才學的總統），其原因在於總統選舉人團與總統候選人掛鉤，選民選出的是某個總統候選人所對應的選舉人，而不是自主行事的選舉人[219]。美國這一制度，在原理上其實符合「政權機關」的核心概念，即選舉人傳達民意，但在效果上是具有直選之弊端的。所以，民國憲法在總統選舉問題上超越了民意的局限，不拘泥於「政權機關」的性質，而採用授權式的間接選舉制度：

　　（1）國大代表選舉與總統選舉應當錯開（相隔兩年或三年亦不為過），選民選舉國大代表是針對國大代表候選人，而不是針對總統、副總統候選人[220]。

　　（2）國大代表在國大會場選舉總統、副總統時，不必徵詢各自選

學說的原旨（周世輔、周陽山 1992：94-97）。換句話說，雖然「建國大綱」由孫中山手撰，但其制度設計與他自己的權能區分學說並不完全相符。孫中山是偉人但不是完人，他的理論體系和制度設計絕非完美無缺，我等後人切不可拘泥於孫中山一時一地的主張，必須有所懷疑，有所修正。

[219] 美國制憲者設計選舉人團制度的本意是隔開總統和選民，讓選舉人團自主選舉總統（參看 Amar 2005: 151-154，Stewart 2008: 155，Mezey 2013: 46-47），但並未在憲法條文中明示這一意向。由於美國憲法條文在這一方面的模糊性，選舉人團制度透過各州立法和憲政慣例逐步發展為選舉人與總統候選人掛鉤的現狀，但偶有跳票現象（Edwards 2011: 51-53）。

[220] 倘若國大代表選舉與總統選舉不錯開很長時間，在任總統尋求連任即可導致國大代表選舉成為「總統連任公決」，總統成功連任即獲得強大的民意基礎，有可能導致總統擴權，不利於憲政制度的穩定。

區的民意。

　　為了不鼓勵總統候選人打民意牌（越是打民意牌的候選人，越有可能不滿足於垂拱而治的總統職位，越有可能擅權亂政），國大代表應當不公開自己的投票。徵詢民意與否、公開選票與否，可以視為國大代表的自由，但從事理出發，應當建議甚至立法要求所有國大代表都不公開選票，以免某些國代的做法對別的國代造成壓力。國民大會選舉總統、副總統之時，其性質是獲得授權、自主行事的選舉人團，而不是傳達民意的政權（民權）機關。

（二）作為政權機關（民權機關）的國民大會

　　關於四大民權（政權）之中的選舉權，前面已經說過了，國民大會對總統、副總統的選舉權應當是作為自主選舉人團的「代選」選舉權，不具有「政權」（民權）性質。

　　其他三項民權則不然。不同於差額選舉（其準備過程不需議事，至多向候選人提問、在選舉人之間進行一些討論；其執行過程不是針對議題的可與否的二元選擇），罷免、創制、複決的過程需要有針對單一議題協商議事的程序（從罷免案、創制案、複決案這三個名詞即可看出，此三項民權的行使對象是需要審議再置可否的「案」；選舉則不是「案」）。如果允許國大代表自主議事而行使罷免、創制、複決的權力，不回到選區徵詢民意，那麼國民大會即背離了政權（民權）機關的民意原則，淪為代議機關（類似於密爾所設計的代議制議會）[221]。

　　所以，政權（民權）機關就其民意性質而言絕不應成為代議機關（前面說的自主選舉人團性質，是「代選」而不是「代議」，因而不違背這一原則）。作為政權（民權）機關而不是代議機關的國民大會，在

---

[221] 早有學者（如薩孟武 1974：181，荊知仁 1991：156）指出，國民大會代表任期六年，立法委員任期三年，新當選的立法委員能夠體現最新的民意，尚未改選的國民大會卻「代表人民行使政權」，不甚合理，有違背民主原則之虞。這一矛盾，只要把國民大會代表的身份定位為委任代表，即可迎刃而解：作為委任代表的國大代表必須徵詢民意、傳達民意而不是自由表達己見，任期並不重要。

行使其「政權」性質的權力——罷免、創制、複決這三項民權之時，應當以傳達民意為法理職能，國大代表不應自主行事[222]。而且，罷免、創制、複決的投票應當是公開的，否則選民無法對國代問責。

特別需要澄清的是，民國憲法第 32 條「國民大會代表在會議時所為之言論及表決，對會外不負責任」的規定，1996 年獲司法院釋字第 401 號大法官解釋：「憲法第三十二條及第七十三條規定國民大會代表及立法委員言論及表決之免責權，係指國民大會代表在會議時所為之言論及表決，立法委員在立法院內所為之言論及表決，不受刑事訴追，亦不負民事賠償責任，除因違反其內部所訂自律之規則而受懲戒外，並不負行政責任之意。又罷免權乃人民參政權之一種，憲法第一百三十三條規定被選舉人得由原選舉區依法罷免之。則國民大會代表及立法委員因行使職權所為言論及表決，自應對其原選舉區之選舉人負政治上責任。

---

[222] 民國憲法對國大代表的身分定位語焉不詳：第 25 條「國民大會依本憲法之規定，代表全國國民行使政權」在字面上指的是國民大會整體代表全國國民，並未說明每一位國大代表所代表的是其選區還是全國。雖然有學者如薩孟武（1974：174）認為上述條文意味著國大代表並不代表每個選區的選民，但筆者認為這種解讀是很牽強的。國民政府立法院於 1947 年制定的國民大會組織法要求國大代表宣誓「代表中華民國人民依法行使職權」，無形中把國大代表個人身分定位為代表全國人民的法定代表，所以我們可以認為國大代表的法定代表身份來自國民大會組織法，而不是來自憲法原文。此後，國大代表一直作為法定代表而行事（雖然 1990 年國是會議期間建議國民大會採用委任代表制「委任直選總統」的呼聲甚高 [參看李炳南 1992：148]，其原因與公民直選總統所可能帶來的「臺獨」傾向不無關係 [參看邵宗海 1993：169]，後因李登輝推動公民直選總統而未能落實 [參看董翔飛 2010：224-233]，在此不詳述），直至 2005 年國大被廢除之前的最後一次「任務型國大」才透過專門立法而改為依政黨比例代表制選出、遵從政黨意志的委任代表制，參看湯德宗大法官對司法院釋字第七二一號解釋的意見書（湯德宗 2014）。

順便指出，筆者認為該意見書有一處瑕疵：湯大法官說「國民大會代表依據憲法以『法定代表』之身分，本於其自由意志，概括代表全國國民行使修憲權」，但是，倘若民國憲法原文果真確立了國大代表的法定代表身分，考慮到立法院 2005 年為「任務型國大」立法之時有效的第六次增修條文並未涉及國大代表身分類型，那麼將任務型國大代表確定為委任代表的 2005 年國民大會代表選舉法、國民大會職權行使法即成為「違憲」之法。承認民國憲法在國大代表身分問題上的模糊性、不把第 25 條所說國大代表全體對全國人民的代表性推及國大代表個體，即可以化解這一矛盾。

從而國民大會代表及立法委員經國內選舉區選出者，其原選舉區選舉人得以國民大會代表及立法委員所為言論及表決不當為理由，依法罷免之，不受憲法第三十二條及第七十三條規定之限制。」這個解釋，是合理的，為選民對國民大會代表的問責提供了法理依據。

國大代表如何徵詢民意？筆者與八九學運領袖封從德先生討論這個問題時，封先生回憶起當年在廣場上各個學校的代表徵詢各自學校同學意見再開會表決的做法，提出如下方案：政權（民權）議題必須在國民大會集會之前不晚於一定時間對全國選民公開，國大代表應當透過各自選區的媒體公開自己對政權（民權）議題的意見，並與選民充分互動、審議議題以確證民意（國大代表當然有權影響民意，選民是否接受影響，是選民的自由），然後才可以在國大會場上就政權（民權）議題投票[223]。這就為民意的傳達提供了切實可行的途徑，在很大程度上確保人民的權力不被國大代表竊取[224]。同時，政權（民權）議題的充分準備和慎重討論，可以避免國大代表在會場上倉猝行事，由民意對政權（民權）機關形成制衡。反過來，國大代表與選民互動，也可以對民意產生緩衝作用，幫助選民冷靜思考[225]，避免情緒化、非理性的選擇[226]。在這

[223] 臺灣學者張文貞（2009）提出「國民主權」與「審議民主」並不必然悖離，二者並行的方式之一是國民透過審議民主的方式直接討論，但授權決定（以美國憲法在各州的批准為例，國民在各式公共論壇直接討論，再授權各州的憲法會議投票表決）。值得指出的一點是，美國各州的憲法會議代表接受選民訓令但在會場上被反方意見說服而「跳票」的現象非常嚴重（參看 Maier 2011）。憲法會議是一次性的，選民無法對代表問責；國民大會則不然。

[224] 下文將討論如何透過國大代表罷免制度來遏制國大代表「跳票」的現象。

[225] 以美國為參照，從兩百多年前制憲時期的《聯邦黨人文集》到當今（以阿克曼為代表），政界學界都有人指出人民需要以鄭重、審慎的方式發動憲法改革，亦即以「審議式民主」駕馭暫時的民意（參看蕭高彥 2007：95-102）。值得討論的是，阿克曼所提出的「二元民主」模式具有從「壓力聚積」到「驟然釋放」的突變性質（這也體現於由他引入憲法學語彙的「憲法時刻」概念），並且包含了突破憲法所規定的修憲程序而進行的「非正規的調適」（例如阿克曼認為羅斯福新政實現了憲法轉型但沒有採取修憲方式）。
筆者認為，突變式的、超憲式的「二元民主」在美國或許適用（可是美國在蓄奴制問題上也險些沒能渡過難關），但在憲政法治基礎薄弱的國家有可能成為政治災難和憲政崩壞的序曲。直接民主與間接民主的二元並行（包括在公民投

個意義上，國民大會對民意起到一定程度的制衡作用，將有助於民權政治的良性發展[227]。

如果國大代表選區內的民意並沒有非常明顯的傾向或定見，或者國大代表與選民初步互動之後發現許多選民的意見由於討論而發生逆轉，導致原本明顯的民意傾向變得模糊，怎麼辦？美國學者菲什金（James S. Fishkin）倡導的「協商性民意調查」（deliberative polling）民主模式，即從公眾中隨機抽取一個有代表性的樣本進行協商討論以獲得經過深思熟慮後的民意[228]，是很值得推薦的方法，比選民投票更理性、效率

票之前輔以審議式民主的程序如公民審議團、協商式民調，參看張文貞 2006：92-94，97-101）在中國這樣的大國的全國層面能否行得通令人懷疑，但是，經過改進、優化的國民大會制度可以成為「二元民主」的另一個模式，為之提供一個持續的、穩健的、憲法框架內的運行途徑，而不是待到「憲法時刻」再進行動員和超越。

[226] 值得注意的是，一個選區的大部分選民可能因為地域關係而在某些議題上具有類似的出發點，內部討論很可能強化成見，導致不利於民主決策的「群體極化」效應（Sunstein 2002: 15-47）。這種情況下，國大代表可以在選區和外界之間起到極其重要的溝通作用，在與選民的互動討論中向選民介紹外界的不同意見以避免「群體極化」，而後在國民大會會場上表達選民意見。

[227] 1990 年代臺灣修憲過程中曾有多個國民大會改革方案浮上檯面，其中有國大代表依比例代表制完全成為委任代表的方案（後來落實於 2005 年的「任務型國大」），但沒有哪個方案涉及國大代表作為委任代表與選民互動，殊為遺憾。參看周世輔、周陽山（1992：99-107）。

[228] 參看斯坦福大學協商民主研究中心（2015）。「協商性民意調查」（deliberative polling）又譯「協商式抽樣」、「審議式民調」，屬於美國政治學家達爾（Dahl 1989: 340）所構想的「微型公眾」（mini-populus 或 mini-publics）的一種實踐模式，在「微型公眾」的各種實踐模式中已經成為「黃金標準」（Mansbridge 2010）。

順便指出，近年來一些西方學者在學理上深入討論了「反向民主」機制（counter-democracy，又譯「抗衡民主」，意即公眾對民主的不信任，體現為民間力量對代議制政府的督查、阻滯和評判，對代議制形成補充），這方面的代表作是 Rosanvallon (2008)，簡介可參看 Urbinati (2014: 106-127)。協商性民調可以算作「反向民主」的一種手段，但各種「反向民主」行為並不具有完全的民主合法性，這仍然是西方學界懸而未決的議題。筆者認為，國民大會的政權機關職能可以用於解決這一問題。換言之，政府權以及人民直接行使的選舉權屬於「正向民主」，國大代表以協商性民調等「反向民主」方式徵詢民意之

更高、耗費社會資源更少[229]。協商性民調之發動，似應有兩個途徑：國大代表直接發動，或選民聯名要求（因其成本較低，聯名人數門檻不必很高）。如果上述做法仍然無法形成普遍共識（例如落敗方在樣本中的支持率高於 45%），那麼似可考慮稍等一段時間再度舉行協商性民調（重新抽樣，人數可增多），如果第一次的落敗方在第二次得到更多支持甚至反小敗為小勝，即可訴諸選民投票，否則即應以協商性民調結果為準（第一次的落敗方如果在第二次獲得大勝，例如超過 55%，則應以第二次為準），以節約公帑。

　　話說回來，絕對的民意傳達，儘管符合政權（民權）機關性質之法理，但在事理上偏頗。如果國大代表在自己的選區已經徵詢了民意並表明了意見，到了國大會場上，另一方意見得到充分陳述和討論[230]，確實

後在國民大會上間接行使罷免、創制、複決權，則相當於「反向民主」的憲政渠道，為後者提供了具有民主合法性的實施途徑。縣級地方自治體的創制、複決議題，也可要求在選民投票表決之前必須經過協商性民調等「反向民主」審議過程。

張文貞（2009）將協商性民調歸入「授權討論」的範疇，筆者對此有不同意見。其一，協商性民調以其抽樣的性質，在合適的設計之下可以具有極強的代表性，在效果上與全民分組討論幾乎無異；其二，協商式民調在法律角度並不具有「授權」的性質，無法與議會之「授權討論」相提並論。因此，筆者認為協商性民調可以視為一種特殊的「直接討論」；國大代表作為委任代表在協商性民調結果基礎上的投票即為「國民授權決定、國民直接討論」的一種具體制度設計。

[229] 選民投票並不能保證選民對政權議題的深入瞭解，很多缺乏瞭解的選民很可能會受廣告宣傳所左右甚至憑直覺投票，所以即使在縣級行使直接民權之時，事先進行協商民調（並將其結果印在選票上供選民參考）也是有益的。
順便指出，筆者堅決反對「互聯網民主」或「網際審議」，原因不贅述。

[230] 直接民主的一個重大缺點是缺乏協商性（參看註169）。國民大會行使「間接的直接民權」，引入一定程度的協商機制是很有益的。但是，國民大會規模極其龐大，根本無法像代議立法機關那樣以「三讀會」的方式協商議事。如何進行適度的、可操作的協商討論呢？筆者認為，如下方案可供考慮：第一步，採用隨機方式將國大代表分組，每組三十至五十人，進行初步討論，主要目的是擺出各種論點而不是詳細闡述。隨機分組，能夠覆蓋不同的背景和立場，促使國大代表傾聽不同意見。如果按地域分組，在一些議題上很可能發生「群體極化」現象。第二步，在全體代表出席的大會上，每一個政權議題的正反兩方

說服了一些國大代表改變他們的個人立場，那麼，這些國代是否有權在投票時轉而支持另一方呢？考慮到各個選區的選民對國大代表有罷免權，如果一個國大代表寧願冒著被罷免的危險而跳票，那麼這個做法應當被允許，前提是國代事後必須向選民詳細解釋。反過來，國代也需要考慮到，自己背後的選民也聽得到另一方意見，自己被說服，選民也一樣有可能被說服，這時固守原有立場，反而未必體現最新的民意，只是來不及進一步徵詢罷了。無論如何，國代改變立場時必須慎重，必須揣度自己所代表的選民全面傾聽另一方意見之後的反應，而不是國代個人之所謂「理智」或「良知」凌駕於選民之上[231]。所以，國代如果在國大會場臨時改變立場，那麼此後的一個時間段之內選區選民聯署罷免國代的簽名數量門檻似可適當降低[232]，以防止國代輕易改變立場。這樣的制度設計，可以在更大程度上保證民意的傳達和事理的靈活性，讓國民大會作為政權（民權）機關發揮更佳作用。

上述政權（民權）職能的論述之中，絲毫沒有涉及政黨政治，因為政黨不宜介入國民大會政權（民權）職能的運作，以免影響民意的傳達。政黨針對各個政權（民權）議題在選民之中的宣傳當然屬於政治自由的範疇，不宜限制，但國民大會代表應超出黨派之外、不應以黨派為單位在國民大會內部協同活動，這似應成為法律的要求。

討論國民大會的下一個職能之前，還需要對國民大會的政權（民權）職能的局限性略做說明。國民大會的政權（民權）職能作為「間接的直接民權」，其間接性在操作上有可能帶來放大效應和扭曲效應。一

推舉若干代表進行辯論。第三步，再度隨機分組，協商討論。第四步，投票表決。上述模式中，國大代表的定位類似於陪審員（宜稱「民決員」，參看註50）。如果議題不多，那麼每個議題可以佔用三個小時，一個小時分組初步討論，一個小時傾聽辯論，一個小時分組再度討論，然後表決。

[231] 在這一原則之下，國大代表的身份仍然是代表選區民意的委任代表，但並不完全是機械的「絕對訓令委任」（於早先徵詢民意時定格），而是具有一定程度的靈活性的「相對訓令委任」。

[232] 例如某個國代在國大的一次會議內跳票一次，那麼聯署罷免案的門檻可降至正常門檻的一般；跳票兩次，降至四分之一；如果跳票三次或更多，似可強制舉行罷免投票。

個極端的例子：51%的國大代表各自選區之內 51%的選民贊成某項政權（民權）議題，其他 49%的國大代表之選民全部反對此議題，為簡單起見假定各個國大代表選區人口相同，那麼略超過四分之一的全國選民之贊成，即可導致國民大會的表決達到過半多數贊成。這個極端的例子不可能出現，但程度稍輕的放大效應和扭曲效應是有可能的，使選民中略低於半數的支持率導致國大代表過半的支持率。此外，國大代表選區人口的不同，導致人口較少的選區之選民的意見在國民大會中被放大。

所以，國民大會的政權（民權）職能必須慎重，即使不是修憲亦有必要設置較高的門檻，例如只有在立法院已經贊成某項政權（民權）議題的情況下才可在國民大會採用過半多數決，在立法院反對或未表態的情況下需要超級多數決。這一問題還取決於政權（民權）議題的目的是改變現狀還是維持現狀，本章第三節介紹複決的類型時再做詳細討論。

（三）作為諮議機關的國民大會

選舉總統、副總統是國民大會作為自主選舉人團的憲法權力；罷免、創制、複決三權是國民大會作為政權（民權）機關的憲法權力。然而，國民大會所能起到的作用可以超越憲法權力的範疇。

鑒於作為法定代表的立法委員具有相對獨立性而無法充分反映民意，國民大會在不行使憲法權力之時似可作為諮議機關傳達民意，起到顧問的作用（其諮議性質的決議對政府不具有約束力）[233]。下文討論複決權時還會涉及立法院與國民大會在這個角度上的互動。

諮議，並不是代議，不需強調國大代表對所有議題的參與和投票表決，所以可以採用各種便利方式集思廣益，不致因為國大代表人數過多而無法議事。

國民大會是否應當設立非程序性的專門事務委員會？作為政權（民權）機關，不應，因為這種性質的委員會很容易形成凌駕於民意之上的影響力，妨礙國大代表所在選區民意的傳達；作為諮議機關，似乎可

---

[233] 1992 年的第二次中華民國憲法增修條文規定「國民大會集會時，得聽取總統國情報告，並檢討國是，提供建言」，此情況下國民大會即具有諮議機關性質。這一規定沿用至 2000 年第六次修憲。

以，因為委員會有助於整理各方意見、與政府五院互動。換個角度看，社團組織的全國代表大會可以設立委員會，那麼國民大會在其作為諮議機關的一面，相當於以全國選民為成員的「全國選民協會」的代表大會，似可為其諮議職能設立委員會，前提是在法理上必須釐清此類委員會的定性，其名稱似應為「國民諮議會某某委員會」，以確保其不得介入國民大會的政權（民權）職能運作。

就國民大會的運作而言，在國民大會行使自主選舉人團職能和政權（民權）職能之時，除了涉及會務的程序性委員會外，非程序性的專門事務委員會應當基於法理要求處於休眠狀態，直到自主選舉人團職能和政權（民權）職能行使完畢之後的剩餘會期，以及國大休會期間，此類委員會才可以運作（其成員似可在首都輪值，以確保國代不長期脫離選區和選民）。

國民大會是否應當設立常務委員會，以在國大休會期間受委託代行其職能？政權（民權）機關傳達民意和行使罷免、創制、複決三權的法理職能，絕不可以被常務委員會僭越取代。至於其諮議職能是否應設立常委會，如果未來的共識是應當設立常委會，那麼這個常委會的名稱似應為「國民諮議會常務委員會」，以強調其諮議性質，避免常委會擅權亂政。

鑒於國民大會的三重性，其運作機制之中有必要區分各個職能，以利健康運作。以適逢總統選舉的國民大會常會之日程為例：

（1）開幕儀式後應當直接進入代選機關階段，執行競選、投票程序，選出總統、副總統。

（2）總統選舉結束後，國民大會的代選機關階段即告結束，進入政權（民權）機關階段，在民意基礎上審議創制、複決議題，付諸表決，但不得臨時提出創制、複決議題，以避免脫離民意。政權（民權）議題都是國大代表開會之前已經有定見的，開會時正反方的陳述和代表之間的討論不宜過長。

（3）創制、複決議題表決結束之後，國民大會即進入諮議機關階段，以國民諮議會的性質對政府行使顧問職能。為節約社會資源，國大代表在諮議議題上是否徵詢選區民意，似不必做程序性要求。國大代表

根據自己對選民的瞭解，如果認為某些諮議議題上的民意很明顯，應當可以不去正式徵詢民意。

結束本節關於國民大會三重性的討論之前，還有一個需要釐清的問題，是 1946 年制憲國民大會的定位：制憲國民大會，並不是民國憲法制度框架之下的國民大會，而是特殊的、一次性的制憲機關，具有自由委任的性質。

第二節　國民大會與西方國家國會的關係

上述國民大會三重性，顯然不同於西方國家具有完整立法權的國會。自孫中山先生提出國民大會設想以來，一直有人試圖把國民大會等同於西方國家的國會，並認為民國憲法應當修訂，以大幅度擴展國民大會的權力。針對此類觀點，曾任制憲國民大會代表、行憲後第一屆立法委員、司法行政部部長、總統府秘書長等職的鄭彥棻先生指出：「國民大會雖代表全國人民行使政權，固可說是人民代表機關或民意機關，但僅依權能區分說代表人民行使政權，與民主國家之國會依三權分立說代表人民行使立法權與監察權，自不相同。權能區分之政權在一般民主國家固有部分由國會行使，但其國會之職權，則多屬治權，自不宜均由國民大會行使。」[234]

筆者基本上贊同上面的引文，只是對「權能區分之政權在一般民主國家固有部分由國會行使」之說有不同意見：筆者認為，西方國家的國會作為具有自主獨立性的法定代表所組成的立法機構，事實上不具有任何的「政權機關」職能，其所行使的全部權力（包括選舉、罷免總統或總理的權力）都是作為廣義政府的一個分支而具有的權力，不以傳達民意為法理要求，所以沒有一項權力屬於「政權機關」的人民權。美國的總統選舉人團，是筆者所知政權（民權）機關在西方國家的唯一實例[235]，而且不是成功的範例（見上文的論證）。

---

[234] 鄭彥棻（1990：115）。

[235] 2000 年之前，實行半總統制的芬蘭由選舉人團選出總統，但芬蘭的總統選

　　曾任制憲國民大會代表、考選部部長、司法行政部部長、司法院院長等職的田炯錦先生則從孫中山先生思想發展脈絡的角度釐清了「政權」的概念，從而說明國民大會並不等同於國會：

　　「……按照權能區分理論，國民大會行使的政權，指的是民權，亦即選舉罷免創制複決四權；立法機關行使的權力，指的是政府權，即國家的立法權，亦即治權。我們如不將政權一辭的意義分辨清楚，將國民大會與立法院當作同樣性質的政權機關，則必致權能混淆，彼此傾軋。

　　「有許多學人認為西方國家的國會，為政權機關，我國的立法院為治權機關，故其性質完全不同；西方的國會約等於我國的國民大會，而絕不同於我國的立法院。持此說者如與國父的五權憲法理論比較，顯見其有所矛盾。國父在『五權憲法』裡分明說『立法機關就是國會』，『五權憲法的立法人員，就是國會議員』，研究五權憲法的人，怎能說立法院為治權機關，與西方的國會不同呢？他們解釋說，國父稱立法司法行政考試監察諸權為政權，見於十年的『五權憲法』；主張國民大會行使政權，見於十三年的『民權主義』，我們對於遺教前後有不同的地方時，應以其後者為準。持此種態度研究遺教，實係厚誣國父！一個普通學人的理論，亦不會數年內完全相反，何況國父乃學貫中西之一代哲人兼政治家，他的五權憲法理論，絕不會三年內大為改變，果如此，使信仰者將如何奉行？……國父民國十年稱立法司法行政等權為政權，亦即為政府權；十三年稱它們為治權，亦係指的政府權。故國父對諸權性質的認識，從未改變，徒因名稱的更改，──民權改稱為政權，將慣常所稱的政（府）權，改稱為治權，以致引起無數的誤會，絕非國父始料所及。」

　　「……一個權力為政府權或為民權，應按其性質區分，不應視其行使權力之人員，是否民選。立法權原本為政府權，不應因立法人員改為民選，便即認為民權。」[236]

舉人團有獨立性，並不像美國的總統選舉人團那樣遵循各州選民意志，所以不是政權機關。德國、意大利、以色列等議會制共和國的總統選舉人團也是獨立的，因其總統為虛位，不贅述。

[236] 田炯錦（1973：101-102，104）。

鄭彥棻先生、田炯錦先生作為民國制憲行憲的親歷者，其見解具有相當重要的意義。

如果說西方傳統代議制政體存在權能混淆問題，那麼這種混淆並不在於其國會具有政權（民權）與治權二重性，而在於西方國家的選民因為民權的不完整（人民有選舉權但通常沒有其他三大民權）而不得不把民意寄託在政府官員身上，從而不信任專家，時常選出有親和力但能力平庸的議員和行政官員。這是選民對官員定位之認知的混淆，而不是政府實際定位的混淆——不管選民如何期待官員尊重民意，在事實上和法理上，議員和行政官員至多把民意作為參照，而不可能像政權（民權）機關那樣必須傳達民意。

雖然西方國家國會不具有政權（民權）機關的性質，但民選議員的制度（尤其是以英美為代表的小選區單一勝出制）使國會具有一定程度的民意性。民國憲法的政治架構，將西方國家國會的民意性剝離出來，主要由國民大會作為政權（民權）機關和諮議機關來體現民意。在這個前提下，立法院和監察院縱使具有一定程度的民意性，人民在認知上也不應對其定位產生不必要的混淆。

1957 年司法院釋字第 76 號大法官解釋，認為國民大會、立法院、監察院共同相當於民主國家之國會。就嚴格的法理職能而言，西方民主國家之國會是代議性的治權機關，國民大會與之不同[237]，但就民意職能而言，國民大會把西方代議制度之下人民對國會傳達民意的期待承接了過來，強化了民意代表性。所以，西方代議制國會所承載的民意職能之期待（不是法理職能）與作為實際職能的立法權、監察權，在民國憲法架構中分派給國民大會、立法院、監察院[238]。在這個意義上，民國憲法的確有「三院制國會」的架構。但就西方國會的代議立法職能而言，民國憲法採用的是一院制，即立法院總攬日常立法事宜。這一點，本書第

---

[237] 涂懷瑩大法官指出：「治權乃眾人之事的日常事務的處理，故須經常行之；政權則為控制治權之用，故僅能偶一用之，乃至備而不用……是以國民大會如行使西方國會之任何權力（因其均屬治權），即難符其為政權之本質。」（涂懷瑩 1986：603）。

[238] 高旭輝（1978 [1987：604-605]）。

五章還會詳細討論。

第三節　國民大會的政權（民權）運作

一　罷免權

民國憲法規定，國民大會在監察院提出對總統和副總統的彈劾案後，有對總統和副總統的罷免權[239]。這一點也與第 133 條「*被選舉人得由原選舉區依法罷免之*」的規定相合。

鑒於罷免案對社會所可能造成的割裂作用，罷免案不宜過多，或者說罷免案應有適當的門檻。民國憲法為國民大會對總統和副總統的罷免權設置了監察院預先提出彈劾案這一門檻，是否妥當呢？從權力制衡的角度而言，由獨立於國民大會的監察院掌控這個門檻，可以避免國民大會擅權，促進政治的穩定，所以這個制度是合適的。

國民大會是否應當在總統、副總統之外獲得對其他官職的罷免權？憲政尚未成熟的階段，似無此必要，但如果我們以長遠的目光考慮未來，那麼不妨從兩個方面探討：

（1）經總統提名、監察院同意而獲職的司法院、考試院官員，是否應當由國民大會罷免？

民國憲法第 77 條規定司法院掌理公務員之懲戒，所以對中央公職人員的彈劾案由監察院向司法院下設的公務員懲戒委員會提出。但是，司法院長、副院長和大法官之彈劾，一方面涉及司法院內部避嫌的問題，另一方面這些官員經總統提名、監察院同意而獲職，具有特殊的地位。所以，由國民大會審理針對這些官員的彈劾案，似乎更加合理[240]。

此外，考慮到司法院作為憲政制度之「壓艙石」的重要作用（有違憲審查權，可以解釋憲法），司法院正副院長和大法官的罷免去職似應有極高的門檻，例如必須由監察院提出彈劾案而不是國民大會自行彈

---

[239] 由其他機關提出而不許表決者聯名提出罷免案的制度稱作「間接罷免」（indirect recall）。參看 Qvortrup (2013: 78)。

[240] 田炯錦（1973：135）。

劾，而且需要在國民大會達到憲法修正案所需的四分之三多數票，以確保憲政制度的穩定。否則，短視性的政爭有可能導致無謂的彈劾與罷免，危害憲政制度的尊嚴與穩定。

四分之三多數票的門檻是否過高？考慮到選區代表制所帶來的放大效應（例如，四分之三的選區僅有微弱過半的民意支持某項罷免案，其他選區對該案的民意支持度遠低於半數，那麼全國選民對該案的支持度可能低於半數，但在國民大會則達到四分之三），這個門檻對涉及憲政制度的重大議案，如憲法修正案、大法官彈劾案，並不過高。實際操作中，上面的例子很難出現，但略微過半的民意支持度造成國民大會四分之三多數票的情況是很有可能的。

考試院正副院長與考試委員，產生方式與司法院正副院長和大法官相同，但並不涉及憲政制度和司法院避嫌問題，所以似可走普通政務官的彈劾程序，參看本書第五章。

（2）1952 年司法院釋字第 14 號大法官解釋以制憲過程中的考量為依據，指出監察院對具有民意代表性質的職位（立委、監委、國大代表、省縣議員）不行使彈劾權。這些職位的罷免案，自當依據憲法第 133 條，由原選舉區定奪。

如果中國大陸將來在立法院設置一批全國不分區議席（由政黨名單比例代表制產生），那麼針對某個不分區立法委員的罷免權如何操作[241]？全國選民直接行使罷免權，根本無法操作，交由國民大會徵詢民意

---

[241] 臺灣現行制度乃依據 1993 年司法院釋字第 331 號解釋，不分區立委「如喪失其所由選出之政黨黨員資格時，自應喪失其中央民意代表之資格」。2013 年 9 月，國民黨因內部政爭，抓住立法院長的小辮子而開除其黨籍，此舉如果成立則將導致立法院長失去立委席位而去職，立法院長為此提出司法訴訟，保住了職位並最終保住了黨籍，國民黨則被法院裁決違反人民團體法，其黨章與法律抵觸部分無效（臺灣高等法院 2014）。這個戲劇性的事件，凸顯了政黨透過開除立委黨籍而罷免立委之制度的弊端。類似制度目前多見於一些民主程度不高的亞非拉國家（Xuclà 2014: 7）。釋字第 331 號解釋目前仍然有效，但因其以「黨意」取代「民意」而有相當的爭議，尤其在立委選舉實行「兩票制」之後，選民投給政黨之選票與不分區候選人名單的吸引力有很大關係，使不分區立委具有一定程度的直接民意授權，因此此號解釋更宜加以補充（許宗力 2014：1069）。為了在加強政黨穩定性的同時允許一定程度的靈活性，筆

之後行使則是妥當的[242]。為避免國民大會擅權，似有必要採用高於半數
（如五分之三）的門檻，以及大選前後半年內不得罷免立法委員的限
制。此外，為避免浪費社會資源，對立法委員的罷免案似不應成為國民
大會召開臨時會的唯一事由，可規定只有在其他議題列入日程的情況下
才可以審議立委罷免案。

二　創制權和複決權

　　民國憲法規定國民大會有對憲法修正案的創制權、複決權（憲法修
正案之創制有四分之三多數票的門檻），對普通法律的創制權、複決權
擱置至全國半數縣市行使過此二權之後。下面從類別、操作與制度設計
細節的角度討論這兩項「治法」（孫中山語）的民權。

（一）創制與複決的概念和類別

　　自二十世紀初至今一百餘年，西方國家在直接民權方面並沒有重大
突破，美國學者威爾確斯 1912 年出版的《全民政治》（*Government by
All the People*）仍然具有現實意義和指導價值。下文將在參考了國際民
主及選舉協助機構（International Institute for Democracy and Electoral
Assistance，簡稱 International IDEA）2008 年出版的《直接民主》
（*Direct Democracy*）手冊的基礎上，主要依據《全民政治》的分類方
式，討論創制（initiative）與複決（referendum）。兩個參考資料的主
要區別是《直接民主》手冊之中 initiative 一詞特指公民的主動性，所以
《全民政治》中的公民自請複決因其主動性而被《直接民主》手冊歸為
initiative 的一類[243]。也就是說，《全民政治》以公決的對象是公民自創

者認為，由於政治原因被開除黨籍或自動退黨的立法委員應當保留議席，但只
能以無黨籍獨立身分在立法院內部活動並不得進入各個專門委員會（以減少其
對院內黨團力量配比的影響），在院外則可以加入其他政黨或另行組黨，參與
下一次選舉。

[242] 政治因素不宜成為罷免立法委員的理由。立法委員如果行止有虧（例如
2013 年立法院長「關說」事件），似可由一定數量的國大代表聯名提出罷免
案交由國民大會議決，足夠高的聯署門檻可以避免小題大做。

[243] International IDEA (2008: 61) 把 initiative 分為「公民創制」（citizens'

提案還是代議立法機關的法案為劃分標準，將「治法」的公決分為創制和複決[244]，但《直接民主》手冊以公決行動發端於公民還是當局為標準，將其分為主動公決和被動公決。考慮到孫中山民權主義和民國憲法的歷史傳承性，我們有必要沿用創制和複決的兩分法。

（1）創制，傳統上指的是選民或政權（民權）機關主動提出對憲法或普通法律的修正案，或提出新法律的立法原則[245]（通常不是法律細節條文，因為選民或政權機關成員在立法工作方面並非專家）。創制案的提出，需要一定比例的投票人簽名的門檻，以避免極少數人牽動多數、浪費社會資源。民國憲法之國民大會行使創制權之時，考慮到國大代表人數不過數千、聯名發起創制並不困難，為了避免國大代表擅權，其聯名門檻可以遠遠高於各縣選民直接創制複決的聯名門檻。民國憲法

---

initiative）和「公民要求的複決」（citizen-demanded referendum，即筆者所說的公民自請複決）兩類，然後又說兩類 initiatives 都歸結於一場公決投票（referendum vote）。這些英文詞彙上述用法的另一個例子是美國學者 Tsebelis (2002: 125) 在其「否決者」（veto players）理論中採用類似於「支序分類」的辦法把公決即 referendum 層層剝開，公民創制是這一分類樹最深層的一個枝杈（借用支序分類學的概念，《全民政治》中的「創制」在否決者理論中是一個「單系群」，「複決」則是一個「並系群」）。

[244] Wilcox (1912: 131)。

[245] 第一屆國民大會曾與 1965 年召集臨時會，透過對動員戡亂時期臨時條款的修改，解除了民國憲法第 27 條對國民大會的創制複決兩權的凍結，其所通過的戡亂條款修正案即採用了「創制中央法律原則」而不是「創制中央法律」的說法。此次會議制定了「國民大會創制複決兩權行使辦法」，其中涉及創制權的部分可供參考：「國民大會創制之立法原則，咨請總統移送立法院。立法院應於同一會期內依據原則，完成立法程序。但內容繁複，或有特殊情形者，得延長一會期。前項立法原則立法院不得變更。」「國民大會創制之立法原則，經完成立法程序後，非經國民大會決議，立法院不得修正或廢止。」關於複決權，也有類似的規定：「經複決修正否決或廢止之法律，立法院不得再制定相同之法律。」但是，在國民大會行使創制複決權之後如果社會情勢發生變化，導致國民大會早先的決定不再符合時宜，是否仍然一定要禁止立法院做出修改呢？筆者認為，考慮到國民大會以委任代表制行使政權之手續相當繁雜，可以考慮設置一個時間限制，例如六年（或立法院改選兩次），在此時間段內立法院不得改變國民大會的「治法」決定，之後似應允許立法院以超級多數票改變之。

原初條文規定五分之二以上的國大代表聯名請求即可召集國大臨時會，
這個門檻似可適用於國民大會的創制複決。

國大代表聯署的創制案，在達到簽名門檻之後、付諸國民大會表決
之前（或在國民大會決定召開臨時會之前），似應允許立法院直接拿來
表決，此做法稱作「間接創制」[246]（不經過代議立法機關而直接付諸選
民/政權機關表決則稱作「直接創制」）。如果立法院決定依照創制案
直接立法，那麼國民大會即不必議決之，這是簡化手續、節約公帑的良
策[247]。

另一類並非公民投票但在啟動程序上與創制權有所類似的公民政治
行為，是公民聯名要求代議立法機關把某項議題列入議事日程，因其與
創制權相似，故稱為「議程創制」（agenda initiative）。考慮到民國憲
法之國民大會的三重性，「議程創制」似可成為作為諮議機關的國民大
會與立法院互動的一種形式。在實行直接民權的政區，「議程創制」簽
名門檻可低於普通創制，遭到代議立法機關否定之後可徵集更多簽名以
達到普通創制案的門檻[248]。

（2）複決，指的是選民或政權（民權）機關對代議立法機關之作
為置以可否，在類型上更加複雜。目前世界上人民享有複決權的各個國
家或聯邦成員（如瑞士聯邦和美國許多州）通行的做法是：代議立法機
關所通過的法律、規章，人民通常「有權」複決，但沒有任何一個政體
把所有的法規都提請複決（理論上可以這樣設想，實踐上行不通，因為
效率過於低下）。所以，國民大會對法律的複決需要一定的門檻。

威爾確斯在《全民政治》中把複決權分為以下三個大類（其中又有
子類）：

其一，強制（obligatory）複決。此類複決由憲法或專門法律規定其

---

[246] 有的政區還允許代議立法機關提出替換案，把原始創制案和替換案一併提
交選民表決（Dubois and Feeney 1998: 27, 35-37, 50）。

[247] 需要注意的是，如果一項創制案被代議立法機關拿來表決通過而繞開公決
或政權機關表決，那麼代議立法機關將來如果意圖更改或廢止該創制案所造成
之法，應加以嚴格限制，例如超級多數票或強制複決。

[248] Dubois and Feeney (1998: 36)。

範圍，為保證正常的效率，通常只有憲法修正案和極少數重大法案才需要強制複決，但許多國家的憲法或相關法律中也規定某些類別的法案不得複決。

民國憲法規定立法院四分之三多數票通過的修憲案必須提交國民大會複決。民國憲政的未來發展中，是否有必要擴展強制複決的範圍，將是有待討論的議題。立法院微弱多數票通過的法案（例如因一些立法委員缺席或棄權而導致贊成票不及「絕對多數」即立法院總人數之半數），以及有立法院「自肥」性質的，似可考慮強制複決。

其二，選擇性（optional）複決。這是最常見的複決，用於不需強制複決的法案，分三個子類。

甲，代議立法機關通過法案之時由多數派主動提請複決。這自然顯示了代議立法機關對人民的尊重，但有推卸責任之嫌，所以有人認為不宜採用。出於這種顧慮，如果民國憲政的未來發展中出現了這方面的呼聲，那麼應當考慮設置一定的立法院支持率上限，高於這個上限而通過的法案就不應允許多數派主動提請複決。

乙，代議立法機關內部落敗的少數派或法規發布人決定將法案提請複決。這又分兩種情況：

A，法案在代議立法機關內部獲得通過。為了避免浪費社會資源，超過一定的「高票」標準而通過的法案應當禁止任何人提請複決；未達高票標準的（例如未及「絕對多數」即議席總數的半數），似可允許法規發布人（在中央即為總統）決定提請複決。

B，法案在代議立法機關內部沒有通過。這是一個很特殊的情況：前述各種類型的法案複決，最終結果都是「雙多」（即代議立法機關的多數和人民/政權機關的多數）才通過，但這一類複決的對象在代議立法機關裡只有少數支持，人民或政權（民權）機關的支持再多也是「單多」。這種情況如果允許複決，需要設置較高的門檻，只有微弱差距落敗的法案才可以提請複決。

丙，人民或政權（民權）機關自請複決。同樣分為兩種情況：

A，不管一項法規是以多高的票數通過的，人民或政權（民權）機關都應當有權自請複決，除非其類別在憲法規定不得複決的範圍內。

　　1，除少數緊急措施外，法規簽署發布之後通常不會立即生效，在其生效之前如果有足夠的選民或政權（民權）機關成員聯名要求複決（可以是針對其中的某些條文），那麼此法規（或特定條文）即須暫緩生效，留待複決。

　　2，如果法規生效之後才有足夠的簽名要求複決，那麼法規效力不宜暫停，因為這種情況可以作用於人民習以為常的舊法律，少數人的簽名不應導致舊法律的暫停。此類複決，在形式上和實質上都與前述其他各種類型的複決不同：在法規尚未生效的情況下，複決案所針對的是法案本身，贊成票指的是贊成通過法案；待到法規業已生效之後，複決案的內容即應轉為負面，贊成票指的是贊成廢止該法規，在操作上可以說是法規廢止案之「創制」，只是因為其「治法」的標的在於代議立法機關通過的法規而歸入複決範疇[249]。

　　B，法案在代議立法機關內部沒有通過，人民或政權（民權）機關自請複決。這一情況與提請複決（乙B）沒有本質區別。

　　歸納起來，上述各種情況中的三種特殊類型，即提請複決或自請複決在代議立法機關落敗的法案（乙B或丙B），以及自請複決已經生效的法規（丙A2）[250]，都和創制權的行使有所類似，可以導致人民或政權（民權）機關「單多」票數改變現狀，所以必須特殊對待，例如贊成

---

[249] 「廢法」複決（abrogative referendum）以意大利為典型，參看 International IDEA（2008: 65-66）。值得注意的是，孫中山先生在《民權主義》演講中提出：「若是大家看到了從前的舊法律，以為是很不利於人民的，便要有一種權，自己去修改，修改好了之後，便要政府執行修改的新法律，廢止從前的舊法律。關於這種權，叫做複決權，這就是第四個民權。」（孫中山 1924b [1989a：125]）這一說法並不嚴謹，舊法律的修改屬於創制而不是複決，其廢止才是複決的一種類型。演講中出現紕漏實屬難免；孫中山亦在演講末尾請聽眾參看廖仲凱譯威爾確斯《全民政治》以瞭解創制、複決的詳情。

[250] 從「對稱性」的角度出發，是否還應該有「提請複決已經生效的法規」這一類型呢？答案是否定的：其一，如果代議立法機關審議了現行法律的廢止案，因為廢止案本身具有法案的性質，其複決可併入前述各種提請複決的類型，不必單列。其二，筆者認為不應允許任何人（例如總統）在代議立法機關沒有審議現行法律的廢止案、亦沒有自請廢止之聯署達到門檻的情況下提請複決現行法規，這種做法有可能擾亂政局。

票必須達到超級多數，以及省級地域上的多數所形成的「雙多」，下文將討論之。

其三，諮詢性（advisory）複決。在代議立法機關無法把握民意之時，可以提出一個大致的意向，作為諮詢性的議題，提請人民複決。但這個意見是柔性的，代議立法機關看到複決結果後說「知道了」就可以了，沒有任何硬性要求。人民自然也可以提出類似的投票議題，但稱作諮詢性創制（或建議性創制）[251]。

臺灣做過的幾次公投，都是諮詢性的，是政客的工具，給人以「瞎折騰」之感[252]。鑒於國民大會具有諮議職能，立法院與國民大會之間的互動可以給立法院提供民意信息，通常情況下沒有必要興師動眾以複決或創制的形式（要求國大代表在選區正式徵詢民意）處理諮詢性的議題。如果允許之，似應採用較高的門檻（例如立法院多數加以總統的同意，才可以提出諮詢性複決議題）。

（二）創制權與複決權的操作

待到國民大會獲得對普通法律的創制權與複決權之後，這兩項民權不應被國民大會頻繁行使，而應作為「保留權力」，只在例外情況下（如立法院對人民強烈要求的立法項目遲疑不決，或立法院所立之法在人民中產生很大爭議時）才適合行使。鄭彥棻先生如是說：

「（有人）認為政權之行使，不可一日中斷，國民大會閉會期間應有常設機構，以行使政權。對國民大會集會除每屆總統任滿前集會外，

---

[251] 一個典型的例子是新西蘭 2009 年針對政府立法禁止家長體罰子女而舉行的諮詢性創制，儘管超過 80%的投票人贊成體罰，執政黨和反對黨一致反對，對公投結果置之不理。

[252] 蘇永欽（2001：28）如是評價諮詢性公投：「如果說現代的民主政治，最多只是代議制加進一點直接民主的機制，則諮詢性公投就可以說是混合中的混合……如果已經決定要建立直接民主機制，則這種半真半假的公投，實際上是花費同樣的有形無形成本，卻得不到一半的好處。相對於真正的意見調查，現代民意調查的技術，已可用其百分之一的經費，做到精準百倍的調查，而尚無須付出法制被破壞的代價。在這種情形下引進諮詢性公投，不管是偶發的，或是建立長期制度，在民主理論上都很難合理化。」

亦有每年或每三年定期集會之主張。不知國家主權固不可一日中斷，政權亦為人民經常享有，但非必經常行使，四項政權之性質除選舉權可定期行使外，其餘罷免、創制、複決三權，都不是可以經常行使的。且國民大會受全國人民之委任，代表行使政權，自不能互選代表，以代表之代表，行使職權……」[253]

國民大會的修憲權是一道殺手鐧，違反憲法條文的法律創制案可以引發修憲案，在絕大多數代表的支持之下獲得通過。就一般條文而言，民國憲法的修憲門檻相當嚴格，基本上可以保證公平性和合理性。但是，涉及國民大會擴權的修憲案，因其「自肥」性質，應有嚴格的限制，或將這種性質的國大自請修憲條文的生效日期推遲到下一屆國民大會開幕之日，或禁止國大代表主動提出，而只能由立法院提出、提請國民大會複決。依據司法院釋憲先例，避免國大自肥的規定可以由司法院作出，不必訴諸憲法修正案。

（三）制度設計的其他考量

鑒於國民大會的非專家性、民意的不穩定性和大國的地域複雜性，國民大會在修憲之外「治法」的權力似有必要受到進一步的限制。

其一，如果具有一定資格或達到一定門檻的反對者認為創制案有違憲之虞，似應允許反對者把創制案提交司法院作合憲性審核，確認合憲之後才可提交國民大會表決。這個做法不同於美國違憲審查制度的訴訟原則（美國法院只能透過處理訴訟來審查法律的合憲性[254]），但民國司法制度自有其特色，有關部門甚至個人皆可依法提請司法院審查法律。

---

[253] 鄭彥棻（1990：117-118）。

[254] 有必要指出，在實行公民創制複決的美國二十餘個州，創制案的程序瑕疵爭議通常可以在付諸表決之前由反對者提起司法訴訟，其中數州還允許創制案實質內容合憲性的事前訴訟（Dubois and Feeney 1998: 43-45）。在不允許事前就實質內容提起訴訟的美國西海岸三州，有資料（Qvortrup 2013: 139）指出，獲得通過的創制案中的 54% 都在事後遭到訴訟，其中 55% 被法院全部或部分推翻。如此高的比例，說明事前審查確實能夠節省社會資源。

為了降低社會成本，應當讓違憲的創制案及早止步[255]。

　　其二，創制案、現行法規自請複決案（以廢止案為形式）和未獲立法院通過的法案之複決案，就國民大會和立法院的關係而言，一旦通過即為國民大會之「單多」改變法律體系的現狀，似應採用較高門檻（例如五分之三的超級多數），以降低民意的易變性對法律體系的衝擊[256]。達到過半多數但不及超級多數者，似可待到立法院換屆之後強制列入立法院議程，如果新一屆立法院不予通過，似可在國民大會代表再度徵求民意之後以超過立法院反對票比例的贊成票比例予以通過。

　　上文討論罷免權時提及的間接投票所導致的放大效應，支持較高門檻的考量。此外，人口分布的不均衡也可能帶來放大效應——國大代表主要由各縣選出，人口不滿百萬之縣皆有一個代表名額，所以人口少的縣意見趨同之時，有可能以不及全國半數的選民人數，指揮過半的國大代表。兩種放大效應所導致的不代表全國過半選民的國民大會過半多數，如果與立法院過半多數意見相一致，不一定會招致巨大爭議，但在國民大會「單多」的情況下，放大效應而造成的勉強過半多數就顯得很不妥當。

　　其三，地域的考量，似應成為另一道門檻。瑞士的「雙多」原則，即過半的全國選民與過半的州，值得借鑒[257]。例如，不但要求國民大會全部有效票數的五分之三多數，而且分省計票，需要在過半省份達到過半多數。這個做法，相當於以國民大會全國計票和分省計票的「雙

---

[255] 地方自治體的創制案，似可採用類似的方法，但地方創制案是否合乎該地自治法似應由該地法院裁決，針對國家憲法的合憲性裁決則是司法院的保留權力。可以類比的例子是瑞士聯邦法院有權審查各州的創制案（Dubois and Feeney 1998: 57）。

[256] 反過來，如果立法院通過的法案尚未生效，那麼國民大會似可僅憑過半多數否決之（在程序上是複決案未獲多數票通過）。此時國民大會的作用與兩院制議會的上院類似，相當於在立法程序中增加了一個「否決關卡」（veto gate）。

[257] 一些美國學者（如 Ellis 2002: 140）認為瑞士的直接民主制度優於美國各州的直接民主制度。限於篇幅，本書無法深入討論直接民主制度（尤其是縣級直接民權）。

多」，代替國民大會與立法院的「雙多」。

第四節　國大代表選舉的最佳方式

一　投票制度

上文說過，國民大會內部不宜實行政黨政治，否則國大代表的黨性會妨礙民意的傳達。但是，即使國民大會會議期間的運作可以超出黨派，在國大代表選舉過程中也不宜強行要求候選人無黨無派。為了在國民大會削弱政黨政治，最好從制度設計的細節入手，在保障政黨自由的前提之下，採用在間接的效果上有助於削弱政黨政治的柔性做法。

什麼樣的制度可以達到這種間接效果呢？回答這個問題之前，我們不妨對與國民大會代表分縣選舉的制度有所類似的美國眾議院和英國下議院選舉制度略作分析。美國眾議院和英國下議院由小選區單一代表組成。在具體的選舉制度上，美國眾議員和英國下議員的選舉採用相對多數單一勝出制，每個選民選擇一個中意的候選人，每個選區得票最多者當選。在三個或更多候選人的情況下，當選人得票可能不及半數。這個制度，對大黨極其有利（因為大黨可以高效動用組織力量和財力資源），在效果上促成了英美兩國的兩黨制[258]（小黨和無黨派人士通常沒有機會贏得議席，變革時期異軍突起的第三黨或者迅速邊緣化，或者取代原有兩黨之一的地位，被取代者迅速邊緣化）。

如果國民大會代表選舉採用類似於英美國會下院的制度，每個選區多個候選人爭奪唯一的國大代表席位、每個選民只選擇一個中意的候選人、獲得相對多數票者勝出，那麼，下述弊端幾乎是不可避免的：1，依附於政黨的候選人因政黨資源而佔據優勢，黨性越強，越有可能獲得政黨的大力支持；2，各個候選人互相攻訐，毒化政治空氣；3，立場類

---

[258] 這是政治學領域著名的「杜瓦傑法則」（Duverger's law，又譯「迪維爾熱定律」），即單席選區相對多數制傾向於導致兩黨制。這方面的簡要介紹參看 Taagepera (2007: 27, 103)，專門研究參看論文集 Grofman, Blais, and Bowler (2009)。

似的候選人分割票倉，有時會導致少數陣營的候選人勝出。上述最後一個弊端，在來自少數派的國大代表罔顧多數派民意的情況下可以透過罷免程序來解決，但這是對社會資源的浪費。

　　如何杜絕這些弊端呢？西方國家在數百年的民主實踐中早已找到了許多經實踐證明更為優化的選舉方式。只考慮單一勝者的情況，那麼，澳大利亞眾議員選舉所實行的排序複選制（alternative voting，又稱instant-runoff voting）就是一個很好的方案。「排序複選」的意思是選民在選票上對候選人進行排序，劃出第一選擇、第二選擇……（選擇的數量可以有上限），開票時首先計算第一選擇，得票最低者被淘汰，其得票按第二選擇分派給其他候選人，然後再淘汰得票最低者，依此類推，直至產生最後的贏家。另一個可以遏制前述弊端的方案是曾實行於希臘議會選舉[259]的認可投票制（approval voting，又稱「同意投票」），即選民可以在選票上對自己認可的多個候選人都表示同意，獲得認可票數最多者勝選[260]。

　　排序複選制和認可投票制都不限制政黨自由，候選人可以尋求政黨的支持，但黨性強的人物並不佔據優勢，因為此類候選人在選民心中的地位容易兩極分化，雖然有很大機會被黨性強的選民列為第一選擇或認可，但很可能完全不被其他選民列入排序選擇或認可人選之中。立場溫和的人士，包括無黨派人士，則有可能成為更多選民的選擇之一[261]。

---

[259] 希臘議會選舉已改為政黨名單比例代表制。

[260] 值得指出的是，同意投票制推進一步而成的「計分投票」制度（range voting 或 score voting，即給每個候選人打分、總得分最多者勝選，類似於某些體育或文娛比賽的裁判打分制度）有一些優點，有人大力鼓吹，但在學界鮮有支持者而有極力反對者（例如 Tideman 2006: 238 以其易於配票操控，將其歸於「不可支持」的類型），對選民而言也有負擔較重（不再是簡單的可否而是逐一打分）的缺點。不管計分投票制是優是劣，委任代表制的國大代表選舉過程中精細打分實屬「炮彈打麻雀」，不值得如此麻煩。

[261] 巴布亞新幾內亞 1975 年獨立之前的三次議會選舉採用單席選區排序複選制，獨立後為了簡化選舉制度而改行單席選區相對多數制，2003 年再行排序複選制（加以如下限制：每張選票必須做出三個排序選擇，不能更多，少於三個者無效）。相比之下，排序複選制具有明顯的優勢，議員不但立場較為溫和，而且對基本盤之外的選民多有照顧。相對多數制則不然，議員多專心經營

　　此外，排序複選制和認可投票制可以在很大程度上避免候選人之間的攻訐，因為某個候選人如果大肆攻擊另一個候選人，就觸怒了後者的支持者，難以被他們列為次優選擇或共同列入認可人選。各個候選人為了增加得票機會，勢必致力於向選民展示自己的親和力和對民意的尊重，而不是以攻擊政敵為能事，這樣的選舉過程有助於形成良性的政治氛圍。

　　國大代表之代表性的問題，也可以迎刃而解。同一個陣營如果有多人參選，該陣營的基本盤選民通常會在自己陣營的候選人之間排序或確定認可人選，相當於在計票時集中了選票，通常可以避免不具有代表性的候選人因對立陣營票倉被分割而勝出。

　　必須承認，不存在十全十美的選舉制度，排序複選制和認可投票制各有一些弊端[262]。但是，考慮到國大代表作為委任代表受制於選民意

基本盤而無視其他選民的利益。參看 Reilly (1997), Reilly (2007)。

由此引申的一個考量是單席選區排序複選制或許較為適用於中國大陸省縣議會選舉，因為排序複選制而產生的省縣議員有較大可能促成較為公平的資源分配，參看 Barkan (1995)。立法院則不然，因議席數量不宜太多而全國人口過多，最好實行以各省為主要選區的比例代表制（各省選出的立法委員只需力求國家資源在各省的分配大致公平，省之下自治層級的資源分配則可託付給省縣議會），參看 Reynolds (1995b) 及本書第五章第二節。

順便指出，雖然大陸法系國家通常強調自由委任並要求議員代表全國而不是選區（Van der Hulst 2000: 8），但指望議員完全不考慮選區利益顯然不切實際。在這個問題上，韓國憲法第 46 條第 2 項「國會議員優先考慮國家利益，憑良心行使職權」是較為妥當的規定，在優先考慮國家利益的前提下不排除選區利益的考慮。

[262] 單席選區排序複選制在理論上常見的批評是「投票悖論」（孔多塞悖論）和「阿羅悖論」（阿羅不可能定理），選舉實務上也可能在某些情況下發生弊端，例如中間派候選人被大多數選民排名靠後而過早遭到淘汰；認可投票制亦有其弊端，例如美國 1800 年大選所例證的「伯爾困境」（Burr Dilemma）。Poundstone (2008) 對這兩個選舉制度的弊端有詳細論述，在此不詳述。

順便說一下，Poundstone (2008) 較為推崇計分投票制，但此制爭議極大——平心而論，計分投票制用於國大代表選舉這樣無關痛癢的政治競逐倒還不是不可行，只是失之於「殺雞用牛刀」，但如果涉及權力較大的職位，因其顛覆了「多數決」，筆者不看好這一選制在政治實務中得到採用的前景。如果一國人民的民主素養已經達到了可以放棄多數決而接納「高分決」的程度，這個國家

旨、個人自主職能極其有限，筆者認為：**國大代表選舉的過程遠遠重於結果**。在中國大陸民主轉型初期，積極、正面的選舉過程對於塑造國民的民主素養大有裨益。一個選舉制度如果有助於避免「負面選戰」，那麼即使在投票結果上有時會使最佳候選人落選，只要不導致缺乏代表性者勝選，並且易於理解、不難操作，就可以視為適用。

　　綜上所述，排序複選制和認可投票制都是國大代表選舉的可行方式[263]。選舉制度細節可以透過憲法之外的普通法律來規定，但屬於憲政制度的核心內容，我們有必要未雨綢繆，在中國大陸重歸憲政民主道路之前作出這方面的準備。

二　代表名額的分配

　　民國憲法第 26 條詳細列舉了不同類型的國民大會代表：

　　1，第一款規定「每縣市及其同等區域各選出代表一人，但其人口逾五十萬人者，每增加五十萬人，增選代表一人」，那麼，代表人數多於一人的縣市是否應當採用多席選區（即一個選區選出多個代表）呢？筆者認為，雖然此條文隱含了多席選區之意，但並未明確說明，所以可以在普通法律規定的制度細節中將代表人數多於一人的縣市拆分為數個單一代表選區。這樣做的原因在於國大代表問責機制：如果多席選區的少數派集中選票而使他們中意的一名候選人當選，然後這名國大代表在國大會議中的投票違背了選區多數人的意願，那麼選區多數派即可啟動

用什麼選舉制度也許就無足輕重了，未必有動力改革選制；反之，如果一個國家的政治存在著泰國紅衫軍、黃衫軍那樣的尖銳對立，該國人民（尤其是佔人口多數的一派）真的能夠同意放棄「多數決」選制嗎？

[263] 一組有趣的數據是，一群研究投票制的學者在 2010 年召開於法國的一個學術研討會上投票選擇其所認為最好的單一勝者選舉的投票制度（可多選，也就是說這些學者採用「認可投票制」），其結果是認可投票制排名第一（68%），其次是排序複選制（45%），計分投票制則排名靠後（9%）。當然，這僅僅是 22 位與會學者的意見。詳情請看 Laslier (2012)。

筆者閱覽大量的文獻資料、多方對比之後為單席選區的選舉推介兩個投票制度，然後注意到上述數據，兩個中意的制度恰恰排名前列，欣喜之餘覺得這不是巧合——朋友們如果懷著開放而務實的心態探索選舉制度的奧妙，或許所見略同。

罷免程序，形成無謂的政爭。這個問題，在單席選區即不存在。所以，單席選區制最適合於實行委任代表制的國民大會。至於如何劃分選區，以一縣二選區為例，考慮到縣政府駐地通常具有較高的城鎮化程度、在民意方面很可能與農業鄉鎮多有不一致之處，較為合適的劃分選區辦法是縣政府駐地及鄰近鄉鎮劃為一個選區，其餘鄉鎮則形成一個環形或半環形選區。

民國憲法制定之時尚不存在「地級市」和「縣級市」之說，「市」只分為直轄市和省轄市兩類。依照這種區劃方式，中共行政建制之下地級市的各個市轄區將合在一起視為一個「市」。在市轄區人口高於五十萬的情況下，合併計算將可分得更多國大代表名額——舉例而言，一個地級市分為兩個市轄區，人口各八十萬人和九十萬人，如果兩個市轄區合在一起，共一百七十萬人口，可分得三個國大代表名額；如果市轄區被視為縣，那麼各自只能得到一個名額。但是，如果市轄區人口少於五十萬，那麼將其視同縣份更為有利。考慮到市轄區住民對其所在區通常不具有強烈的鄉土認同，筆者認為市轄區的選區劃分宜以國大代表名額最大化為原則，但在住民有特殊要求的情況下（例如市轄區由縣改區為時不久、鄉土認同較強）可以靈活從事。

人口多於五十萬的市轄縣和縣級市將面臨兩難局面，其中八、九十萬人口者很可能感到名額分配不公，但百分之百的公平實難做到。為靈活起見，似應允許此類縣市在住民同意的前提下改為地級市的市轄區，以削弱鄉土認同為代價換取更多的國大代表名額。

為了增加名額而拆分縣、區的做法是不應允許的。中國大陸民主轉型時期，行政區劃之邊界不宜變更，以免在劃界問題上發生衝突、妨礙民主制度的鞏固。

2，第二款規定「蒙古選出代表，每盟四人，每特別旗一人」，能否適用單席選區排序複選制或認可投票制呢？這裡，需要注意 1946 年制憲之時一些蒙漢雜居區域（例如綏遠省）實行的「蒙漢分治、旗縣並存」建制，同一地域可以存在旗、縣兩個政府，分管蒙、漢居民[264]。所

---

[264] 慶格勒圖（1996）。

以，此款所規定的國大代表名額實乃專門留給蒙古族的名額[265]。考慮到目前內蒙古人口之大多數為漢人這一現狀，有必要在國大代表選舉制度上採用雙重選區制：蒙古族人口為少數的內蒙古各縣市、旗除按民國憲法第 26 條第一款之規定而設置不分民族的選區之外，還應按上述第二款之規定，專門設置若干蒙古族選區，蒙古族選民可在普通選區和蒙古族選區二者之中擇一。

在一人一票的雙重選區制之下允許非漢民族選民選擇其選區歸屬，就會出現如下情況：一些非漢民族選民對本族選區代表人選不很重視，認為只要代表本族就可以了，同時希望普通選區選出一個善於傾聽非漢民族聲音的代表，那麼他們很可能願意成為普通選區的選民，甚至一個非漢民族家庭裡一些人選擇普通選區、另一些人選擇民族選區。這就有利於民族溝通，避免極化[266]。

3，第三款規定「西藏選出代表，其名額以法律定之」[267]。現今西藏自治區的轄區大於 1946 年制憲時噶廈政府轄區，已分為七十餘個縣級行政區，而且藏族在各縣區佔人口之絕大多數，所以依照第一款的方式分配國民大會代表名額對藏人有利。各省藏族聚居區的藏族代表名額見下文的探討。

4，第四款規定「其他各民族在邊疆地區選出代表，其名額以法律定之」。此處「其他各民族在邊疆地區」實則隱含了「社會經濟方面處於弱勢地位的原住民族」之意，不宜局限於字面，應作廣義解讀[268]。還

---

[265] 1947 年國民大會代表選舉罷免法依照民國憲法的規定而設置的「蒙古各盟、旗」國大代表名額共 57 人。當時外蒙古的獨立已獲國民政府承認，這些名額屬於內蒙。

[266] 反之，比利時採用了僵化的民族選票制度，沒有設置超越民族界限的選區，也不允許選民自主選擇其選區歸屬，因而加劇了民族割裂，國家分裂似乎在所難免。本書第五章討論立法院的邊疆民族議席保障之時完全迴避了民族選票制度，亦有避免重蹈比利時之覆轍的考慮。

[267] 1947 年國民大會代表選舉罷免法設置西藏代表 40 人，包括噶廈政府轄區 14 人，康、青、甘、川、雲五省藏民 15 人，內地藏民 11 人。

[268] 國民政府於 1947 年制定的國民大會代表選舉罷免法施行條例第 52 條規定「邊疆地區之各民族，係指四川、西康、雲南、貴州、廣西、湖南六省之西南

需要特別指出的是，1946 年制憲之時回民並沒有被視為一個民族，其國大代表名額保障來自民國憲法第 135 條：「**內地生活習慣特殊之國民代表名額及選舉，其辦法以法律定之。**」在第 26 條第四款的廣義解讀和第 135 條的雙重參照下，聚居地遠離邊疆的原住少數民族（如土家族）和生活習慣特殊的回民都有憲法保障的專設國大代表名額。

　　在操作上，筆者認為，中國大陸之「民族自治地方」[269] 不管距離邊疆遠近、不管自治民族是不是弱勢原住民族，宜參照第二款的蒙古族代表名額制度，以雙重選區的方式，在自治民族佔人口少數的「民族自治地方」為自治民族提供國大代表名額保障。自治民族佔少數的自治縣應獲得一個自治民族專設名額。自治州內可為自治民族確保至少四個國大代表名額（自治民族人口過少的，如新疆巴音郭楞蒙古族自治州，應當酌情調低），如果自治民族佔人口大多數的縣份少於四個，應在其他縣份設置雙重選區以補足四個名額。新疆、寧夏、廣西三個自治區則可考慮以地區和地級市為單位分別評估是否達致「民族區域自治」標準再行估算（例如，漢族人口比例接近 100%的廣西北海市、玉林市顯然不需設置非漢民族代表名額）。

　　上述非漢民族國大代表名額保障方式，在人口較多的非漢民族中對滿族較為不利（滿族僅有十餘個自治縣）。但是，考慮到滿族目前的整體教育程度遠高於漢族、在社會經濟方面明顯處於優勢地位，其在平等考選所產生的國家公職人員中所佔比例必將遠大於人口比例。廣義的「代表性」概念包含了民意代表之外的公職名額[270]，滿族在後者中的優

邊疆民族」，屬於廣義解讀。第一屆行憲國民大會代表之中，除了依據上述規定而選出的西南原住民族代表 17 人之外，還包括來自全國各地的滿族代表 17 人，並不是基於憲法和行憲法規的名額保障（制憲國民大會上有滿族代表提出名額保障的要求，但因滿族業已漢化，未獲通過），而是出自滿族文化協進會主席溥儒於 1947 年 10 月致函國民政府提出的滿族國大代表名單（呂柏良 2009），屬於法規之外的特殊照顧。新疆沒有專門設置民族代表名額，但因維族當時佔新疆人口較大比重，新疆分縣選出的六十餘位國大代表多半為維族。

[269] 在大陸的行政區劃建制中，「民族自治地方」最低為自治縣，不包括自治鄉鎮、自治村。

[270] 參看 Norman (2006: 113)。少數、弱勢與非主流群體在文官體制中佔據的人

勢對其專設國大代表名額偏少的問題構成了補償[271]。

5，第五款規定「**僑居國外之國民選出代表，其名額以法律定之**」。世界上有十餘個國家的國會為在外僑民專門設置代表席位[272]，例如法國參議院 348 個席位（皆為間接選舉產生，任期 9 年）中有 12 個僑民席位，意大利眾、參兩院都有僑民席位。雖然僑民席位在全球並非主流，但在法國、意大利的參照下，國民大會宜保留僑選席位，選區的設置可考慮以華僑人口為基礎，在一個大洲或大國之內每五十萬華僑選出代表一人[273]。

6，第六款規定「**職業團體選出代表，其名額以法律定之**」。此類別不合當今世界潮流[274]，宜先以法律暫行凍結（名額為零），待到國民大會召開，可考慮修憲剔除之，或繼續由法律凍結。

7，第七款規定「**婦女團體選出代表，其名額以法律定之**」。從英美的經驗來看，單席選區制度對婦女候選人不利，但是，國民大會代表作為傳達民意的委任代表，其性別比例意義不大。在立法院保障婦女名額的情況下（參看本書第五章），大部分女性選民也許不會糾結於國民大會代表的性別比例，所以這一類別似應和職業團體類別同樣處置。

員組成，亦稱「代表性官僚」（孫煒 2010）。

[271] 在滿漢兩族已經基本上完全同化的情況下，值得警惕的是「微小差異的自戀」（Narcissism of Minor Difference，語出弗洛伊德）這一心理現象在社會政治領域的投射所可能造成的危險後果：西方有學者（如 Ignatieff 1998、Figlio 2012）指出，相似的族群之間反而可能出於微小的差異而爆發極其激烈的衝突。鑑於此，有識之士不應在不必要的場合（例如滿族散居地區）刻意強化滿漢之分，否則「滿遺」與「皇漢」的網絡語言暴力演變為真實暴力就鑄成大錯了。

[272] International IDEA (2007: 28)。

[273] 1947 年國民大會代表選舉罷免法設置的僑選國大代表名額共 57 人。

[274] 憲法學家荊知仁（1991：136-142）指出，職業團體代表制是十九世紀末至二十世紀上半葉較有市場的一種主張，在少數國家有過不同程度的嘗試，但弊病甚多。政治學者陳春生（2014：199）亦持否定意見，並且指出職業團體會員名冊問題在 1960、1970 年代臺灣補選中央公職人員時多次造成糾紛。

第四章　總統

　　孫中山先生所設計的五權憲法架構中，總統主政，在職能上是政府權的代表，在制度上屬於極其接近於總統制的雙首長制[275]（因行政院長對總統負責而不是對立法院負責，稱之為總統制亦不為過[276]）。民國憲法則不然，總統對五院除了缺乏強制力的協調職能外僅有極其有限的實權，統而不治，在效果上成為國民大會的常設機關，因而成為人民權的代表。所以，民國憲法在制度上屬於改進型的議會制，或者說是極其接近於議會制的雙首長制。

　　下文將從歷史和現實的角度對總統地位和職能進行分析，並連帶著討論副總統所能行使的日常職能。

第一節　中國人的總統情節與帝王迷思

　　雖然筆者從未以科學方法就國人對總統制的看法做過調查、統計，但筆者認識的有志於憲政民主事業的國人在認真分析總統制與議會制的利弊之前大都認同總統制（筆者本人亦不例外），而且這一認同往往是出於直覺。筆者和一些朋友探討了這個現象，認為總統制的傾向主要來自兩方面的影響：其一，實行總統制的美國，是中國人熟知的憲政民主範例；其二，中國歷史上長期實行君主制，帝王掌握大權。

　　這兩方面的影響具有潛移默化的效果，固然促使國人傾向於總統制，但如果認真分析美國制度與中國歷史，不難得出相反的結論。

---

[275] 「雙首長制」在學界並不是一個明確的概念，例如吳庚、陳淳文（2013：321）認為議會內閣制（包括君主立憲）就屬於雙首長制的一類。

[276] 「五五憲草」規定「行政院設院長副院長各一人，政務委員若干人，由總統任免之」，「……各對總統負其責任」。

一　美國憲法的神話與總統制的危險

美國憲政制度雖然為人們所熟知,但絕非世界領先的典範。英國《經濟學人》雜誌自 2006 年以來多次評估全球各個國家的「民主指數」,美國從未名列前茅,例如 2012 年美國的排名是第 21 位(排名前 17 位的都實行議會制,包括 9 個立憲君主國和 8 個議會制共和國)。美國近年來總統與眾議院之間的惡性政爭導致的聯邦政府關門等惡果(在先進民主國家絕無僅有),即顯示了總統制的弊端:行政權與立法權的嚴格分立,在二者被不同黨派控制的情況下容易導致嚴重的政爭,不但政府效率極其低下,而且對社會產生了割裂的作用,左右兩派嚴重對立[277]。中國大陸未來民主制度尚未鞏固之時,如果實行美式總統制而出現類似的局面,是否會危及民主制度的生存?

在民主理論方面有豐碩建樹的美國政治學家達爾(Robert A. Dahl)在《美國憲法有多民主?》(*How Democratic Is the American Constitution?*,又譯《美國憲法的民主批判》)一書中指出,1787 年美國制憲者選擇總統制並不是在某種政治理論指引下深思熟慮的結果(對美國制憲者有巨大影響的法國思想家孟德斯鳩並未提出總統制構想),而是在制憲會議討論數月而難以形成共識、與會者不願拖延的情況下,回到制憲會議已經否定過的幾個選擇中,匆匆挑選的一個爭議較小的選擇[278]。當時世界上並沒有議會制共和國的先例可循,英國的議會民主制亦尚未定型(英王仍有一定行政權力),美國的總統制實乃受英國王政影響而設計的任期制「民選君主」制度。達爾認為,美國的特殊國情民情使得美國不管選擇怎樣的憲政制度都可以獲得成功[279];換言之,美國憲政的成功並不能證明美國憲政制度的優越性。美國立國之前即已具有深厚的地方自治傳統、地方民主經驗和人民中普遍的自由理念;這些優

---

[277] 順便說一下,一些學者認為總統制在民主轉型期間可能有助於大刀闊斧進行政治改革,殊不知這一善意的期待只有在總統的政黨掌控議會多數的情況下方才能夠實現。參看註 69。

[278] Dahl (2004: 66-67)。

[279] Dahl (2006: 143)。

勢，中國都不具備，指望透過效法美式制度而複製美國的成功，實屬一
廂情願。

　　自美國行憲至今二百餘年，上百個共和國出現在世界各地，其中效
法美國選擇總統制而順利形成穩定的民主政體者寥寥無幾（若不考慮小
國寡民的太平洋島國，這一數字是零）。如果只看失敗的憲政嘗試，自
然兼有總統制與議會制兩種形態，但如果放眼於成功的憲政國家，議會
制則佔據了壓倒多數的地位。這個現象，早已為政治學界所注意。王天
成先生在《大轉型》一書中指出：

　　「轉型政治學佔主流的觀點認為，議會制要比總統制有助於民主的
鞏固和持久。行政部門與立法部門互不依賴的政府架構是總統制，在這
種架構之下，總統和議會都由人民直接選舉產生，總統既是國家元首又
是行政首腦。由於總統不是議會選舉的，他所在的政黨經常不是議會中
的多數黨，立法部門與行政部門之間便經常不一致。當衝突、僵局出現
的時候，由於總統與議會相互獨立、各有固定的任期，衝突、僵局沒有
憲法渠道可以化解。如果總統尋求非法手段打破僵局，將導致憲法、政
體危機，民主便處於危險之中了；如果拋開議會進行統治，也會損害民
主政體。總統與議會之間經常性的衝突與僵局，以及由此導致的信任危
機、效能低下等問題，也會為軍人政變提供誘因、機會。

　　「與總統制不同，在議會制架構中，只有議會是民選的，行政首腦
即總理由多數黨領袖出任，議會中的多數黨或聯合多數組織內閣。因
此，行政部門與立法部門衝突的機率大大降低。並且，當兩者發生不一
致的時候，根據議會制的原則，議會可以投不信任票倒閣，總理也可以
解散議會提前舉行大選。所以，在議會制架構下，行政部門與立法部門
發生衝突時，出現的危機是政府危機而不是政體危機，存在憲法管道化
解，通過倒閣或重新舉行大選，行政部門與立法部門可以重新達成多數
的一致。過去的經驗表明，總統制民主崩潰的機率要高於議會制民主。
當然總統制不是必然會失敗，議會制也不是一定會成功。但在政治、經
濟條件相差不大的情況下，議會制要比總統制有更強的生命力。」[280]

[280] 王天成（2012：31-32）。

　　肯尼亞、科特迪瓦等國因總統選舉糾紛而造成流血衝突，以及蘇聯解體後形成的許多總統制國家和近乎總統制的半總統制國家（如俄國）走向威權政治甚至重返專制的事實，都為總統制的危險性提供了例證。本書導論對此問題作出了詳細討論，在此不贅述。

二　中國君主制的常態和雙首長制的傳統

　　大權獨攬、為所欲為，是「帝王」二字在許多中國人心目中的直觀形象。滿清乾隆皇帝宣稱「乾綱獨斷，乃本朝家法」，似乎印證了國人對君主制的印象。滿清是中國末代王朝，對國人心理的影響自然超過前朝歷代，近年來國內盛行的辮子戲及其所反映的奴性文化就是證明。但是，滿清作為文化落後的少數民族以軍事征服的手段建立的王朝，從初期具有部落色彩的議政王大臣會議到中後期凸顯軍國色彩的軍機處，清庭的核心輔政機構根本不能與歷史上的宰相和內閣相提並論，滿清之君主專制實乃歷史的例外。

　　回顧滿清之前歷代，不難注意到，中國歷史的常態實乃君權與相權的並立。通稱「宰相」的最高行政大臣（正式官職多稱「丞相」），自君主制於秦代定型，直至明初，一千五百餘年不曾中斷。近世立憲君主國和議會制共和國所實行的首相/總理副署制度（副署者負實際責任，國家元首保持超然地位[281]），在中國古代的宰相制度中早已出現雛形。

---

[281] 參看《中華百科全書》「副署」詞條（詹文雄 1983）：「英國為內閣制度的創始者，其負責制度亦較為健全。一、負責的意義及負責者的範圍：英國內閣負責的方法，重在副署制度（Counter-signature）。所謂副署，是副署者自己表示同意之行為，因而副署並非代替他人之行為，亦非代替他人而負責，乃自己同意之行為，即對於自己的行為而負其責任。因之，凡有副署行為者，必須負責。依英國憲法，國王君臨而不統治，一切行為，至少須有國務員一人副署，力能生效，則每一國務員，關於主管事項，均須副署。據此，在英國內閣制下，所謂內閣負責，並不以閣員為限，凡未入閣的一般國務員，均包括在內。二、負責的對象與管轄：國務員在名義上對國會負責，其所負責任，可分為兩種：一為法律責任，即違犯法律時應負的責任，國會對之可行使彈劾權；另一為政治責任，即違反民意時應負的責任，國會對之可行使不信任權；不過在事實上，法律責任為法律問題，屬法院管轄，政治責任為政策問題，受民意支配。三、負責的方式與結果：凡國務員涉及主管事項，無論是自己行為或部

著名的例證，是宋太祖同時罷免了以范質為首的全部三位宰相之後，任命趙普為相的詔書找不到宰相副署而無法生效，最後由宰相級別的開封府尹趙光義副署，才結束了這個法理上的尷尬局面[282]。相權對君權的制約，是中國君主制政治制度的慣例；就副署制度而言，稱之為君相雙首長制亦不為過[283]。

　　明太祖朱元璋於洪武十三年胡惟庸案之後廢除了宰相制度，集君權相權於一身。不過兩年，明太祖即不堪重負，設置大學士以輔政。大學士的地位，從洪武年間的秘書顧問，經永樂年間設置內閣，至宣德年間首席內閣大學士（通稱「首輔」）楊士奇因明宣宗的信任而獲得大權，宰相制度得以變相恢復。更值得指出的是，有明一代，不管相權的大小或有無，文官集團對君權的制約始終存在，君權的有無反而不具有決定性的意義——明神宗怠政三十餘年，國家政治在內閣為首的文官集團主持之下得以正常運轉。

　　滿清以野蠻的征服和殘酷的文字獄打斷了中國人的脊梁，各族文武官員競相以當奴才為榮，甚至鬧出了清帝在大臣自稱奴才的奏摺上批示「稱臣得體」的笑話[284]。雖然史學界有「清承明制」的說法，但這種傳承在於制度的表觀形式而不在於內涵。如果不考慮清室退位之前的數月，明代內閣和文官集團對君權的制約從未在清代重現。

　　出於直覺而心儀於總統制的國人，請捫心自問，滿清君主專制和奴性文化的遺毒是否潛伏在我們的內心（或許被近年來大量的「辮子戲」植入我們的內心）？中共歷來歪曲歷史以愚弄人民，把中國君主制社會一概打為「封建專制」，滿清之前中國歷代君權受到相權及文官集團制約的史實不為國人所熟知。如果釐清了歷史真相，並且認識到美式總統

屬行為，單獨負行為責任，是為單獨負責（Several Liability）；凡屬內閣的責任，須負連帶責任，是為連帶責任（Joint Liability）。」

[282] 錢穆（2001: 43）。

[283] 臺灣學者、第四屆監察委員葛永光（2004：439）指出，孫中山之權能區分理論以阿斗與諸葛亮為例證，蘊含了雙首長制之意。

[284] 高風（2013）。此文指出「奴才」之稱為滿人所專用，漢人只能稱「臣」，稱「奴才」反而僭越。感興趣的讀者不妨在網上搜索關鍵字「稱臣得體」，即可找到雍正硃批奏摺的照片。

制的弊端，那麼，我們是否應當反思對總統制的直覺偏好，進而選擇更加符合傳統文化精華與西方大多數民主國家先進經驗的制度？

　　總統完全虛位、議會隨時可以倒閣的典型議會制，一方面未必合乎中國國情，另一方面有走極端的意味，不合執兩用中之古訓。民國憲法的改進型議會制，因總統具有少量實權和一定的柔性權力而屬於非常傾向於議會制的雙首長制，為我們提供了最佳的答案。

第二節　總統權與人民權

一　總統權力辨析

（一）些微的實權，兼述「建設性倒閣」

　　民國憲法明文賦予總統的各項權力之中，筆者認為全然的實權僅有一項：覆議核可權。根據民國憲法第 57 條的規定[285]，行政院長若想把立法院決議或法案打回去覆議（效果上相當於否決），需經總統核可。與美國憲法相比較，美國總統的否決權在民國憲法中分派給總統與行政院長，二者必須意見一致方可否決立法院決議。臺灣有學者認為總統的覆議核可權應當理解為虛權[286]，但比照 1946 年 4 月完稿的政協憲草和 1946 年 12 月制憲國民大會最終通過的中華民國憲法，不難發現，總統的覆議核可權並不見於政協憲草，而是後來加入並獲得制憲國民大會認可的[287]，顯然具有對行政院的覆議權加以一定程度的制約之意味，所以

---

[285] 值得注意的是，第 57 條列於「行政院」章而不是「總統」章，後者所列十餘條總統權在本書的分析框架下皆非實權。

[286] 例如胡佛（1998：257-258），吳庚、陳淳文（2013：395-396）。

[287] 總統的覆議核可權乃時任國民政府外交部長的法學家王世傑所主張，在政協憲草審議過程中由於中共的反對而未能獲得共識。但是，根據雷震（2010b：88-90）的記述，1946 年 11 月初雷震、王寵惠受國民政府委託整理潤色政協憲草，在整理過程中針對覆議制度專門徵詢了王世傑的意見。雷震並未詳談覆議制度條文是如何推敲、整理的，但最後的整理稿添加了總統的核可權，王世傑很可能對此起到了關鍵的作用。這一個「夾帶過關」的制度細節，確保了民國憲法的自洽（見「建設性倒閣」制度之討論），可謂幸事。

不是虛權。[288]

　　在這項明文規定的實權之外，總統是否還有其他的隱性實權呢？筆者比照德國制度，認為民國憲法隱含了總統的「建設性倒閣發動權」。所謂「建設性倒閣」是來自德國的概念，德國基本法規定聯邦議會必須首先選出新任總理才可以對現任內閣提出不信任案，從而避免了一些議會制國家以及威瑪德國頻繁倒閣、頻繁解散議會的不穩局面。民國憲法原文並未將倒閣權賦予立法院，用意固然是加強行政院的相對穩定，但在立法院與行政院之間存在政爭的情況下，如果總統不支持行政院長，而且立法院形成了新的多數集團，那麼總統即可依據立法院的最新多數共識，提名新的行政院長人選，新任行政院長一經立法院同意，即應取代原行政院長，重新建立責任內閣。也就是說，立法院與總統協力，以穩定政局、促成立法行政兩院協同運作的「一致政府」為目的，可以進行事實上的「建設性倒閣」。1994 年的中華民國憲法在臺第三次增修條文規定「行政院院長之免職命令，須新提名之行政院院長經立法院同意後生效」，在字面上是發自總統的「建設性免職」，和民國憲法原文即已隱含的「建設性倒閣」實則為一枚硬幣的兩面[289]。這一方案因需要總統提名而與德國制度略有不同（後者允許德國聯邦議會自行選舉總理

順便介紹一下，上述整理稿又由孫科召集多人再行審議之後提交國民政府立法院，立法院只做了微小改動，於 11 月 22 日通過；國民政府於 11 月 28 日將立法院通過的憲草版本提交制憲國民大會審議。

[288] 法學家湯德宗（1993：34-35）從憲政制度運作和權力來源的角度出發，認為總統的覆議核可權只有解釋為實權方可在責任政治和政府安定兩方面獲得合理的折中，而且行政院長的權力並不是直接來自選民而是來自立法院的同意與總統的提名，如果總統核可為虛權，行政院覆議太容易，將導致「安定有餘，負責不足」。

在臺灣的憲政實踐中，2006 年 1 月，時任行政院長因預算案之覆議案未能得到總統核可而辭職，雖然此時臺灣已修憲而改為半總統制政體，但這一案例對於覆議核可權之性質仍然具有參照價值。

[289] 湯德宗（2005b：35）認為 1994 年修憲「引進德國所謂『建設性不信任投票』」；筆者認為這是對民國憲法原文已經暗含之「建設性倒閣」的明文確認。但是，1997 年的第四次增修條文取消了立法院對行政院長人選的同意權。

繼任人，總統必須接受議會決議），但與德國制度同樣是在絕然沒有倒閣權的制度與毫無限制的倒閣權之間的中道。

在「建設性倒閣」制度的對照下，總統之覆議核可權作為實權的性質更加明顯：在立法院對行政院的支持率降至一半以下但仍高於三分之一的情況下，如果行政院能獨自行使覆議權而成功推翻立法院決議，總統卻能提名新的行政院長人選、立法院以過半多數即可同意，就造成了憲法上的矛盾，有可能觸發惡性政爭，動搖國本。制憲國民大會給總統以覆議核可權，即避免了這一矛盾局面的出現，確保了民國憲法的自洽。

但是，上述「建設性倒閣」制度還有兩個疑點需要釐清：

其一，如果嚴格依照民國憲法第 37 條之「總統……發布命令，須經行政院院長之副署」的字面含義，那麼總統在立法院同意新任行政院長人選之後發布任命命令仍然需要原任行政院長副署，此時如果原任行政院長不願去職、拒絕副署，怎麼辦？這一矛盾，可以從副署制度之本質和憲政運作的自洽性兩方面來看待：首先，副署制度的根本用意在於責任政治，副署者承擔責任。如果原任行政院長需要副署其繼任者之任命命令，副署之後馬上離職，談何「承擔責任」呢？可見，即將離職的行政院長副署自身的免職命令和繼任者的任命命令都是極不合理的。其次，在行政院長、副院長都因故出缺的情況下[290]，行政院不再具有法定首長，新院長人選因為無人副署而永遠無法獲得任命[291]，成何體統呢？所以，從憲法解釋的角度而言，儘管民國憲法原文沒有明文規定行政院長人選經立法院同意後的任命命令不需副署（顯然是制憲過程中的疏漏，後於臺灣修憲時彌補），但司法院可以基於上述理由，以大法官釋

---

[290] 這一可能性在政治動盪時期不容忽視。例如，1981 年 8 月，伊朗總統、總理在反對派製造的爆炸襲擊中同時遇難。

[291] 讀者可能回想起本章第一節講的宋太祖任命新宰相找不到時任宰相副署的典故。當時的制度是宰相多人，任命新宰相只需時任宰相一人副署即可，蘊含了宰相群體的連續性之意；宋太祖一次性罷免了全部三位宰相，即違反了祖制，自取其辱（按：趙匡胤是宋朝之「祖」，但中國歷代王朝講求「正朔」之傳承，前朝舊制亦為「祖制」）。中華民國憲法之行政院長僅有一人，當然不能套用古時制度，新院長之任命不可取決於原任院長。

憲的方式宣布立法院所同意的新任行政院長之任命命令不需原任行政院長副署[292]。

其二，民國憲法原文並沒有規定原任行政院長在新任行政院長業已產生之後如何去職（或自動去職，或被正式免職）。1994 年在臺增修條文之「建設性免職」條文實乃良策，但是，在沒有法律或憲法增修條文對行政院長去職程序做出規定的情況下，司法院大法官亦可透過憲法解釋來正式確認新任行政院長之任命命令具有免除原任行政院長職務的法律效力，新院長就職之時原任院長自動去職，以避免原任行政院長拒絕去職、造成憲法危機。這一解釋，符合民國制憲者力求促進政局的穩定並實現責任政治的初衷，並且有德意志聯邦共和國的成功經驗作為參照，所以獲得司法院大法官的認可基本上是沒有懸念的。

上述實權，不可能經常行使（只有在立法院與行政院發生對立的情況下才會發生，或許數十年不見一次），所以民國憲法原文在制度上沒有給總統以擅權的空間。

（二）責任內閣制所虛化的人事權

總統對行政院長的提名權，在正常情況下並不能稱作實權。立法院有對行政院長人選的同意權，而且憲法第 57 條明確規定了行政院對立法院負責的原則，所以總統必須提名立法院多數黨團所認可的行政院長人選——即便在前文所述「建設性倒閣」的情況下，總統的實權僅在於透過提名而啟動「建設性倒閣」程序，被提名之人選仍然取決於立法院之多數派。但是，如果立法院沒有多數黨，也沒有形成穩定的多數集團，總統的提名權即具有更加重要的作用，趨於實化[293]。西方議會制國家有時會出現少數派內閣，其任命獲得議會通過時，投贊成票但並未加

---

[292] 考慮到中國大陸被中共統治多年導致鬥爭哲學、厚黑學盛行，民主制度尚未鞏固之時司法院大法官釋憲解決重大政治問題或許會有被當權政治人物無視之虞。因此，以修憲的方式規定行政院長任免命令不需副署（或由立法院長代表行使同意權的立法院副署之），自然更為穩妥。在憲法相關條文尚未增修的情況下，司法院釋憲仍然是可行的選擇。

[293] 總統可以穿針引線、促使某些政黨結盟以形成議會多數集團，或在無法形成多數聯盟的情況下提名一位可以為過半立委所接受的人選。

入內閣的黨派通常都有觀望心態，所以少數派內閣往往短命。民國憲法
之改進型議會制，並沒有給立法院以單方面隨意倒閣的權力，可以遏制
黨派的觀望心態、促成多數集團的形成，所以總統對行政院長提名權的
實化不會經常發生[294]。

　　至於民國憲法第 56 條「行政院副院長，各部會首長及不管部會之
政務委員，由行政院院長提請總統任命之」，「提請」二字在字面上似
乎給總統以對閣員人選的同意權[295]，但是，基於行政院對立法院負責的
原則，總統的個人好惡不應凌駕於立法院的意願之上。如果立法院多數
黨或執政集團透過內部協商而產生了一套行政院閣員名單，總統不宜拒
絕[296]，個別提名的否定只可能是少數例外而不會成為常態。此外，司法
院釋字第 387 號解釋的理由書指出「行政院副院長、各部會首長及不管
部會之政務委員，則係由行政院院長依其政治理念，提請總統任
命……」，可見閣員人選應基於行政院長及其背後的執政集團的政治理

---

[294] 如果中國大陸民主轉型時期的普遍共識是盡量限縮總統權力、不給總統以
虛權實化的機會，那麼德國基本法的相關條文值得借鑒：「如（總統提出的）
提名人選未能當選，聯邦議院可在選舉程序後 14 日內以聯邦議院議員多數票
選舉聯邦總理」；「如在上述期限內選舉未成功，應立即進行重新選舉。在重
新選舉中得票最多者即當選。當選人如獲得聯邦議院的過半數選票，聯邦總統
須在選舉後 7 日內予以任命。當選人沒有獲得過半數票時，聯邦總統在 7 日內
或對之予以任命，或解散聯邦議院。」（引自德國基本法第 63 條，中譯本見
http://www.recht-harmonisch.de/GG-chinesisch.pdf）。

[295] 張君勱先生即有此意，在《中華民國民主憲法十講》中如是說：「……總
統之用人權，甚為寬廣。因為內閣閣員不必須為議會議員。總統儘可在議會之
外選人。由此可見，我們的內閣與議會制度下的內閣，迥不相同。未來之總
統，其用人權較諸英王及法總統寬廣得多。如果總統選一非國會議員充當部
長，只須其行政院長同意，此人便可為部長了。」（張君勱 1947：71）制憲
意旨固然是憲法解釋的重要依據，但並非絕對的依據（參看本書第五章司法院
一節），筆者認為張君勱先生的上述論點應淡化處理：承認總統在行政院人事
問題上能夠起到一定作用，但由於行政院對立法院負責，總統不能成為人事任
免之主導人物。

[296] 中華民國行憲之初的一段史料可供參考：1949 年李宗仁代理總統職務期
間，行政院長何應欽辭職，李宗仁提名閻錫山繼任行政院長得到立法院同意後
希望白崇禧擔任國防部長，但閻錫山表示願意自己兼任國防部長，李宗仁尊重
了閻錫山的意見（董翔飛 2000：327）。雖然發生在戰爭期間，仍屬先例。

念，而不是總統的政治理念[297]。在此基礎上的一個推論就是，如果總統試圖否定行政院長對某個閣員人選的提名，總統與被提名人在政治理念上的分歧不能成為理由，替換人選應來自後者所屬的政黨或聯盟[298]。行政院長為了避免被提名人因行止有虧而遭總統否定，勢必慎重選擇。

　　總統對司法院、考試院正副院長和大法官、考試委員有提名權，但行政院長對上述職位之任命命令的副署權決定了總統在提名之時必須考慮行政院長是否會拒絕副署。在總統與行政院長政治立場相左的情況下，政治立場較為中立者方才可能獲得提名和任命，行使同意權的監察院所具有的一定程度的超然性可以進一步降低政治傾向對這些職位的影響[299]。

　　總統對監察院審計長的提名，需要立法院同意，表面上與總統對行政院長的提名權類似，但審計權具有極強的超然性和客觀性，而且任命命令需要行政院長副署，所以總統對審計長的提名權基本上是一項虛化

---

[297] 釋字第 387 號解釋於 1995 年發布之時施行於臺灣的憲法增修條文尚未破壞行政院對立法院負責的原則，立法院仍然有對行政院長人選的事先同意權，所以這一解釋可以視為針對民國憲法原文的解釋。

[298] 「提請」二字所隱含的總統同意權如果被濫用（例如總統由於個人成見或黨派因素而阻撓某些政見不合者入閣、破壞執政聯盟的穩定性），將造成惡性政爭。如果中國大陸民主轉型時期的普遍共識是盡量限縮總統權力，那麼德國基本法第 64 條「聯邦各部部長由聯邦總統根據聯邦總理的提名予以任免」這樣不隱含總統同意權的文式值得借鑒（但是，德國在憲政實踐中仍然發展出了總統在一定程度上的「人事審查權」，即「總統可以基於政治道德和對法律的認知，審查所要任命的官員的身分或任命前的程序是否合法」，不合法即可拒絕任命，參看吳朝旺 1997：117）。

[299] 臺灣已在憲法增修條文中取消了行政院長對司法院、考試院高層職位任免命令的副署權，有些學者贊成之，認為這些人事的選任是總統和同意機關的職責，行政院長不應介入（例如蘇子喬 2013：186），也有學者大力反對之，認為有損於責任內閣制，甚至主張提名即需副署（胡佛 1998：298-299）。筆者的立場接近於胡佛教授：司法院、考試院高層職位的任免命令如果不需副署，確實會削弱議會制政體、強化總統權力。至於提名是否應當副署，為了避免總統提名之人選獲得同意後的任命命令得不到行政院長副署這一尷尬局面，筆者認為新任行政院長人選之外的提名可採用「提名命令」的方式，從而需要副署，迫使總統在提名時即與行政院長溝通。這一方式連帶的好處是避免行使同意權之機關消極對待提名、遲遲不將同意投票列入日程而導致憲法機關空轉。

的權力。

　　至於民國憲法第 41 條「依法任免文武官員」，除上文所論證的行政院長職位屬於例外，其他職位皆需行政院長副署，毋庸贅言。

（三）虛化的法律公布權，兼論總統表達不同政見的合憲途徑

　　民國憲法第 37 條規定：「總統依法公布法律，發布命令，須經行政院院長之副署，或行政院院長及有關部會首長之副署」，第 72 條規定「立法院法律案通過後，移送總統及行政院，總統應於收到後十日內公布之，但總統得依照本憲法第五十七條之規定辦理」。一項法律案獲得立法院通過之後[300]，只要得到行政院長的支持，行政院長不提出覆議，總統即有於收到之後十日內公布法律的義務[301]（「應」公布之，而不是「得」公布之）。

　　但是，如果總統出於政見分歧而反對這一法律案，在行政院長不提出覆議的情況下拖延至收到十日之後仍然沒有公布之，即違反了憲法，形成惡性的政爭。由於民國憲法的改進型議會制並未授予總統「袋中否決」的權力[302]，總統如果做出上述違憲行為，即違背了其「遵守憲法，

---

[300] 立法院通過法律案是總統公布法律的前提，倘若法律案根本沒有在形式上獲得通過即移送總統和行政院，總統自當以程序要件未獲滿足為由拒絕公布之。但是，如果涉及的爭議在於立法程序的瑕疵（即立法院雖然滿足了多數票表決之「通過」要件，但表決之前的審議和表決之程序有違背立法院議事規則之嫌），總統能否拒絕公布呢？陳新民大法官（2015：515）指出，司法院釋字第 342 號解釋將大法官審查立法程序爭議之權限縮在「不待調查即可斷定其無效的重大程度」，不重大的瑕疵即便是大法官都不應審查，那麼總統對立法程序也不擁有形式審查權。

[301] 許育典（2013：386）。

[302] 這一名詞的字面意思是扣下不發，在美國指的是總統在國會即將屆滿之時對法案做出否決，原國會來不及推翻否決，新一屆國會開會後上一屆國會的法案即不成案，總統的否決不可再被推翻。在德國，由於基本法第 82 條規定「依本基本法規定所制定之法律，經副署後」由總統公布，隱含了「法律合乎基本法」這一要件，總統認為法律違憲而拒絕發布之事件確發生過數起（吳朝旺 1997：117，Kokott and Kaspar 2012: 804，陳新民 2015：516）。中華民國憲法第 72 條僅僅規定了「立法院通過」和「不適於第 57 條之覆議規定」兩個程序要件，並未授權總統就法律是否合憲進行判斷（亦即中華民國憲法的「守

盡忠職務」（見民國憲法第 48 條）的就職誓言，應當受到嚴厲的懲戒，否則有損於憲法的尊嚴和憲政秩序的穩定。筆者認為，可透過立法或釋憲的方式做出規定：拒絕履行憲法義務的總統，視同不能視事[303]；十日期滿而不公布法律的情況下，自是日起由副總統代行總統職權，公布該法律（十日後仍不公布者亦視同不能視事，由行政院長代行總統職權並公布該法律）。至於總統的復職途徑，考慮到總統職權被代行乃強制之舉[304]，為凸顯懲戒之效，筆者認為只有在監察院就總統違憲一事提出彈劾[305]但彈劾案未能獲得國民大會通過的情況下，總統才可以復職（彈劾案一旦通過，總統即被正式罷免，代總統成為正式總統）[306]。

　　無論如何，上述政爭一旦發生，將嚴重影響國家的憲政秩序，最好能夠防患於未然。筆者認為，總統雖然無法對法律案進行「袋中否決」，但在總統強烈反對某個法律案、不願簽名公布之的情況下，還有一個合憲的脫困途徑：總統收到該法律案後，在十日之期到達之前休假數日，休假期間副總統作為代總統公布該法律案；如果副總統持相同政見，亦可休假，由行政院長出任代總統並公布該法律案。上述做法，使總統不必違心簽發法律，假期結束後自動復行視事，從而維持憲政秩序的穩定[307]。

護者」不是總統而是司法院大法官），所以總統自不可妄做「袋中否決」。

[303] 「視事」二字隱含了義務的履行，拒絕履行憲法義務的總統自當視為不能視事。

[304] 總統職權之代行分意定與強制兩種情況（參看陳新民 2015：490-491）。1949 年 1 月蔣中正總統下野屬於自行意定之舉（並非辭職，否則李宗仁副總統將成為正式總統而不是代總統），所以可以在次年 3 月復行視事。

[305] 法治斌、董保城（2014：344）認為總統倘若延期不公布法律「即有失職之嫌，從而可能構成監察院彈劾之事由」；筆者認為「之嫌」、「可能」都太客氣，這是毋庸置疑的失職。

[306] 如果監察院遲至總統任期屆滿仍未能提出彈劾案，那麼總統即處於不能視事的狀態至屆滿為止，不得復職。這是在民國憲法條文框架內的推論，如果這一情況真的發生，那麼國民大會很可能為此召開臨時會，以議決修憲案，更快解決問題。在總統有合憲途徑表達政見的情況下，做出違憲之舉的可能性很小，所以上述修憲設想似不必未雨綢繆。

[307] 此外，民國憲法原文框架內國民大會對法律案的複決權雖然被擱置，但國

在此順便指出，民國憲法第 38、40 條規定的總統締結條約、宣戰
媾和、大赦等權力，由於第 63 條將法律案和大赦案、宣戰案、媾和
案、條約案並列規定立法院有議決之權，可見總統並沒有這些事務的決
定權，只是在形式上代表國家簽署而已，應視同法律案[308]，適用憲法第
72 條並須行政院長副署。

（四）虛化的緊急狀態權和命令發布權

民國憲法第 39 條、第 43 條規定總統宣布戒嚴和發布緊急命令，但

民大會有修憲權，如果總統所反對的法律確實非常不得人心，那麼國民大會在
2/5 以上的代表聯名要求的情況下可召開臨時會，以修憲的方式推翻該法律。
因此，總統更無必要做出違憲之舉。

[308] 政治學家薩孟武（2007：341）指出：「……預算之類，它係政府（本書作
者按：此處為狹義，指行政部門）與議會雙方同意的財務行政，苟因實質不是
法律，而不視為法律，則政府可藉詞於其非法律，而用命令變更之。是故今日
民主國所謂法律均指形式的意義，凡由議會制定的，不問其內容如何，都稱之
為法律。例如上述之預算以及大赦、宣戰，公債的募集、領土的交換，這些一
切實質上隨時行政行為，形式上均以法律的形式為之。……吾國憲法既將法律
與預算、戒嚴、大赦、宣戰、媾和、條約等分開（第五八條第二項及第六三
條），同時又只謂『命令與憲法或法律抵觸者無效』（第一七二條），這種規
定可令法學者發生許多不必要的問題。」筆者贊同薩孟武教授對民國憲法的這
一批評意見。
民國憲法原文的這一漏洞已由 1995 年的釋字第 391 號大法官解釋予以一定程
度的彌補，該解釋的理由書指出「預算案亦有其特殊性而與法律案不同……兩
者規定之內容、拘束之對象及持續性完全不同，故預算案實質上為行政行為之
一種，但基於民主憲政之原理，預算案又必須由立法機關審議通過而具有法律
之形式，故有稱之為措施性法律（Massnahmegesetz）者，以有別於通常意義
之法律。」上述引文的要點在於「基於民主憲政之原理，預算案又必須由立法
機關審議通過而具有法律之形式」（此說後在釋字第 520 號解釋中再度得到確
認），至於「措施性法律」之說，有一定爭議（陳新民 2015：616）。
僅就預算案之位階而言，預算案雖然並非實質性的法律，但是在形式上應當比
照法律，享有法律的尊嚴。民國憲法第 63 條所列其他各種類別之案，雖然審
議程序依據立法院議事規則和法律案有所不同（僅需二讀而不是法律案、預算
案之三讀），但同樣「必須由立法機關審議通過而具有法律之形式」，亦當如
薩孟武教授所主張，成為形式意義上的法律，雖非實質性的法律，仍應具有高
於命令的位階，在公布方式上也應視同法律案。

這兩項權力一方面需要行政院長的副署，另一方面需要立法院的通過或追認，緊急命令的發布還需要依據立法院制定的緊急命令法[309]，所以並非實權。如果有人對此有所懷疑，那麼不妨對照動員戡亂時期臨時條款，後者把緊急處分權完全授予總統和行政院會議，凍結了立法院對緊急措施的同意權，立法院如有不同意見，無法以簡單多數票解除戒嚴或使緊急命令失效，只能依據民國憲法第 57 條以三分之二多數票標準迫使總統和行政院變更或廢止緊急措施（如此高的門檻，在效果上使總統和行政院獲得了不受立法院監督的發布政令的權力，立法院被邊緣化）。相比之下，民國憲法原文明顯反映了議會制的精神。

如何看待民國憲法第 36、40、42 條所列舉的總統統帥軍隊，特赦、減刑和復權，以及授予榮典等權力呢？這些權力的行使，需要透過發布命令（包括褒揚令、勛章證書[310]）的方式，也就需要行政院長的副署[311]。

反過來，如果總統對行政院長所提請發布的命令有不同意見，是否可以拒絕發布呢？筆者認為，凡是不需立法院議決者（如針對特定個人的赦免令、減刑令），總統似應保留拒絕發布之權（在效果上相當於同意權），以遏制行政院濫權的可能性。此權當與總統對行政院長所提閣員人選的同意權類似，基本上屬於虛權，懸而不發，行政院勢必不敢輕舉妄動，以免得不到總統簽發而自取其辱。需要說明的是，行政院依法制定的政令可由行政院有關部門發布而不需總統發布，上述拒絕發布命令之權乃針對憲法授權總統發布的數種命令，總統無法藉此擅權亂政。

軍令是一個特殊的情況。中華民國行憲伊始即透過動員戡亂時期臨時條款授予總統緊急權，總統透過緊急權而獲得了實質上的國防統帥

[309] 由於動員戡亂條例和臺灣的憲法增修條文，緊急命令法至今尚未制定。另一方面，1948 年第一屆國民大會通過動員戡亂條例的原因之一就是立法院尚未來得及制定緊急命令法（薛化元 1997：84-85，99）。
[310] 法學家阮毅成（1948 [1980：55]）認為榮典屬禮儀性質，應當不需副署，這一論點很有道理，但筆者在網上查到的中華民國行憲後總統頒發的褒揚令和勛章證書之照片都顯示有行政院長之副署，似已成慣例。
[311] 參看薩孟武（2007：203-205）。

權；臨時條款廢止之後取而代之的憲法增修條文則規定「**總統為決定國家安全有關大政方針，得設國家安全會議及所屬國家安全局**」，把戡亂時期設置的總統直屬之國家安全機關固化沿用至今。因此，臺灣的國防法制經驗一向脫離民國憲法原文，無法直接為中國大陸所參照。筆者認為，從民國憲法原文出發，軍令如果由總統發布則面臨副署問題[312]，有可能在危急的關頭發生僵局並妨礙總統的超然性。所以，軍令宜由主管部門即國防部發布[313]，不需經由總統之手；民國憲法第 36 條之「**總統統率全國陸海空軍**」宜作最狹義解讀，僅體現於國防部長和參謀總長人選由總統同意（需行政院長提名）、任免命令由總統發布（需行政院長副署）。

（五）其他虛權

民國憲法第 44 條規定的總統在五院之間發生爭執時的調解權（「**總統對於院與院間之爭執，除本憲法有規定者外，得召集有關各院院長會商解決之**」），則是一項柔性權力，因為總統召集有關院長商議時並不具有專斷力和仲裁權（總統對行政院長向立法院提交覆議案的核可權，屬於「除本憲法有規定者」的例外）。總統調解五院爭端這一柔性權力，對總統的定位有很重要的作用。孫中山原本設想總統主持行政，相當於把總統放置在權能區分體系中政府權一方，但民國憲法不但不由總統主政，而且總統對五院的協調職能也是處於超然的斡旋地位而不是硬性的決斷地位，所以總統的定位並不在於政府權。

---

[312] 臺灣有學者（如李惠宗 2015：535）認為總統之統帥權在憲法中列於副署條款之前，因此不受副署條款之約束，總統發布軍令不需副署。此說並非通說，排列靠前的條文當然可以受到靠後條文之限制（陳新民 2015：498-499）。此外，法學家阮毅成（1948 [1980：54-55]）認為總統頒布軍令不需行政院長副署的理由之一是民國憲法第五章「行政」並未賦予行政院指揮軍隊的權力，但閱讀憲法第五章即不難發現，這一章只是大體規定了行政院運作程序的原則，具體管轄事項一條都沒有列出，所以上述理由並不成立。

[313] 德國基本法第 65 條規定「國防部長對武裝部隊有命令指揮之權」，第 115 條規定「防衛情況一經宣布，武裝部隊之命令指揮權移歸聯邦總理」，可供借鑒。

　　總統召集各院院長會商，是否應當採用發出召集令並由行政院長副署的形式呢？據筆者所知，民國憲法第 44 條迄今從未有過應用，因此無先例可循。就此條之意義和功能而言，總統出面調解院際爭端，哪怕有「政治責任」也在於總統，實在談不上由行政院長承擔責任。所以，筆者認為總統召集發生爭執各院院長會商可以採用柔性的「邀請函」形式而不是硬性的「召集令」形式，從而規避副署與否的爭議[314]。至於受邀院長可否拒絕出席會商，從憲法規定來看屬於其憲法義務，是不應拒絕的。

　　綜上所述，民國憲法原文之總統僅有兩項不常行使的實權，其他權力皆屬虛權（至多在少數情況下對行政院單方面的決定有消極抵制之權），基本上是虛位總統，在正常情況下實權屬於行政院長（非常情況可能性很小，此時總統亦無法專權，見下一章）。

二　總統與國民大會的關係

　　總統定位於何方？國民大會的制度設計，為我們提供了答案。國民大會作為權能區分原理之人民權在中央的機關，只開很少的常會和臨時會。如前所述，國民大會休會期間即使設置委員會繼續活動，也只應以「國民諮議會」的顧問名義。這種情況下，總統和副總統作為僅有的兩個由國民大會選出的常設職位，就具有了人民權之常設機關的地位。

　　如前所述，人民權並不需要隨時行使，所以總統絕不應假人民之名義玩弄權術。國民大會作為自主選舉人團間接選舉總統的制度，使總統無法攜民意以自重，有助於憲政制度的穩定。常設機關性質在這裡並不意味著權力的代行，而是意味著輔助，所以總統必須以人民的公僕自居而不是以民意的代言人自居，服務於人民，並與人民和國大代表互動。

　　國民大會休會期間，總統與副總統作為人民權的常設機關，有理由也有必要為人民與政府的互動提供便利。雖然民國憲法並沒有明文規定，但總統與副總統在這方面是當仁不讓的，而且民意溝通屬於柔性職

---

[314] 吳庚、陳淳文（2013：400）認為可以由行政院長形式上副署召集令，但尊重總統的主動權。

能，不但不必載入憲法，而且在沒有任何相關法律的情況下也可以成為不成文的慣例。考慮到總統身負諸多禮儀性職能，作為候補總統的副總統是承擔民意溝通任務的合適人選。如果國民大會以國民諮議會的名義設置常委會，那麼副總統似可擔任常委會的執行主席，輔佐總統匯集民意，但與政府五院的柔性溝通似以總統出面為佳。

此外，鑒於民國憲法原文並未規定國民大會設置議長，國民大會開會期間總統似可擔任會議主席。例如，不競選連任的現任總統可以在國民大會的代選機關階段主持總統選舉（若現任總統競選連任，國民大會應推舉臨時主席）；總統當選人即使尚未宣誓就職，亦可在國民大會的政權（民權）機關和諮議機關階段擔任會議主席。上述設想並不需要成為憲法條文，可由普通法律規定之。

三　總統權力進一步優化的展望

上述權力之外，總統是否應當在憲政鞏固之後額外獲得某些對國家政治有所裨益的權力呢？筆者認為，針對總統在國民大會和五院政府之間的橋梁作用，考慮到總統的柔性運作在客觀效果上可以減少國民大會行使創制、複決二權的必要性，我們似應在相反的方向作出某種設計，使總統能夠在必要的情況下幫助國民大會行使政權（民權）職能。例如，立法院微弱多數票（例如超過出席人數之半數但不及立法院總人數之半數）通過的法案，若獲得行政院長的支持，即無法否決，但總統如果認為法案不妥，似應有權將法案提請國民大會複決。

四　如何避免虛位總統掌控實權

中華民國縱使在動員戡亂期間，動員戡亂時期臨時條款仍然沒有把緊急命令權完全賦予總統一人，而是規定總統「得經行政院會議之決議，為緊急處分」。兩蔣任總統時，臺灣政治是事實上的總統制，但在兩位蔣總統之間還有三年的過渡期由嚴家淦擔任總統，雖然此時動員戡亂時期臨時條款已於 1966 年修正而賦予總統更大權力（設置動員戡亂機構，決定動員戡亂有關大政方針，並處理戰地政務），實權卻掌握在行政院長蔣經國手中。個中原因，在於兩蔣是執政黨——中國國民黨的

黨魁[315]。

　　如果執政黨黨魁出任行政院長而不是總統，是否可以避免虛位總統的實權化呢？土耳其提供了現實的例子：擔任總理多年並且政績卓著的前總理埃爾多安於 2014 年當選總統（該國首次直選總統）後卸去執政黨黨魁職務，繼任黨魁者出任總理；儘管土耳其憲法並未給予總統很大實權，儘管土耳其憲法規定總統需要斷絕與其原屬政黨的關係，但埃爾多安仍然是土耳其的實權人物。

　　所以，在憲政傳統並不深厚的國家，如果主流共識是避免總統擅權、強化責任內閣制，那麼有必要採用一些「猛藥」，例如規定總統候選人參選前若干年不得具有政黨黨籍，並明文禁止俄國式「二人轉」。

第三節　總統、副總統選舉制度的優化

　　民國總統擁有超然於政府而代表人民的特殊地位，實權不多，但其各項實權和柔性權力的運用都要求總統具有平和的政治心態和高超的政治技巧，所以總統人選極其重要。中國儒家「內聖外王」的願景，用於總統是很合適的。上文討論過，全國選民直選總統（或者選舉與總統候選人掛鉤的選舉人）是很不妥當的做法，不但容易選出巧言令色的煽動家，而且有可能導致總統攜民意以自重。所以，民國總統由國民大會作為自主選舉人團而選出，是最佳途徑。

　　就具體的選舉方式而言，如何促使國民大會選出合適的人選？上文討論國大代表選舉方式時推薦的排序複選制和認可投票制，有助於選出行為大度、立場溫和、為多方接受者，並避免候選人之間的惡性負面選戰。目前西方已有愛爾蘭採用排序複選制選舉總統。

　　另一個常為人們所關心的問題是如何避免賄選。筆者認為，國民大會選舉總統、副總統時應強制匿名投票，並禁止國大代表事後公開自己

---

[315] 值得指出的是，李登輝主政初期雖然具有國民黨黨魁身份但地位尚未穩固，在黨內地位較高的行政院長李煥、郝柏村都握有相當程度的實權。倘若民國憲法原文的議會制在當時的臺灣得以落實，執政黨黨魁之弱勢將造成內閣多頭分享實權的局面。

的選擇，使企圖賄選者面臨「肉包子打狗，有去無回」的局面，因無法確證國大代表的投票選擇而卻步。賄選問題，在任何選舉中都有可能發生，選舉機關不應諱談這種可能性，反而應當正視之，時時提醒投票人不要玷汙選票、即使得到了小恩小惠也不要為之改變自己的投票選擇。

此外，一個值得優化的細節是總統與副總統應當聯袂參選。1948年第一屆國民大會分別選出總統蔣中正與副總統李宗仁，二者的不和對後來的政局起到了不利影響，這個歷史教訓應當吸取。

第四節　關於半總統制和議會制的討論

總統完全虛位的議會制，盛行於眾多成熟民主國家，而且在德國經制度改進而獲得很大的成功。與此同時，以法國為代表的半總統制則在民主轉型時期的國家暴露出一定的缺陷。民國憲法的政體架構，因總統有些微實權而介於典型的議會制和半總統制之間，所以有必要結合中國國情進一步討論，以辨析各種制度的適用性。

一　半總統制

這裡首先討論半總統制。政治學界通常概念中的半總統制，指的是總統由全民直選[316]、有一定實權但不直接主持行政的制度，主持行政的總理則透過提名同意機制或倒閣機制對議會負責[317]。民國憲法的制度與這種意義上的半總統制的最大區別在於民國總統由國民大會作為自主選舉人團選出，不面向全國選民進行競選活動。如前所述，直選產生的總統容易產生攜民意以自重的傾向[318]，所以法國式半總統制在民主轉型初期有可能帶來不利後果。民國憲法之雙首長制，極其傾向於議會制，而且總統與人民之間隔有國民大會，這就使總統難以擅權亂政。

---

[316] 公認的半總統制國家芬蘭曾實行的選舉人團制度是一個例外。

[317] 參看 Elgie (2011: 22)。

[318] 如果中國大陸真的進行總統直選，總統聚集數億選民的信任於一身，將成為全世界獲得選票最多的政治家，有幾個人能夠在這種情況下抵住自重、擴權的誘惑？

臺灣對民國憲法的現行增修條文，除了總統直選之外，在表面上給
立法院以對行政院長提出不信任案的權力，看似半總統制，但行政院長
在因不信任案通過而辭職的同時可以呈請總統解散立法院，這種玉石俱
焚的可能性導致立法院投鼠忌器，因不願被解散而從未提出過實質性的
不信任案[319]（迄今所有的不信任案都是立法院少數黨的作秀行為，明知
通不過卻執意提出），也就形成了極其接近總統制的半總統制，行政院
長逐漸矮化為為總統的幕僚長，所謂「不信任案」機制成為一紙空文
[320]。

臺灣歷次總統直選，直接決定了政府行政權的黨派歸屬，對社會的
割裂都起到了推波助瀾的作用[321]，為這種類型的半總統制（或者說事實
上的總統制[322]）對華人社會的適用性打上了問號。華人社會一方面講人
情，另一方面有分化對立傾向（「黨爭」並非近現代的新生事物）；中
國大陸的憲政制度設計應當針對這些特點，興利除弊。

二　總統完全虛位的議會制

再討論德國式的議會制。德國的成功制度，能否移植於中國？考慮
到民國初年議會制性質的臨時約法之下多次發生府院之爭（總統與總理
的政爭），中國的國情民情是否決定了總統難以滿足於完全虛化的地

---

[319] 臺灣首次出現「分立政府」局面之時，立法委員選舉制度仍然是多席選區
單記不可讓渡投票制（詳情見本書第五章第二節），此選制非常不利於現任議
員競選連任，這是立法院不敢倒閣的一個深層次原因（參看蘇子喬 2013：
201-202，283-287）。

[320] 1997 年臺灣修憲的主要參考對象是法國半總統制（修憲前曾專門派團去法
國拜訪政法界人士、考察學習憲制），但法國制度的一個決定性因素——總統
主動解散國會的權力（新任總統在國會被對立陣營控制的情況下可以立即解散
國會重新選舉，如果新選出的國會仍然為對立陣營所控制，總統即不得不服從
民意，實現左右共治），在修憲過程中因為國民黨與民進黨的政治妥協而遭刪
除，這是法國式左右共治無法在臺灣實現的制度性原因之一。參看黃秀瑞
（2006：48-51）。

[321] 社會割裂的加劇，會進而導致政黨極端化，參看林春元（2013：350-
352）。

[322] 法學家湯德宗（2005b：45）稱之為「貌似半總統制的實質總統制」。

位？在總理與議會相處融洽的情況下，總統未必有插手的機會，但如果總理與議會之間發生政爭，總統能否坦然置之度外？或者說，總統在這種情況下是否有必要發揮影響，幫助穩定政局？

筆者認為，指望中國大陸未來的總統完全不受官本位思維之影響、完全沒有權力慾望，是不切實際的。與其說在憲制架構上將總統完全虛化、在政局不穩之時聽任虛位總統伺機越權行事，不如像民國憲法這般，特意給總統留有在政局不穩之時直接起作用的實權，在平時則考慮到代議制政府相對於人民的獨立性，給總統和副總統以溝通政府與人民這一柔性職能。這樣的制度，可以促使總統和副總統發揮更多的正面作用，規避其難以完全擯棄的權力慾望在某些情況下可能帶來的不利影響。

三　議會選出的行政總統

最後再討論一個特殊的情況：南非由議會選出主持行政的總統，這個制度是否適用於中國？筆者認為，在議會存在南非非國大那樣長期穩定的多數黨的情況下，南非制度固然可行，但這種情況下民國憲法之改進型議會制一樣適用。甄別各種制度的試金石，在於議會不存在穩定的多數聯盟、政局趨於不穩的情況。南非制度面臨這一試金石，將使國家沒有一個地位超然、能夠穩定政局的人物，因而是不合適的。此外，即使採用一種非常有助於大黨的選舉方式（例如英美式單席選區制），也無法打包票形成議會的穩定多數，而且在民主轉型初期對大黨過於有利的選舉方式會妨礙國家政治的公信力、誘發衝突，甚至導致大黨及其黨魁的威權化傾向，所以這個方向也是不可取的。

民國憲法具有極其精妙的平衡機制，發揚了議會制的優點而避免其缺陷，並且有助於避免政治人物的人性弱點所可能造成的危害[323]，是中國大陸的最佳選擇。

---

[323] 有人認為「基於人性和現實國情……總統制適合於中國」（因其繫獄，在此不點名），筆者看到此說，不禁一聲嘆息。總統制把人性的陰暗面催發得淋漓盡致，在美國也不例外。

第五章　政府五院

　　民國憲法之五院架構，與孫中山先生晚年的五權憲法設想有所不同：行政院對立法院負責而不是對國民大會負責，立法委員由選民選出而不是由國民大會選出，監察院成為具有西方國家國會上院一部分職能的半民意機關。「憲法之父」張君勱先生則公開宣傳三權分立的議會民主制。所以，許多忠實於「建國大綱」的人士否認民國憲法是五權憲法，可以理解。但是，這種觀點實乃出於對孫中山權能區分原理要旨的誤讀，拘泥於並非要旨的制度設計細節而忽視了全局。下面引用鄭彥棻先生的論點說明這一問題：

　　「……五權憲法的基本理論在權能區分、五權分立、均權制度與地方自治，這都正是我們現行憲法的特質，怎能說現行憲法並非五權憲法呢？[324]

　　「……關於立監兩院：（有人）認為立監兩院均由民選，其職權與三權分立的國會上下兩院相似，有違五權憲法思想；又認為立監兩院既屬治權機關，應由國民大會選舉，其職權亦與各國國會有別。自然，政權機關與治權機關性質不同，職權有別，但其區別在前者代表人民行使四權來管理政府，後者在四權管理下行使五權來為人民服務，立監兩院在四權管理下行使立法權和監察權來為人民服務，並不違反治權機關的性質。但憲法第六十二條立法院『代表人民行使立法權』的規定，則易使政權機關和治權機關的性質，混淆不清，宜加考慮[325]。至立法委員由

---

[324] 鄭彥棻（1990：57）。

[325] 「代表人民」四字不見於五五憲草，很明顯是代議政治的倡導者留下的痕跡，但對立法院職能而言不造成任何區別，因為此處的「代表」之性質當為自主議事的法定代表。因此，筆者對鄭彥棻先生對民國憲法的這一批評不敢苟同。

人民直接選舉罷免和監察委員由地方議會間接選舉，也和治權機關的性
質並不違背，因為選舉罷免係屬政權，原應由人民直接行使，只因為我
國幅員廣大、人口眾多，在中央才由國民大會間接行使，但在必要時，
如能仍由人民直接行使，可更充分發揮政權的作用。所以立監兩院的組
織和職權，雖然有些地方可再加研究，但在基本上並不違反其治權機關
的性質。」[326]

　　釐清了民國憲法的五權憲法性質之後，讓我們分析五院制度設計的
一些重要問題：

第一節　行政院

一　責任政治

　　民國憲法第 57 條規定：

　　「行政院依左列規定，對立法院負責：

　　「一、行政院有向立法院提出施政方針及施政報告之責。立法委員
在開會時，有向行政院院長及行政院各部會首長質詢之權。

　　「二、立法院對於行政院之重要政策不贊同時，得以決議移請行政
院變更之[327]。行政院對於立法院之決議，得經總統之核可，移請立法院
覆議。覆議時，如經出席立法委員三分之二維持原決議，行政院院長應
即接受該決議或辭職。

---

[326] 鄭彥棻（1990：64-65）。

[327] 對照此條第三款，此處「決議」顯然不包括法律案、預算案之議決，所針
對的是行政院在法律和預算的框架所限定的操作空間內自行決定的施政措施，
例如外交政策、基礎建設項目等。此外，從制憲歷史來講，政協憲草對立法院
推翻此類決議的覆議設置了 2/3 多數票的門檻，法律案則只要立法院過半多數
再度通過即維持原案（制憲國民大會最後通過的中華民國憲法改為 2/3 多數票
方可維持原案），可見第二款與第三款有明顯不同。薩孟武（1974：234）認
為重要政策已經包含在法律案和預算案之中，進而認為民國憲法第 57 條似沒
有重複規定之必要；倘若薩教授經歷了「核四」項目引發的立法院與行政院的
巨大政爭，也許就不會做此評論。1997 年中華民國自由地區第四次修憲後不
再適用憲法原文第 57 條，「核四」政爭與修憲之後的體制不無關係。

「三、行政院對於立法院決議之法律案、預算案、條約案，如認為有窒礙難行時，得經總統之核可，於該決議案送達行政院十日內，移請立法院覆議。覆議時，如經出席立法委員三分之二維持原案，行政院院長應即接受該決議或辭職。」

行政院基於上述規定，以改進型議會制的方式對立法院負責，立法院沒有倒閣權，行政院長和總統也沒有解散立法院的權力，這些都是民國憲法的重要特色。上述規定還具有「對事不對人」的性質，圍繞著政策、法案而不是針對內閣，在立法院和行政院分歧不大、不涉及原則問題的情況下，行政院長如果覆議失敗則可接受立法院意見而不必辭職，從而促進政局的穩定[328]。

本書上一章論及民國總統的權力時已經闡述了行政院長和閣員的產生機制，下文將詳細討論行政院對立法院負責的具體方式和幾種可能出現的情況（其他一些可能性極小的情況從略）。為文字表達方便起見，下文經常以「內閣」二字指稱行政院領導班子。

（1）在立法院存在多數黨或穩定的執政聯盟的情況下，立法院與行政院之間通常可以形成較好的協同運作，大大提高政府效率。同時，二者的協同性意味著行政院長不太可能試圖把立法院的決議或法案打回去覆議，所以總統基本上沒有機會行使對覆議案的核可權，更談不上發動「建設性倒閣」。也就是說，在這種情況下，總統僅有的實權即趨於無形，國家政體是事實上的議會制。

立法院與行政院的協同性，有可能導致執政黨團擅權的傾向。此時，總統作為人民權的代表，可以以國民大會和民意為後盾，施加柔性影響力。此外，總統如果獲得了將立法院微弱多數票通過的法案提請國民大會複決的權力，即可在必要時對執政黨團進行硬性制衡。

順便說明，有人認為議會制沒有做到行政權與立法權的嚴格分立，總統制則有助於二者的分立，這個說法不無道理，但如果因此而厚總統

---

[328] 法學家湯德宗（1993：35）基於「負責」與「安定」保持衡平的思考，認為憲法應當修改為覆議失敗之後行政院長即應辭職。由於「建設性倒閣」途徑之存在，筆者認為不必將覆議與「信任投票」等同起來。當然，覆議失敗之後行政院長很可能主動辭職。

制、薄議會制就失之務虛了，因為現代民主國家普遍實行政黨政治，在行政機關與立法機關為同一個政黨或執政聯盟主導的情況下，不論是總統制還是議會制都會出現行政與立法二權協同運作的局面，僅僅根據制度的大框架來奢談權力分立是不切實際之舉。下文的討論將表明，民國憲法的改進型議會制使行政院在對立法院負責的同時具有相當程度的獨立性，在行政與立法二權的協作與衝突之間形成了比總統制和典型議會制更為精妙的平衡。

　　（2）在立法院無法形成多數集團的情況下，如果立法院同意由一位能夠為總統和過半立法委員所接受的人選出任行政院長、組織少數派內閣，那麼這個少數派內閣只要保持住總統和超過三分之一立法委員的支持，就站穩了腳跟，能夠與總統聯手否決立法院的決議和法案[329]。這個局面，因立法院與行政院缺乏協同性而導致政府施政效率不高。至不濟，不會差過美國「分立政府」的局面，國家政局可以保持穩定。總統雖然以其對行政院長的支持而不具有中立地位（在政治影響力的角度可以說由此而獲得了一些實權），但仍然具有一定程度的超然性，除了涉及覆議案核可權的事宜之外，並不介入行政院的具體運作。

　　上文分析過，立法院內部有志於入閣的政黨一旦放棄了與其他黨派聯合形成多數集團的機會，就會因為立法院沒有單方面倒閣權而難以再次找到入閣的機會。所以，民國憲法的制度設計在沒有哪個政黨贏得立法委員選舉多數席位的情況下有助於打消各個政黨的觀望心態、促成多數聯盟的形成和鞏固，少數派內閣不會經常出現。也就是說，總統透過對「少數派行政院長」的支持而獲得一些實權的情況不會經常發生，很可能在很長時間內僅僅作為一種可能性而停留在紙面，。

---

[329] 這裡需要指出的一個細節問題是臺灣憲政實踐中已經允許行政院和總統對法案的特定條文提出「條項覆議」（line item veto，又稱逐項覆議、部分覆議）（參看林紀東 1992：239-240，湯德宗 2005c：87，蘇子喬 2013：173），這一做法不同於美國聯邦制度（美國總統只能否決整部法案；國會曾立法授予總統條項覆議之權，被最高法院裁定違憲）。民國憲法第 57 條之文意似乎並沒有允許條項覆議，筆者亦傾向於否定這一做法，因為法律往往牽一發而動全身，否定少數條款之時或許會導致其他條款需要修正，不如覆議整部法案並解釋原因，立法院若無法推翻覆議則可針對覆議之原因做出修正，再度通過。

（3）如果立法院執政黨團解體、行政院長在立法院內所獲支持跌至半數以下，原有的多數派內閣即蛻變為少數派內閣。這時，如果總統繼續支持行政院長，那麼只要行政院長保持了立法院超過三分之一席位的支持，行政院即可正常運轉，與誕生伊始即為少數派性質的內閣沒有區別。

總統對國家政局的重要作用，在五院正常運轉時並不明顯，但在政局趨於不穩時即可體現：總統對行政院長的支持，可以促進立法院執政集團的穩定，因為在這種情況下執政集團的解體通常不能導致行政院的重組（行政院長在立法院所獲支持從過半跌至不超過三分之一的可能性不大，但即使在這一極端情況下，總統對行政院長的支持仍然可以維持內閣的存續[330]）。

筆者認為，民國憲法的這一特點是對傳統議會制的一個重大改進。議會制的一個經常遭到詬病的弊端就是大黨在沒有贏得多數席位的情況下為了拉攏小黨組成執政聯盟而給小黨過多好處，小黨入閣後也能夠以撤出聯盟、發動倒閣為威脅，對大黨進行要挾；小黨黨魁雖然通常不出任閣揆，但因其「造王者」（英文 kingmaker）的地位而得到與其所獲民眾支持率不相稱的大權，在一些重要議題上呼風喚雨[331]。民國憲法以其精妙的制度設計，不給小黨以自重的機會，有助於減少政治勒索行為，加強內閣的民主性和政局的穩定。

（4）如果少數派內閣失去了總統的支持，行政院長也就失去了否決立法院決議的可能，立法院過半多數票即可對行政院施加指揮或進行杯葛。此時，如果立法院並沒有形成一個不支持現任行政院的多數聯盟，那麼立法院即難以行事，對行政院的指揮或杯葛會停留在比較有限的程度，行政院長雖然沒有總統的支持，其地位還是大體穩固的，但效率低下。

---

[330] 這種「超級少數派」內閣似缺乏存在的價值，本章第二節提出透過修憲來允許立法院以超級多數決自行解散，從而提前舉行大選、形成新內閣。當然，立法院如果形成了三分之二多數集團，即可處處杯葛行政院並且不擔心覆議，很難想像行政院長在這種情況下還會戀棧不走。

[331] 參看戴雅門（2015: 184）。

　　這種碎片化的政局，不利於民主制度的鞏固，所以避免立法院的碎片化將是立法委員選舉制度設計的一個重要考量。下文討論立法委員選舉制度時會推薦一種優化的制度，在顧及公平性與代表性的同時有助於多數聯盟的形成。

　　（5）如果少數派內閣失去了總統的支持，而且立法院形成了不支持現任行政院的多數聯盟，那麼這個多數聯盟即可憑藉其過半多數票，處處為難行政院，促使內閣總辭職，以在多數聯盟的基礎上產生新的行政院。

　　可是，如果屢遭立法院為難的行政院長一再拒絕辭職，而且表面上聲稱接受立法院決議，實則陽奉陰違、消極怠政[332]，立法院應當如何應對？這個局面，是惡性的政爭，會影響國家政局的穩定，有違民國憲法制憲者的初衷，所以有必要避免，而且不宜留待監察院啟動彈劾程序，否則政爭勢必加劇。事實上，民國憲法已經為這一憲政僵局提供了解決方案：在立法院形成了新的多數集團的前提下，如果總統不支持現任行政院長，那麼總統即可依據立法院的最新多數共識，提名新的行政院長人選；新任行政院長一經立法院同意，即應取代原行政院長，重新建立責任內閣。也就是說，雖然立法院沒有直接的倒閣權，但立法院與總統協力即可進行「建設性倒閣」。這一制度的詳細討論見本書上一章第二節，在此不重複。

二　行政院的穩定性

　　在上文分析的基礎上，筆者試圖構建一個簡單的模型，以具體說明行政院的穩定性即便在立法院不存在多數黨的情況下仍能維持。

　　場景：立法院存在大黨甲、大黨乙和小黨丙。大黨甲、大黨乙各自議席都超過三分之一但不過半。小黨丙與其一結盟即可形成過半多數，但在整體政治立場上更接近大黨甲。為簡單起見，其他小黨忽略不計。需要指出的是，「最小獲勝聯合內閣」即勉強超過議會半數的執政聯盟

---

[332] 謝瀛洲（1947：156）、薩孟武（1974：222）等學者對這一危險相當憂心，認為是民國憲法的重大疏漏。筆者認為無需擔憂，因為民國憲法暗含「建設性倒閣」這一脫困途徑。

並不是多黨制的定律，議會制國家經常出現基礎廣泛的「超量聯合內閣」，後者哪怕去掉一兩個小黨仍然保有議會多數席位，更具穩定性，所以這裡僅僅考慮「最小獲勝聯合內閣」趨於不穩的情況。

政局的四角關係： 除上述三黨，總統以其對行政院長的提名權和對覆議案的核可權，亦成為決定政局穩定性的一個因子。

平衡狀態： 大黨甲和小黨丙聯合執政，其權力分配較為適當（大黨不感到被勒索，小黨不感到被邊緣化）；總統沒有實權。

平衡移動一： 大黨甲將小黨丙邊緣化，小黨丙憤而退出內閣，轉而與大黨乙、總統聯手發動「建設性倒閣」，大黨乙和小黨丙聯合組建新內閣。因小黨丙事先並沒有勒索大黨的胃口，其得到的權力應當超過其被大黨甲邊緣化之後剩餘的權力，但不一定達到原有程度。這一狀況對大黨甲毫無好處，所以大黨甲在「建設性倒閣」有可能發生的情況下排擠小黨丙（亦即「平衡移動一」）的可能性不大。

平衡移動二： 大黨甲將小黨丙邊緣化，小黨丙憤而退出內閣，總統亦不支持大黨甲，但其他各黨因政治立場的分歧而無法組成多數集團，立法院因碎片化而無法行事，大黨甲的少數派內閣苟延殘喘，與「看守政府」無異，只待下一次大選。所以，「平衡移動二」對來自大黨甲的行政院長很可能弊大於利，發生的可能性不大。

平衡移動三： 大黨甲將小黨丙邊緣化，小黨丙憤而退出內閣並與大黨乙結盟，但總統支持大黨甲，大黨甲的少數派內閣依賴於總統的支持。由於少數派內閣難以推動立法，其剩餘權力相當有限，而且這所剩無幾的權力也不能由來自大黨甲的行政院長獨攬，仍然需要與人分享，只是合作夥伴從小黨丙換為總統。所以，這一種「平衡移動」對來自大黨甲的行政院長而言未必有好處。如果總統是大黨甲的成員，大黨甲作為一個政黨固然在整體上有可能得利，但此時行政院長的考量難免涉及個人權力。從這一角度出發，如果行政院長不願仰總統的鼻息，就不一定有將小黨丙逼出內閣的動機。但是，如果總統是大黨甲的黨魁或幕後實權人物，希望在外交、國防等主要由行政部門決斷的領域踢開小黨、發揮主導作用，那麼行政院長可能會不得已而為之。所以，在總統深深捲入政黨政治的情況下，「平衡移動三」有可能發生；在總統超然於政

黨、基本上沒有政黨利益紐帶的情況下,「平衡移動三」發生的可能性趨於消弭。

　　平衡移動四:小黨丙在權力分配上對大黨甲進行政治勒索未果,憤而退出內閣,轉而與大黨乙、總統聯手發動「建設性倒閣」,大黨乙和小黨丙聯合組建新內閣。因總統支持大黨乙,即使小黨丙在和大黨乙組閣之時勒索後者而獲得較大權力,也很可能在新內閣建立之後不久就被邊緣化,因為大黨乙把在政治立場上距自己較遠的小黨丙排擠之後與總統分享權力(即上述「平衡移動三」由大黨乙唱主角),仍然好過原本在行政方面「一無所有」的狀態。所以,「平衡移動四」雖然有利於大黨乙和總統,但很可能不利於小黨丙,後者沙盤推演、權衡利弊之後不一定這樣做。也就是說,「平衡移動四」發生的可能性不大。

　　平衡移動五:大黨甲與小黨丙在重大議題上發生衝突,小黨丙雖然知道自己與大黨乙、總統聯手發動「建設性倒閣」之後很可能被邊緣化,但極其看重這一重大議題,大黨乙和總統恰好在此議題上的立場接近小黨丙,於是發生「建設性倒閣」,小黨丙在前述議題上的立場成為新政府的政策。但是,小黨丙需要認真權衡的是大黨乙和總統是否會採取始亂終棄的態度,引誘小黨丙倒閣之後再排擠之,然後在前述議題上改變政策。只有在小黨丙相當確認大黨乙和總統在此議題上不會出爾反爾的情況下,「平衡移動五」才有較大可能發生。但是,小黨丙還有另外一個選擇項:在這一議題上走立法途徑而不是倒閣途徑,在立法院提出法案,尋求大黨乙對這一法案的支持,法案通過之後大黨甲的行政院長如果試圖提交覆議,將得不到總統的核可。如果大黨乙和總統拒絕這一選項、堅持發動「建設性倒閣」,那麼二者對這一議題的態度即值得懷疑;小黨丙考慮到自己在整體政治立場上與大黨甲更為接近,或許會拒絕「建設性倒閣」,堅持走立法途徑解決前述議題。如果大黨乙和總統仍然拒絕走立法途徑,則凸顯其權力慾望,未必能夠得到任何好處,反而讓小黨丙和選民懷疑其立場;小黨丙失去的只是在這一個議題上推行政見的機會,在更多議題上仍然能夠與大黨甲合作。反之,如果大黨乙同意走立法途徑,至少能夠使其在前述議題上的立場成為法律和政策,或許有助於在下一次大選中爭取選票。所以,立法途徑解決問題的

可能性遠遠大於「平衡移動五」的可能性。

平衡移動六：大黨甲與小黨丙在重大議題上發生衝突，小黨丙憤而退出內閣，但大黨乙和總統在此議題上的立場與小黨丙並不接近，無法聯手發動「建設性倒閣」，大黨甲維持少數派內閣。小黨丙固然彰顯了其在前述議題上的立場，但並不能使其立場成為政府政策。只有在小黨丙確信這一做法有助於其在下一次大選中贏得更多選票的情況下，「平衡移動六」才有較大可能發生。但是，小黨丙需要考慮到，其在前述議題上的立場異於兩個大黨，在下次大選中就此議題而鹹魚翻身成為大黨的機會未必很大，為了彰顯立場而退出內閣、導致政治僵局的做法可能疏離中間派選民。所以，整體而言「平衡移動六」發生的可能性不大。

以上六種「平衡移動」類型之外，筆者所能夠想到的其他情況或明顯不太可能，或與上述類型之一類似，故不贅述。

綜上所述，**民國憲法原文的制度設計之下，政治立場較為接近的兩黨聯合執政、權力分配較為適當的狀態有很大可能成為穩定的平衡狀態**。如果能夠在制度上對總統人選做出資格限制（例如總統候選人參選之前若干年不得具有政黨黨籍），確保總統超然於黨派，這一平衡狀態將更加穩定。

此外，我們不妨拿德國的「建設性倒閣」制度做比較：德國制度之中不存在總統的作用，小黨丙若勒索大黨甲未果，則可倒向大黨乙，後者對小黨丙許以更大權力，即可與之聯合執政；大黨甲考慮到這種可能性，面對小黨丙的勒索很可能會做出一定程度的讓步。兩種情況下，小黨丙作為「造王者」都得到好處，與之合作的大黨都會心有不甘。和以色列那樣隨意倒閣的議會制相比，德國的改進型議會制對「造王者」有一定程度的遏制，但遏制的程度尚且不如民國憲法的改進型議會制。

三　行政院任期問題

民國憲法沒有明文規定行政院領導班子的任期。1995 年，司法院作出釋字第 387 號大法官解釋，認為「基於民意政治與責任政治之原理，立法委員任期屆滿改選後第一次集會前，行政院院長自應向總統提出辭職。行政院副院長、各部會首長及不管部會之政務委員係由行政院

院長提請總統任命，且係出席行政院會議成員，參與行政決策，亦應隨同行政院院長一併提出辭職。」也就是說，行政院的任期與立法委員相同，僅為三年。這一解釋有很強的合理性和可操作性，而且任期制並不妨礙行政院長的連任（如果總統和新任立法院希望行政院長留任，自然可以拒絕接受其辭職）。

　　上文討論過，因為立法院無法自行發動倒閣，總統和行政院長也沒有解散立法院的權力，所以在某些情況下可以出現行政院與立法院步調很不一致的局面。這種局面一旦出現，延續時間不宜過久。但是，頻繁的選舉會導致政府的短視，所以立法院和行政院的任期應當在兩種考量之間尋找平衡點。筆者認為，三年的任期是較為優化的選擇[333]。事實上，如果立法院形成了穩定的多數聯盟、政府獲得廣泛的支持，那麼立法院和行政院的三年任期都只具有象徵性意義。

四　行政院權限問題

　　民國憲法並未明示行政院之權限，是否屬於重大疏失呢？當然不是。美國憲法除了列舉一些總統職權之外，同樣沒有詳述行政部門的權限。原因在於，依法施政是憲政民主國家的基本原則，行政部門的權限乃由立法部門依據憲法原則而劃定。至於具體的部門分工，考慮到其他四院之執掌在民國憲法中有列舉式的規定，剩餘項目之默認歸屬自當在於行政院，但由於考試院的執掌項目採用了開放式列舉，以及憲法明定的職權可以導出引申職權，立法院自當有權以立法的方式做出合理安排。例如，選舉委員會這一並不具有憲法位階但責任重大的獨立機關宜掛靠於考試院而不是行政院，國家人權委員會由於分擔監察職能而宜為監察院的一部分，皆可由立法院以法律定之，詳見本章第四、五節。

---

[333] 法學家湯德宗（2005b：26）認為民國憲法原文之制度設計導致「穩定有餘而效率不足」的「弱勢內閣制」，所以立法委員和行政院長任期僅三年的好處就是人民對「穩定而無效率」的政府最多忍受三年。關於「弱勢內閣制」之說，筆者認為，在比例代表制強化政黨政治的前提下，如果立法院形成了穩定的執政黨或執政聯盟，行政院即不致淪為弱勢。如果立法院沒有形成過半多數的聯盟，「少數派內閣」在民主制度的常見形態之下都是弱勢的，民國憲法也不例外。

第二節　立法院

一　立法委員人數問題

　　民國憲法對今日之中國大陸具有極強的適用性，唯一一條必須修改的條文是立法院的人數：民國制憲者忽視了中國人口增長的勢頭，關於立法委員人數，在第 64 條規定「各省、各直轄市選出者，其人口在三百萬以下者五人，其人口超過三百萬者，每滿一百萬人增選一人」，用於今日之中國大陸即會導致立法委員人數超過一千五百，絕然沒有正常議事的可能。為了保證議事效率，而且考慮到國民大會已經承載了民意職能，立法委員總數似應控制在四百以內。如果設置一定數量的全國不分區議席，那麼上述規定似可改為「人口在三千萬以下者五人，其人口超過三千萬者，每滿一千萬人增選一人」[334]。

　　其他立法委員名額（邊疆民族地區、華僑、職業團體），憲法規定另以法律定之。

　　關於邊疆民族，本書第三章對這一概念作出了極其廣義的解讀（體會制憲者的用意，解讀為「社會經濟地位處於弱勢的原住民族」），但立法委員人數不宜過多，如欲不超過四百人，那麼，筆者認為不妨以中

---

[334] 根據 2010 年中國大陸人口普查數據，此方法將產生 201 個分省議席。由於對人口較少的省區的照顧，此方法有一定程度的「分配不均」（malapportionment），按照 Taagepera and Shugart (1989: 104-105) 的算法，「分配不均度」約為 0.143，和 Samuels and Snyder (2001: 660-661) 用此法算出的 78 國議會下院數據相比屬於偏高類型，放在這 78 國之中將排在第 12 位。考慮到立法院是中華民國憲法架構中唯一的代議立法機關，無法採用美國這樣在眾議院照顧人口比例、在參議院照顧小州的做法（美國眾議院的分配不均度是 0.014，參議院則高達 0.364），立法院的議席配置適當照顧小省是有必要的（雖然並不是所有的一院制國家都有較高的分配不均度，但在上述 78 國列表之中不均度前十位的國家有八個實行一院制，例如韓國，不均度高達 0.208）。設置一些全國不分區議席，將有助於降低分配不均度（Samuels and Snyder 2001: 657），但為非漢民族專設議席又會將其拉高。筆者認為，佔人口絕大多數的漢族應當有足夠的雅量給非漢民族適當的照顧。暫不計入西藏、青海、寧夏、新疆、內蒙這幾個人口較少而非漢民族比重較高的省區，那麼其他省區的分配不均度降至 0.086，全國不分區議席可進一步降低之。

共現行地市級「民族區域自治」單位為出發點：（1）內蒙、新疆、廣西三個自治區在不限民族的分省名額之外增設五個非漢民族立委名額。西藏人口不多，絕大多數為藏族，五個分省名額勢必被藏族包攬，不必增設名額。寧夏人口不多，不宜增設名額，可在其作為省區而得的五個名額之中保障三個非漢民族名額。根據上述設想，五個自治區共 40 個立委名額，其中至少 23 個來自非漢民族。（2）全國其他省區目前共有 25 個自治州，除延邊朝鮮族自治州因自治民族並非弱勢原住民族（朝鮮族教育水準在全國各族名列前茅）而排除在外，其餘 24 個自治州可依據地域進行歸併，原則上每兩個自治州得到一個非漢民族立委名額[335]。按照上述算法，非漢民族議席至少 35 個[336]。考慮到內地分省席位以及全國不分區席位中勢必產生一些非漢民族立委[337]，如果立法委員總數四百人，非漢民族立委比例將超過其在中國大陸總人口中所佔的 9% 比例[338]。

　　至於僑選和職業團體名額，民國憲法在臺灣的增修條文將其併入全國不分區議席，這一做法值得借鑒[339]。

---

[335] 為促進民族合作，選舉方式應在保障非漢民族議席的前提下弱化民族區別，所以各省的非漢民族立委名額最好以保障席位的方式併入省級多席選區（例如某省基本名額 5 個、非漢民族名額 2 個，那麼該省即可成為 7 個席位的多席選區，其中 2 席必須由非漢民族成員出任），參看本節下一部分。

[336] 中國大陸獲得官方承認的少數民族共 55 個，人口少者無法得到保障席位，是否會導致小族利益受損呢？從臺灣設置原住民立委席位的經驗看，臺灣學者羅清俊、陳文學（2009）的研究表明大選區制（全國六個原住民席位為一個大選區）選出的原住民立委並沒有特別爭取補助款來照顧自己所屬的族群，反而關心與自己不同族的原住民。筆者相信這一正面現象將在中國大陸重現，尤其在大選區制之下。

[337] 例如，滿族平均教育水平高於漢族、在東北三省人口不少，東北乃至其他省區和全國不分區選出一些滿族立法委員幾乎是毫無疑問的。

[338] 少數民族聚居地區勢必出現以地方民族為基本盤的政黨。為了避免地方民族政黨的狹隘化，有必要透過選舉制度促使各個政黨跨越族裔進行合作，詳見本節第三部分。

[339] 1990 年，臺灣朝野和民間人士為解決憲政爭議問題而召開國是會議，就憲法增修達成一系列共識，關於國會改革，提出依政黨比例代表制選出全國不分區代表，併入原職業代表、僑選代表，以及爭議中的大陸代表。

香港、澳門在 1946 年制憲之時尚未回歸中華民國，其立委議席也應在關於立法委員人數的修憲案中一併解決。筆者認為，香港似可比照直轄市獲得五席，但澳門人口過少，似應獲得一個席位。

臺灣則需要特殊對待。如果中國大陸光復民國，那麼在臺灣的中華民國和在大陸的中華民國具有對等地位（臺灣在禮儀上居尊），很可能在相當長的時間內共存，統一與否的問題不宜急於提上議事日程。兩岸本著互相尊重的原則，可以考慮在對方的立法院派駐若干觀察員。

在上述設想之下，總人數為四百人的立法院可能具有如下構成：近二百一十個分省議席（包括港澳），三十個非漢民族專設議席，一百六十餘個全國不分區議席。

二　立法委員選舉制度概述

民國憲法規定，立法委員選舉的具體制度以法律定之。

（一）多席選區單記不可讓渡投票制

1946 年制憲後，作為看守政府的國民政府於 1947 年制定了立法院立法委員選舉罷免法及其實施條例，大體上採用了多席選區立委直選制度。各省一般分為每區四至六個席位的數個選區，具體的選舉方式是單記不可讓渡投票制[340]，每票只可選一個候選人，選區有幾個席位，得票總數居前幾位者當選。這種選舉方式符合民主原則，但在操作上有一些嚴重弊端：例如，某個候選人得票過多則有可能導致同一政黨內其他候選人落選，因此政黨需要在各個選區組織配票，避免黨內候選人之間的競爭[341]。又如，臺灣的選舉經驗表明，這一選舉方式在某些情況下為金權政治製造了溫床，明顯有黑金背景、被多數選民唾棄的候選人仍然有可能憑藉少數選票而當選[342]。臺灣已經改革了選舉制度，中國大陸將來

---

[340] 之所以採用單計不可讓渡投票制，顯然是日本影響所致，日本早在 1900 年即開始在眾議院選舉實行此制（王業立 2006：91）。

[341] 王業立（2006：100）。

[342] 王業立（2006：101），楊承燁（2014：369）。

也不宜採用多席選區單記不可讓渡投票制[343]。

（二）並立制，兼論單席選區制

臺灣現行的立法委員選舉制度，是單席選區制議席與全國不分區及僑居國外國民議席的混合體，稱作並立制（亦稱獨立混合制或平行混合制），其中全國不分區及僑居國外國民（下簡稱「全國不分區」）議席採用盛行於歐陸的政黨名單比例代表制。選民在立法委員選舉中投兩票，一票選人，針對自己所在選區的候選人，另一票選黨，針對全國不分區的政黨候選人名單（全國不分區議席大致按各黨得票比例進行分配[344]，每個黨贏得幾個不分區議席，其所提出的候選人排序名單的前幾位即當選）。這個制度，和以前的制度相比是很大的改進，但其中的分區議席採用英美式的單席選區相對多數制，已經呈現了兩個嚴重弊端：

其一，兩個大黨主導了選舉，各自的選民基本盤日趨激進，中間派選民則被大黨綁架。

其二，區域立委往往缺乏立法知識與能力，卻又挾民意以自重。立法院中行為荒唐者多為區域立委[345]，但他們因民意後盾而有恃無恐，甚

---

[343] 順便指出，阿富汗在塔利班政權被美軍推翻之後舉行的國會選舉採行了這一制度，顯現了不利於政黨政治發展的弊端，在此不詳述。

[344] 這裡有一個需要注意的問題：全國不分區議席應該作為一個獨立的選區來按比例分配，還是應該用於彌補各個政黨在各地選區所獲議席與其在全國得票比例的差距？前者就是臺灣所實行的並立制，對大黨較有利。後者稱聯立制或依附混合制，以德國為典型，對小黨較有利。例如，議會半數議席為全國不分區，某小黨在全國得票 10%，得票率如此低的小黨通常很難在各地選區勝出，在聯立制之下即便在各地選區被剃了光頭，仍可分得議會席位總數的10%，在並立制之下則僅得全國不分區議席的 10%，即議會席位總數的 5%。筆者在這兩個選擇中略傾向於並立制，因其有助於形成多數黨或多數聯盟，並避免議會中政黨的碎片化。

[345] 筆者從臺灣朋友口中獲悉這一現象，尚未在學術文獻中查到相關的統計，但根據臺灣學者張淑中的第六、七屆立法院「肢體暴力」列表（張淑中2012）及第六屆立法院「議事暴力」列表（張淑中、姚中原 2012：293-294），做出如下分析：第六屆立法院「肢體暴力」事件和具有身體侵害性質的「議事暴力」事件之中可以確認施暴人或扭打雙方的共 11 起、涉及 16 人，其中 15 人（94%）為區域立委，明顯高於區域立委佔此屆立法院總人數 78%

至故意透過某些出格行為來增加在媒體的出鏡率，以有辱斯文的方式凸顯黨性，鞏固自己的選民基本盤，至於政治空氣的敗壞和社會的割裂，就不是他們在乎的事了。

上文討論國民大會代表選舉制度時推薦的排序複選制和認可投票制，如果用於區域立委的選舉，可以在一定程度上緩解上述弊端，但效果有限：

其一，大黨在單席選區制的框架之內無論如何都佔有極大優勢。比如一個小黨在全國各個選區都獲得大約 10%選民的支持，那麼不管採用什麼選舉方式，這個小黨都很可能一個議席也得不到；如果其選民分布不均勻，那麼或許能夠得到一些議席，但所佔議席比例會遠遠低於其所獲得選民支持的比例。西方民主國家的經驗表明，單席選區制容易促成兩黨制，中間派選民的聲音得不到表達。臺灣的政治實踐表明，兩黨制加劇了社會割裂和社會陣營之間的敵對態度，對華人社會未必合適。雖然毫無限制的多黨制也有嚴重弊端，但我們面臨的並不是二者擇一，而是尋求一個更好的中道，下文很快就要討論這個中道。

其二，任何針對候選人個人的選舉，都勢必凸顯候選人的口才和外貌[346]，才能反而難以得到展現。對國民大會代表的選舉而言，國大代表只需善於和選民溝通、忠實於民意即可，不需才能高超，但立法委員作為專職議員，應當有立法專長或公共事務特定領域的專長，否則難以勝任。

其三，臺灣的 73 個區域立委議席，平均每個選區 32 萬人口，其立

的比例。第七屆立法院「肢體暴力」事件之中可以確認施暴人或扭打雙方的共 6 起、涉及 8 人，其中 6 人（75%）為區域立委，稍高於區域立委佔此屆立法院總人數 70%的比例，在統計上相當，但值得注意的是，捲入暴力事件的兩位不分區立委之一在第八、九屆立委選舉轉戰區域而當選，另一位是第三至六屆區域立委，在第八屆選舉的不分區名單上排名靠後（似乎說明暴力事件之出鏡率無助於名單排名？）而落選。

[346] 候選人的外貌對選舉結果的巨大影響，早已是西方學界深入研究而確認的事實，在老牌民主國家和新進民主國家都是如此，參看 Todorov *et al.* (2005)，Lawson *et al.* (2010)。順便講一個筆者的父親所見的真實的笑話：肉店賣豬頭，個個大同小異，某君反復挑選才買了一個，別人問他為什麼挑這個，答曰：「這個豬頭長得好看！」

委選戰即已耗資巨大。中國全國範圍，國民大會的每個選區不超過一百萬人口，仍可操作，但是，立法院的議事效率問題決定了立委人數不宜過多（否則難以議事），每一個立委席位對應於人數極多的選民，立委競選勢必需要極多的資金，容易導致利益集團對立委的操控[347]。

綜上所述，立法委員單席選區制（以及包含了這種制度的並立制[348]）不合中國國情。

（三）政黨名單比例代表制

臺灣之全國不分區議席的選舉所採用的政黨名單比例代表制，在歐陸國家盛行。這種選舉方式，對中國大陸人民而言可能顯得陌生，但《經濟學人》民主指數排行榜上名列前茅的國家幾乎都實行某種形式的比例代表制，這個事實是發人深省的。

如果我們擔心以政黨為操作對象的比例代表制導致議員與選民之間的隔閡，那麼，請仔細分析：選人的制度，真的能夠避免議員與選民之間的隔閡嗎？美國眾議院 435 個議席之中的絕大多數（350 上下）都屬於兩個大黨的「安全選區」，缺乏競爭，導致矛盾局面：國會整體受民

---

[347] 利益集團對單席選區國會議員選舉的巨大影響，即便在美國這樣的老牌民主國家也不例外，但中國大陸更應當和拉丁美洲相比擬，巴西即有這方面的殷鑑，參看 Mezey (2008: 165)。

順便指出，候選人競選資金的問題也導致多席選區單記可讓渡投票制（亦稱「可轉移單票制」）不宜用於立法委員選舉。不同於中華民國曾經施行過的單計「不可讓渡」投票制，「可讓渡」的意思是選民在多席選區對候選人作出排序選擇，得票最多者達到確保當選的一定票數之後，多餘票數按照第二選擇的比例讓渡給其他候選人。這一制度在效果上接近比例代表制，在選舉人較少的情況下有許多優點，將來在中國大陸似可用於選民人數較少的多席選舉（如縣市議會）和間接多席選舉（如省議會選舉監察委員），參看 Reynolds, Reilly, and Ellis (2005: 71-77)。但是，與之有異曲同工之妙的認可投票制（參看本書第三章第四節）也適於此類選舉（Brams 2008: 133-135），在此不贅述。

[348] 意大利和一些後共國家實行單席選區加全國不分區並立制的經歷表明，並立制一方面導致政黨競爭的對立陣營兩極分化，另一方面無法解決政黨碎片化的問題。關於意大利（1993-2005 年嘗試並立制之後已經回到比例代表制基礎上的大黨獎勵制），參看 Massetti (2006)。關於後共國家，參看 Shvetsova (2002: 69-73)。

眾支持率慘至 10%，但數次選舉並未改變國會構成。英國和美國作為最古老的立憲君主國和憲政民主共和國，其所實行的單席選區制為中國人所熟知，但我們的思想如果突破英美制度的羈絆，放眼於世界，那麼政黨名單比例代表制的普遍性是顯而易見的[349]。

　　臺灣現行立法院混合選舉制度中的全國不分區立委，大都表現良好並具有立法能力或特定領域的專業水準[350]，因為水平高的候選人列入政黨名單有助於吸引選民[351]，爭議人物如果上榜則會拉低政黨的得票率[352]。也就是說，政黨名單制度有自糾正機制，可以在很大程度上避免黑金背景或行為不堪的候選人列入名單。

　　民國憲法的政治架構，有國民大會作為民意機關，有監察院負責接待民眾陳情[353]，所以立法委員的選舉完全可以效法歐陸國家的經驗，不拘泥於一個選區一個議席的民意代表性，而在以省為單位的大選區完全實行政黨名單比例代表制[354]。是否設置全國不分區議席，則有待討論

---

[349] 議會制加比例代表制，是許多政治學者推崇的黃金組合，參看 Lijphart (1991)。

[350] 不可否認，不分區立委亦有一些職責表現不佳者（乃就立法職責表現而言，並非行止有虧），李文元（2013：70）以「不分區立委表現的兩極化」稱之，但在整體上予以肯定。

[351] 參看葛永光（2001），蕭怡靖（2012：54-56）。

[352] 2016 年 1 月臺灣大選的國民黨不分區立委名單以爭議較大的時任立法院長領軍，反之，民進黨名單前八位皆為專業人士，兩黨選舉布局高下立判（李明軒 2015）。

[353] 針對民眾陳情訴求之個案施以援手，是西方國家國會議員直接服務於選民的兩種主要方式之一，稱作「雜務」（errands）。另一方式是把政府經費和公共建設項目導向選區，稱作「豬肉桶」（pork barrel）或「耳朵記號」（earmark），意譯則為特殊專款。參看 Mezey (2008)；作者指出議員處理民眾個案雜務起到了「監察使」（ombudsman）的職能（該書頁 85）。

[354] 美國學者 Carey and Hix (2011: 395) 在二戰後六十餘年八十餘國六百餘次民主選舉數據的基礎上指出，席位數量較少（例如四至八席）的多席選區比例性足夠高（和更多席位的選區相差無幾），而且政治責任易於辨識（在這個方面接近於英美式單席選區而優於更多席位的選區），兼有兩個優點，是選舉制度的「甜蜜點」（sweet spot）。從這個角度考慮，議席多於十個的省似可拆分為兩個選區。這樣，按省分配的議席的各個選區至少五席、至多九席。下文一

（筆者認為一定數量的全國不分區議席有助於政治的穩定）[355]。

這裡需要略談三個顧慮：

其一，比例代表制通常導致多黨制，很少出現單一政黨執政的情況，這是否適合中國國情與民情？筆者認為，答案是肯定的，有下述兩方面原因：

（1）從反面來看，由於中國長期的「官本位」傳統和中共的負面影響，如果中國大陸民主化之後出現單一大黨執政的情況，此執政黨很可能會走向威權化、壓制反對黨，妨礙民主憲政的鞏固。

（2）從正面來講，中國作為一個內部差異極大的多元國家，有必要採行中間路線，政策不宜過於偏左或過於偏右。中國大陸民主化之後，左派和右派政黨的出現幾乎是不可避免的，這兩個對立陣營組成聯合政府的可能性不大，為了避免兩黨制造成的政策兩極震盪和社會割裂，比例代表制所促成的多黨制和中間派政黨經常入閣的局面是更好的選擇。

誠然，多黨制在中國歷史上不曾有過實踐，但考慮到中國作為「人情社會」導致國人普遍精於人情這一事實，如果一個或數個中間派政黨在立法院站穩腳跟，那麼中間派有可能跨越黨派界限，或與左派、或與右派聯合執政，促使政策趨於溫和，並保持長期的穩定性。未能參與組閣的政黨，也有可能因為與中間派的良好關係而對內閣不採取激烈對抗的態度，而且可以對執政聯盟所推動的法案提出建設性的優化意見（或者其反對意見透過中間派的斡旋而被執政聯盟採納一部分，從而在效果

概以「省級選區」稱之。

[355] 上文討論過的並立制與聯立制的區別，在這裡同樣需要考慮。李普哈特（Lijphart 2004: 101, 2008: 192-193）推崇補償性的全國不分區議席，亦即雙層比例代表制（類似於聯立制，在全國各個中小型選區實行比例代表制的同時，設置一些全國不分區議席，用於彌補各個政黨在各地選區所獲議席與其在全國得票比例的差距），理由之一是這一制度有助於照顧少數派。但是，在邊疆民族已有議席保障的情況下，筆者認為政黨整合似應成為更重要的考量，至少在民主轉型初期應當如此。如果在轉型啟動後、第一次立法委員選舉之前在這個問題上發生重大爭議，那麼一個折中方案是預先設定前兩次立委選舉的全國不分區議席作為一個獨立選區，自第三次立委選舉起改為補償性的雙層比例代表制。

上促成法案的優化）。與經常陷入「零和遊戲」的兩黨制相比，**多黨制能夠促成雙贏、多贏，形成「共識決」而不是「多數決」的民主運作機制**，具有明顯的優勢[356]。

其二，政黨名單比例代表制，意味著法定政黨政治，是否不妥？答案很簡單：民主程度高的西方國家，無一例外都在代議立法機關實行政黨政治；包括美國、英國這樣沒有政黨比例代表制度的，也自然而然在鄉鎮自治體之外的所有政府層級形成了政黨政治（只不過是具有割裂性的兩黨制）。中國要想獨闢蹊徑，擺脫政黨政治，可能性近乎零。更為務實的做法，是在立法院透過比例代表制實行政黨政治，而在國民大會淡化政黨政治、彰顯民意，二者相得益彰。

其三，政黨名單比例代表制是否違反民國憲法第 129 條所規定的直接選舉原則？答案是否定的：只要政黨所提出的候選人排序名單在登記截止時業已確定、選民投票時可以看到名單，即為直接選舉[357]。

三 政黨名單比例代表制的最佳版本

政黨名單比例代表制的具體細節還有許多值得深入討論之處，這裡單列一小節分析之。

（一）政黨名單概述

承載了西方眾多民主國家多年經驗的政黨名單比例代表制，通常包含如下的核心內容：1，選民透過選票作出對政黨（或同等組織）候選人排序名單的選擇。2，各選區的議席按政黨票數比例分配，議員從各個政黨的候選人排序名單中依序產生。3，無黨派人士可以作為「單人政黨」或數人聯合起來作為具有政黨地位的「獨立參選團」參加選舉（後者可以增加贏面，只要候選人之間能夠就座次達成共識）。

最簡單的做法，是在選票上只選黨，不選人（選票上或選舉手冊上通常列出各黨的候選人排序名單，所以選民在效果上仍然是直接作出了

---

[356] 參看 Lijphart (2012: 30-46)。
[357] 參看許育典（2013：316），楊承燁（2014：338）。

對候選人的選擇）。以在臺灣的中華民國立法院之全國不分區議席為例
[358]，開票時各黨按得票比例分配議席名額[359]，按候選人在各黨名單上的
排序填充議席，之後如果剩下不足一個議席的零頭，匯總在一起成為整
數餘額，還需根據各黨零頭的大小來分配餘額議席（此即「最大餘額」
制度，有的國家則實行「多數獎勵」制度，將餘額獎勵給得票最多的政
黨）。

---

[358] 公職人員選舉罷免法（民國 104 年 2 月 4 日修正）第 67 條。

[359] 這是一個簡化的描述。由於從政黨得票比例換算到議席難免存在「零
頭」，比例代表制的議席分配在操作上難以直接按照比例，一般採用某種計算
方法來間接達到近似成比例分配議席的目的，常用的方法有最大餘額法和最高
均數法。

在臺灣的中華民國立法院之全國不分區議席和香港立法會部分議席採用「黑爾
數額最大餘額法」，總票數除以議席數量即為獲得一個席位所需票數（稱作
「黑爾數額」，Hare quota 或「簡單數額」，simple quota）；按各黨得票比例
計算議席名額並向下取整的方法，在效果上與根據黑爾數額分配議席的方法等
價。如此分配議席之後如果還剩下幾個議席餘額沒有分配出，就按照各黨票數
餘額的多少，把議席餘額分給票數餘額排前幾位的政黨。上述方法淺顯易懂，
但在議席數量較少的選區不利於大黨而有利於小黨（小黨不一定能夠達到黑爾
數額，但有較大機會從餘額中獲得席位）。如果立法院的大多數席位來自以省
為單位的選區，那麼對小黨的照顧在中國大陸民主轉型初期有可能不利於執政
聯盟的形成和政局的穩定。黑爾數額制還有其他一些問題，在此不贅述。

西方民主國家最為盛行的方法是最高均數法的「頓特法」（d'Hondt method）
子類型，這一方法在效果上完全避免了議席餘額的出現，但算法和道理較為難
懂，在此從略。中國大陸民主轉型階段似不宜採用讓絕大多數選民摸不著頭腦
的計算方法；那麼，什麼方法更合適呢？有一個在數學上和頓特法等價、在概
念上淺顯易懂的數額方法，消除了議席餘額，稱作「無餘額數額」
（remainderless quota）或「足夠數額」（sufficient quota），參看 Taagepera
(2007: 33)，Colomer (2004b: 44)。計算這一數額的做法是：議席數量加一再除
總票數，所得數字向上取整，初步算出一個議席所需的選票數額（稱作「特羅
普數額」，Droop quota），試著分配議席，如有議席餘額，則把數額降低一票
再試，如此反復，直到全部議席都由降低之後的數額分配乾淨而無餘額為止
（各黨得票仍難免有餘額）。這一方法的原始構想早在 1792 年就由杰斐遜針
對美國各州眾議員名額分配而提出，但在沒有計算機的時代難以操作，所以較
為難懂但不難操作的頓特法大行於世。當今時代，無餘額數額法在計算機上的
操作已經不成問題，所以很值得推薦。以上討論的各種方法之詳情參看
Colomer (2004b)，初步介紹參看劉騏嘉、胡志華（1997）。

此外，大多數實行比例代表制的國家都設置最低門檻，得票率低於最低門檻的政黨得不到議席。這種做法是為了避免小黨林立的現象，雖然降低了比例性並且對小黨不甚公平，但實屬不得已而為之[360]。門檻的高低，以 3%-5%為多。在臺灣的中華民國立法院之全國不分區議席有5%的門檻，土耳其則高達 10%。在中國大陸，如果設置全國不分區議席，門檻的高度不宜走極端，3%-5%似較合適。在以省為單位的選區則不一定設置專門的門檻，因為各個選區議席不多，議席數量加一再除100%，即為自然門檻[361]（例如在有 9 個議席的省，10%即為門檻），但在各黨選票過於分散的情況下還需要某種後備方案[362]。

設置門檻的好處毋庸置疑，但投給不及門檻的小黨的選票都成為廢票，對投下這些選票的選民而言是不公平的。極端的例子，如土耳其2002 年選舉中 10%的門檻導致 46%的選票成為廢票，這一結果降低了選舉的民主性。中國大陸民主轉型初期，社會上政黨林立幾乎是必然的現象，選舉中不高的門檻也有可能導致相當大的廢票率，而且某些陣營有可能因為選票分散於許多立場近似的小黨而一無所獲，這些情況一旦

---

[360] 從東歐後共國家的經驗來看（Juberias: 2004: 323），一定程度但不走極端的比例代表制是大勢所趨：轉型後最初採用多數決制的東歐國家或引入一些比例議席，或完全改為比例代表制；最初採用較高程度的比例代表制者則透過得票率門檻等方式對比例性做出了節制。

[361] 筆者把非人為設置的得票率門檻稱作「自然門檻」。根據英文文獻，「自然門檻」分兩類：其一是「入圍門檻」（inclusion threshold，亦稱 threhold of representation），達到這一門檻則在有利條件下有可能獲得席位（但不保證一定獲得席位）。此門檻與議席分配方法和選區內參選政黨數目有很大關係，恕不詳述。其二是「出局門檻」（exclusion threshold），達到這一門檻就保證獲得至少一個席位，達不到則在不利條件下有可能出局。通常情況下，議席數量加一再除 100%所得數字是出局門檻（在參選政黨數目少於或等於議席數量的情況下，一些議席分配方法的出局門檻計算公式需要修正，在此不贅述）。關於「門檻」算法的詳情，參看 Taagepera (2007: 243)。在數學上，出局門檻必然大於入圍門檻；二者之間的模糊地帶，取決於各黨得票的具體分布。

[362] 在小黨林立、選票極其分散的情況下，可能只有很少政黨達到門檻，甚至沒有任何一個政黨達到門檻。為此，可以在選舉制度中設置後備方案，例如在達到門檻的政黨少於三個的情況下，得票排名前三位的政黨都入圍，進入議席分配流程。當然，進入這一流程並不保證獲得議席。

發生，會降低人民對民主的信心，危及民主憲政的穩定。

　　此外，許多選民為避免自己的選票成為廢票，有可能出於「棄保」心態，捨棄自己最中意的中小型政黨而轉投差強人意的大黨，導致許多中小型政黨的得票率明顯低於其民意支持率。這種棄保效應，對支持率距離門檻不遠的政黨而言極不公平。

　　有沒有辦法解決高廢票率和棄保效應的問題呢？

（二）排序複選政黨名單

　　上文討論國大代表選舉和總統選舉時介紹過的排序複選制，就是答案。也就是說，把針對人的排序複選移植到針對黨的選票上來，在選民對最中意的政黨投下一票之外，還允許選民在選票上作出第二、第三甚至更多選擇；開票時先看第一選擇，淘汰不及門檻者中得票最低者，其得票若有第二選擇，則按第二選擇分派，如此反復（若某張選票第二選擇也被淘汰，則看第三選擇），直至剩下的政黨都達到門檻[363]。

　　對中國大陸選民而言，排序複選政黨的方法不會讓人感到奇怪，因為高校招生過程中實行多年的考生填報第一志願、第二志願、第三志願的制度與排序複選制異曲同工。

　　這種「排序複選政黨名單比例代表制」，可以使選民放心在第一選擇反映自己的真實政見，在第二或第三選擇確保選票不致作廢，一攬子解決了廢票現象和棄保效應的問題（廢票難以完全消除，但可以減少到無足輕重的程度），強化了選舉的民主性[364]。此外，還有三個附帶的好

---

[363] 此門檻在各省選區以出局門檻為佳，還需輔以至少若干個政黨進入議席分配流程這一後備方案。

[364] 除了排序複選制，本書第三、四章還推薦了認可投票制，後者能否和政黨名單比例代表制結合起來呢？有趣的是，德國學者 Alós–Ferrer and Graniᶜ (2010) 已經做過了這方面的實驗，在黑森邦 2008 年的邦議會選舉中以 Messel 鎮為試點，請九百餘位選民在正式選票（單席選區兩票聯立制，一票選人、一票選黨）之外投下認可投票制的實驗選票，可以對多個候選人、多個政黨表示認可。其結果是小黨獲利、大黨受損，例如綠黨在政黨選票中的得票比例從正式選票的 7%暴增至實驗選票的 16%，而社會民主黨從 38.9%跌至 23.9%。同樣的實驗在 2009 年的德國聯邦大選中在另一小鎮重複進行，居然扭轉乾坤，

處：

其一，選戰之中，各個政黨為了避免激怒其他政黨的選民、失去被列為第二或第三選擇的機會，勢必致力於正面競選、強調自己政綱的優勢，而不是大肆採用負面競選、互相攻訐。在中國大陸民主轉型的初期，積極正面的政治空氣有助於民主政治的鞏固，所以排序複選制不論選人還是選黨都是極佳的選擇。

其二，未達門檻而被淘汰的小黨，自然有興趣知道自己的選民如何作出排序選擇。如果其中大部分的後備選擇都包含了另一個政黨，那麼這兩個黨漸行漸近就成為水到渠成之舉。選民透過選票促成的政黨整合，比政黨高層互動而導致的整合更具有穩固的基礎。

其三，過關而獲得議席的中小型政黨，在決定是否與大黨聯合組成聯盟之時，同樣可以參考自己的選民的其他選擇，這就為政黨聯盟的形成提供了有力的民意基礎，有助於政局的穩定。[365]

中國大陸民主轉型的初期，大黨獨斷專行的現象不利於民主的鞏固。與一黨制（指的是一個大黨、多個無足輕重的小黨）和兩黨制相比，**透過「排序複選政黨名單比例代表制」而改進的多黨制有助於減少**

綠黨從正式選票的第三位一躍而為實驗選票的第一位。個中原因在於，最中意於某大黨、其次中意於某小黨的選民在此制之下對兩個黨都表示認可，和傳統選制相比不增加大黨的得票，只增加小黨的得票。反之，排序複選制用於政黨名單，大黨鐵定不會出局，所以第二選擇投給小黨並不影響計票結果。上述實驗說明，認可投票制用於政黨名單比例代表制有可能不利於政局的穩定（難以形成大黨）。排序複選制用於政黨名單，就沒有這一弊端。

排序複選政黨名單比例代表制在理論上並不複雜，然而，筆者形成這一構想之後查閱了選舉理論與實務領域的大量學術文獻，尚未見到關於此制的任何論述，更談不上實踐或實驗。在中、英文互聯網上只查到一篇沒有署名的英文博客文章（FairVote 2014）簡單談論了這一選制的設想。筆者在此拋磚引玉，希望引發進一步的討論和研究。

[365] 意大利學者薩托利將政黨聯盟分為偏於極化、內鬥頻繁的「異質」（heterogeneous）類型與理念接近、易於妥協的「同質」（homogeneous）類型，認為後者有助於形成各黨積極協作、治理能力較強的聯合政府，參見 Sartori (1997: 60)。筆者認為，政黨名單的排序複選為政黨結盟提供了民意基礎，有助於促進執政聯盟的同質化。至於 1940 年代中共鼓吹國共兩黨組建聯合政府，因其極強的異質性而不可能成為解決當時中國政治問題的有效方案。

政爭、促進共識，**實現「共識決」而不是「多數決」**（後者有更大可能
導致社會割裂和政治危機）。

（三）轉型初期政黨整合的途徑

　　結束本小節之前，有必要對中國大陸民主轉型初期的政黨政治問題
略作討論。民國初年數百個政黨驟然湧現，臺灣開放黨禁之後也有類似
局面，那麼中國大陸重現政黨百花齊放的格局幾乎是必然的。但是，這
樣的格局必須盡快整合為幾個中型和大型政黨，以促進政治的穩定。否
則萌芽狀態的小黨鱗次櫛比，選民難免無所適從，民主轉型過程中極其
重要的最初幾次選舉有可能弊病環生。

　　如何促成小黨的整合呢？筆者認為，中國大陸以重歸民國法統的方
式實現民主轉型並選擇合適的選舉制度，即可在選舉過程中自然而然推
動政黨整合：

　　（1）中國大陸民主轉型過程中第一個選舉，應當是國民大會代表
的選舉，以單席選區排序複選或認可投票的方式產生絕大多數甚至全部
國大代表（同時可以考慮連帶著選舉產生縣級和基層自治政府，但後者
因自治法規尚不完善而具有臨時性質）。如前所述，國大代表選舉的排
序複選制有利於溫和的、黨性不強的候選人，可以淡化政黨政治對國民
大會的影響，但選舉過程並不排斥政黨。國大代表選票上針對候選人的
排序，可以體現選民對各個候選人以及各個政黨相似度的觀感。所以，
國民大會代表選舉結束後，國大代表選票的數據分析和即將到來的立法
委員選舉的壓力將促成第一波政黨整合。

　　（2）鑒於民國憲法原文所規定的立法委員人數計算方式已不切合
當前情況，國民大會必須就立法委員人數問題對憲法作出增修。此外，
為進一步促進政黨整合，可考慮在關於立法委員人數的修憲案或選舉法
中加入政黨地域分布的要求，例如一個政黨必須在至少 10 個省級選區
達到參加立法委員選舉的標準（提出候選人名單，並得到一定數量的選
民的簽名支持），才可獲准參加任何一省的立法委員選舉[366]。上述做

---

[366] 黨員之多數為非漢民族的政黨在為非漢民族提供議席保障的省區應免於這

法，能夠避免政黨地域性碎片化的局面，促成第二波政黨整合。兩波整合之後，達到參選標準的政黨數量不會過多，便於選民挑選。

　　第二波政黨整合的同時，還可以發生以非漢民族為基本盤的政黨與全國性大黨的合作。前者勢必難以獲得全國不分區議席，但是，民國憲法為非漢民族提供了議席保障（參看本節第一部分的討論），在這一前提下，地方性政黨從議席保障所獲得的優勢彌補了其在全國整體範圍的劣勢[367]。在設有非漢民族議席保障的選區，排序複選政黨名單制度可以讓非漢民族選民一票多用，如果第一、第二選擇投給了有望奪得民族保障議席但無法競爭全國不分區議席的地方性政黨，那麼第三、第四選擇可以投給全國性的大黨。這樣的安排有助於地方性政黨和全國性的大黨在民意基礎上的合作，增強前者的向心傾向，這正是斯泰潘、林茨等學者倡導的有利於「打造國族」的因素之一[368]。

一限制。在臺灣的參照下，漢族內部以地域、方言為基礎的政黨分化似有必要予以遏制。筆者認為，民國憲法基本國策條文為邊疆民族（意指弱勢原住民族）提供的自治保障可以成為為非漢民族政黨「開綠燈」之法源，漢族的地方性政黨則得不到同等待遇，否則漢族內部（甚至在一個省的漢族居民之間）形成並強化「語群」（此概念參看葛永光 2000：287）之間的割裂，不利於民主鞏固。

[367] 選舉法可以做出如下規定：在設有非漢民族議席保障的選區，暫不考慮非漢民族保障議席而僅僅依據政黨名單嘗試分配議席之後，如果非漢民族席位尚未達到保障額度，那麼這一非終局議席分配步驟中得到漢族議席最多的政黨（若數黨並列最多，則取其中得到非漢民族選票最多者）必須將一個漢族席位讓與其名單內尚未入圍者中排名最高的非漢民族候選人，依此類推，直至該選區非漢民族席位達到保障額度為止。

[368] 參看註 87 以及 Reilly (2001), Reilly (2012)。Reilly 倡導「向心主義」（centripetalism），即透過選舉制度設計（例如單席選區排序複選制、單記可讓渡投票制）促使政治人物跨越族群界限爭取選票、實現政治妥協，並促進立場居中、有凝聚力、包含多個族裔的政黨的形成。Reilly (2001: 188) 認為其所提倡的向心主義模式最適於兩種情況：（1）族群數量極多（如巴布亞新幾內亞）；（2）族群數量較少但高度分散、混雜居住。筆者認為，中國這樣主要民族人口比重極大、少數民族在其聚居區人口比重較大的國家，主要民族和少數民族各自的聚居區都不具有上述兩種情況。少數民族集中的區域必然湧現民族政黨（禁止組建民族政黨則有違自由原則，保加利亞 1991 年憲法有這方面的限制，但在國際壓力下透過司法釋憲途徑賦予民族政黨合法地位，參看

　　（3）排序複選政黨名單比例代表制的立法委員選舉，則會促成第三波政黨整合，奠定其後數年的政黨格局。此外，還有一個值得考慮的臨時制度是要求在民主轉型後第一屆立法院獲得席位超過一定比例的政黨都進入行政院組成大聯合內閣，以進行磨合並避免激進政策。

　　（4）為了限制地域性政黨，一個值得考慮的做法是借鑒「票池」（vote pooling）模式[369]，對全國不分區議席做出限制，要求一個政黨必須在一定數量的省級選區達到門檻才可分得全國不分區議席，甚至可以依據各個政黨在全國各省級選區得票率的離散程度，對其在全國的總票數做出下調[370]，再分配全國不分區議席。但是，在民主轉型初期，許多政黨尚且難以在全國各地打開局面，所以「票池」模式不妨預設從第二

Smilov 2013: 631-633），最佳方案是透過政黨名單排序複選比例代表制促使地方民族政黨與全國性大黨合作，達到「向心」的效果，可以稱作另一種「向心主義模式」。

[369] 「票池」指的是候選人在基本盤之外爭取其他選民支持、匯集不同群體的選票（參看 Horowitz 1991: 177-203; Horowitz 2002: 23, 26；戴雅門 2015：190，256-257），例如尼日利亞要求總統當選人不但贏得全國範圍的最高票，而且在至少三分之二的州獲得四分之一以上的選票。霍洛維茨認為引入票池機制的總統制在族群深度割裂的國家優於英式單席選區相對多數模式的議會制（Horowitz 1990）。但票池並非總統選舉制度的專利，在議員選舉制度上可以採用單席選區排序複選制（Horowitz 1991: 188-191）或單記可讓渡投票制（Reilly 2001: 131-148）而形成票池。筆者認為，議會內部執政聯盟的形成亦可引入票池機制，例如依據地域劃分議員團（可以是虛擬的，僅用於計票，不以此為單位進行活動），要求閣揆必須在至少三分之二的地域議員團獲得四分之一以上的支持。

[370] 關於政黨在各選區得票率離散程度的計算方法，筆者認為以各選區的分區立委議席數量為權重的加權標準差（weighted standard deviation）較為合適。加權標準差，是統計學的初等概念，可查閱統計學教科書或網路資料，高中以上學力者應當不難理解，在此不贅述。政黨在各選區得票率的加權標準差，除以其全國總得票率，所得係數可以作為「偏區罰率」，從其總票數中扣除相應的部分。在各個選區得票率較為均勻的政黨，標準差近乎零，基本上不受影響；得票分布較不均勻的政黨則遭到較大懲罰，例如全國總得票率為 40%但各選區得票率加權標準差為 10%的政黨，「偏區罰率」為 25%。對各個政黨施加「偏區罰率」後再度計算得票率，有些原本達到門檻的小黨可能跌破門檻而出局，其得票按排序複選的後備選擇分派給其他政黨後的各黨得票可視為最終數字，用以分配全國不分區議席。

次或第三次立委選舉開始使用[371]。這樣的預設規定，有助於促使在不同地域力量較強、政治立場接近的幾個小黨整合為中型、大型政黨。

四　政黨候選人名單公平性問題

政黨候選人名單，涉及政黨內部的暗箱操作，有可能招致爭議。

就名單人選而言，如前所述，名單是對選民公開的（可以要求各個參選政黨在選舉登記截止日必須公開候選人名單，以確保選舉的直接性，給選民足夠的時間來分析名單、甄別候選人），所以各個政黨內部議定名單之時必須考慮選民的反應，爭議人物列入名單會影響政黨的得票（例如黑金背景者有可能把全黨拉下馬；觀點極端者雖然可以鞏固基本盤，但同時會嚇走許多中間派、無黨派選民）。也就是說，名單的公開性可以促成名單人選的優化，名單產生過程之暗箱操作所可能帶來的一些弊端由此得到遏制[372]。

就名單之內的候選人排序而言，政黨暗箱操作有可能導致某些在選民中眾望所歸的候選人因黨內派系平衡與權力運作問題而排名靠後，甚至可能發生下述情況：某個排名居中或靠後的候選人獲得許多選民的支持，提升了政黨的得票率，但開票後按排序分配議席時這位候選人因排名不夠靠前而未能入圍[373]。為了避免這種不甚公平的現象，許多國家採

---

[371] 可以類比的先例，是德國聯邦議會選舉之比例議席的 5%得票率門檻在 1990 年兩德剛剛統一時被法院暫時推翻，因為東德地區政黨發展尚處在雛形階段（Pildes 2012: 538）。

[372] 政黨的內部運作是否民主，根本上取決於選民對其運作方式的認可程度。如果一個內部運作不夠民主的政黨能夠營造長期穩定的選民基本盤，即使制度因素避免了黨魁霸權也難以推動深層次的黨內民主。反之，西方國家的經驗表明，敗選往往成為強化黨內民主的動力（Cross and Blais 2012）。

[373] 這一現象在封閉式名單制度下可以為政黨所利用。Galasso and Nannicini (2015) 指出，政黨可以把黨性較強的候選人放在封閉式名單的較高位置，依靠基本盤而鐵定當選，然後把能力較強、對獨立選民更有吸引力但黨性不強、有可能在議會投票中違背政黨意見的候選人放在名單的居中位置，不能鐵定當選。後一類候選人吸引來獨立選民的選票，提升了政黨的得票率，才可當選。臺灣學者包正豪（2009）也在臺灣各黨的不分區立委名單中觀察到了類似現象，即排名靠前者多為現任立法委員、政務官員或黨務官員，專家學者較少進

用了一定程度的「開放式名單」制度[374]。這裡不枚舉開放式名單的可能
方式，而是針對中國國情，推薦較為合適的制度：

在中國大陸民主轉型的初期，鑒於選民民主習慣的缺乏和政黨政治
的不成熟，似不宜急於追求選舉制度的完善。封閉式名單，即選民在代
議立法機關的選舉中只選黨、不選人，因其簡單易行並有助於加強政黨
的凝聚力[375]，是民主轉型初期最為適合的選擇。政黨內部制定名單之時
可能出現的不公平現象，在政黨政治的幼年時期可以透過候選人另投他
黨而得到一定程度的解決。

待到民主政治在中國大陸日趨鞏固，早期多個政黨經過重新洗牌而
整合為幾個中型、大型政黨和一些邊緣化的小黨，前述政黨分裂重組機
制即逐漸失去普遍的可行性。此時，名單制度可考慮優化。例如，在針
對政黨投票的基礎上，允許選民在所選政黨的候選人名單上進一步圈選
一個或數個候選人[376]。排名靠後的候選人，如果被一定百分比之上的選
民圈選，其排序即上升至名單前列（這些候選人之間，以得票多少排
序）。可以預料的是，如果沒有出現名單排序過於離譜的現象，大多數

入「安全名單」（但是，2016 年民進黨不分區名單前八位皆為黨政事務之外
的專業人士，參看李明軒 2015）。筆者認為，議員在議會投票中遵從政黨意
見是西方民主國家政黨政治的常態，不必在制度上強求削弱候選人的黨性，透
過政黨競爭的壓力促成候選人名單的逐步優化即可。

[374] 值得注意的是，開放式名單制度有可能造成弊端。1948 年至 1992 年，意大
利的大部分選區都允許選民在投票給政黨的同時在政黨候選人名單中排序挑選
三位最中意的候選人，這一制度不但助長了議員和助選人的恩主-扈從關係
（D'Alimonte 2005: 254-255），被黑金政黨用來配票，甚至提供了舞弊的溫
床，各個政黨的監票員互相保證正確統計各黨得票，至於各黨內部候選人的排
序得票，監票員就互不監督，隨意舞弊，根據黨內大佬的意旨把某些排序並不
靠前的候選人扶上位（Sartori 1997: 18）。意大利的教訓似乎說明幼年時期的
民主選舉制度不宜採用開放名單，否則容易滋生弊端並長期固化。待到民主制
度已經鞏固、國民民主素養大為提高，再引入開放名單制度，發生流弊的危險
勢必降低。

[375] Lijphart (2004: 101)。

[376] 在省級選區，由於席位不多，甚至可以採用更大程度的開放式名單。此
外，開放式名單最好首先由一些省級選區進行嘗試（可在不同選區嘗試不同版
本的開放式名單制度），不宜在全國貿然全面實施。

選民可能會圖省事而不圈選任何候選人（可視同圈選排名首位者）。

　　此外，政黨在各省選區的名單似應由各省黨部或各省黨員會議自行決定，而不宜由中央黨部包攬各省名單和全國不分區名單，否則黨魁權力勢必過大，而且有可能出現「異地當選」的現象（例如黨魁把親信安插到該黨支持率較高的省份的候選人名單上，儘管親信的住地和籍貫並不在這一省份）[377]。如果實行一定程度的公費競選制度，那麼國家似應根據選民登記、選票等指標，直接劃撥一部分競選經費給各個政黨的各省黨部，而不是把全部資金交給各黨的中央黨部。公費競選是民主國家常見的制度，有長期的經驗可循[378]，但已超出本書所討論的範圍，恕不詳述。

五　婦女名額問題

　　民國憲法第 64 條規定婦女立法委員名額以法律定之。臺灣目前立法院的區域席位沒有婦女名額，全國不分區席位則要求各黨當選人之一半為婦女。中國大陸民主化之後，如果絕大多數議席實行比例代表制，似可考慮類似做法，規定開票之後各選區內各個政黨議席的婦女比例。按排序名單填充議席之時，如果達不到婦女比例，則需要讓排名靠後的女性候選人優先分得議席[379]。考慮到女性選民的力量，名單上婦女候選人過少的政黨勢必很難贏得女性選民的支持，所以政黨名單比例代表制有利於增加婦女議席的比重，最低名額的規定雖然有必要存在，但在實

---

[377] 「異地當選」是政黨獎勵忠實分子的一種手段，參看 Galasso and Nannicini (2015: 262)。「異地當選」之正當性的一個前提是議員代表全國而不代表各自的選區，但正如本書第二章所論證，筆者認為議員應當既代表全國又在一定程度上代表選區。如果各省黨部或各省黨員會議對本省選區候選人名單有決定權或主導權，「異地當選」現象即不太可能發生。

[378] 參看李惠宗（1998），國立政治大學選舉研究中心（2007）。

[379] 類似的做法，可用於解決職業團體代表問題。例如，要求各個政黨的全國不分區候選人名單中單獨列出代表工商業勞方、資方、農民、教育等職業團體的候選人，得票較多的若干個政黨需要把幾個席位優先分配給若干個職業界別，政黨得票排名越靠前，越需要涵蓋更多職業界別，排名稍靠後的政黨則只需涵蓋較大的職業界別。這樣的安排，有助於促使政黨（尤其是大黨）重視各個職業，而不是偏重於狹窄的基本盤。

際操作中或許不會經常觸及底線。

六　立法委員缺位替補問題

民國憲法第 75 條規定「**立法委員不得兼任官吏**」，也就是說，如果立法委員成為行政院閣員，即應從立法院去職。此外，立法委員辭職或去世也會造成缺位。政黨名單比例代表制，在缺位出現時可從原有名單中替補，不需另行補選。

順便說明，張君勱先生在《中華民國民主憲法十講》中有如下建議：憲法第 75 條「**既有此規定，自然部長人才無法取之於立法院之內，或者說凡被任命為部長之人，非辭立法委員不可。但我以為此條文之解釋如何，應俟吾們對於立法院之政策決定之後，然後其解釋乃有意義。假定政府與各黨決定部長可以兼任立法委員，就是說凡任部長之人，不必辭去立委，則部長議席可以保留，雖部長不坐在原座位之上，甚至不許投票亦無不可，但一旦辭去部長之後，仍可回到立法院議席上。此種辦法好處，就是有行政經驗之人，可以參加立法工作，對於立法方面只有好處。**」[380] 張君勱先生的主張（並非制憲共識而是他在事後提出的較為牽強的變通方式），在司法院大法官解釋中並未得到贊同，但在比例代表制的情況下，可以有如下的變通方式：立法委員因出任閣員而辭職者，其政黨依據名單排序而推出的替補立委具有臨時性，一旦原任立委離開內閣，只要其原有立法院任期尚未結束，而且本人有意返回立法院，即可在立法院復職，其替補人選則自動去職。這個變通方式在歐洲議會制國家有先例可循[381]，確保了立法院人數的穩定，並且可以透過立法而不是修憲的方式來實現。

七　立法院任期問題

民國憲法第 65 條規定立法院委員任期三年，可連選連任。立法委員和內閣成員是否應當有連任次數的最高限制呢？這個問題，在中國大

---

[380] 張君勱（1947：149）。

[381] 瑞典、比利時採用這種方法，參看 Van der Hulst (2000: 48)。

陸民主轉型初期沒有實際意義，可留待民主制度鞏固之後再做討論[382]。

另一個值得討論的問題是立法院的固定任期。如前所述，民國憲法之制度作為改進型議會制，為促進政局的穩定而沒有給立法院以單方面倒閣權，也沒有給總統和行政院長以解散立法院的權力，但既然在倒閣問題上可以有「建設性倒閣」的變通機制，那麼在立法院解散問題上是否應當允許一定程度的變通呢？筆者認為，可以考慮透過修憲賦予立法院以超級多數決的方式自行解散的權力：在立法院剩餘任期超過一年的情況下，經立法委員總數三分之二同意，立法院可自行解散，在一個月內舉行選舉，新選出的立法院補足上一屆的剩餘任期。這一設想對應於本章第一節簡略提及的一個特殊情況：如果總統所支持的行政院長在立法院所獲支持跌之三分之一或更低，那麼這樣的「超級少數派」內閣存在的價值也許是有限的，立法院在無法形成穩定的三分之二多數集團杯葛行政院長而迫使其辭職的情況下，只要「自行了斷」，即可訴諸選民，形成新的立法院和新的內閣。這在效果上是一種特殊的倒閣途徑，因其不可能經常發生，無損於民國憲法促進政治穩定性的初衷。

八 代議立法機關一院制問題

雖然民國憲法的國會制度有「三院制」之說，但代議立法機關僅有立法院，就代議立法職能而言是事實上的一院制。考慮到代議立法機關兩院制盛行於多數民主國家，民國憲法在這一方面是否有欠缺呢？為了找到這個問題的答案，我們不妨參照美國政治學家達爾的觀點。達爾在《美國憲法有多民主？》書中指出，雖然幾乎所有的聯邦制國家和許多單一制國家都實行兩院制，但是，即使在透過上院的議席配置來促進聯邦成員平等地位的聯邦制國家之中，上院具有較強立法能力的也只有四個，許多國家的上院都趨於虛化無為。對於一些歐洲國家取消國會上院的做法（如瑞典於 1970 年由兩院制改為一院制），達爾表示贊同[383]。

---

[382] 為了促進立法委員的專業化、提高立法質量，筆者認為如果設置最高累計任期上限則應當選擇一個較大的數字，例如 30 年（可以使大多數長期連任的立法委員連任至適宜退休的年齡，「功成身退」）。

[383] Dahl (2004: 45-46)。

達爾的著作主要是面向美國讀者，對美國憲政制度的缺點作出批判，但對中國讀者也有參考價值。

中國大陸民主轉型的初期，如果設置具有較強立法能力的國會上院，有可能因為上下兩院的政爭而影響民主憲政的鞏固。此外，如果上下兩院被同一個多數黨控制，那麼兩院之間即難以做到充分的制衡，反而由於每一個法案都必須獲得兩院通過而降低立法效率。

立法院作為一院制代議立法機關，可以避免上述問題，但立法院多數派擅權的現象也是有可能發生的。如果立法院多數派的行徑普遍不得人心，國民大會在民主憲政初期儘管尚未獲得對普通法律的創制權和複決權，也可考慮使出修憲權這一殺手鐧。事實上，國民大會和總統的潛在影響力（包括修憲的威脅和柔性影響）有可能對立法院形成足夠的制約。

民國憲法的長期目標（在國民大會獲得對普通法律的創制權和複決權之後）是在平時授權立法院以較高效率行使代議立法職能，在必要情況下由充分體現民意、實行委任代表制民主機制的國民大會對立法院作出制衡，以兼得高效和制衡之利。如果中國大陸民主轉型之時的普遍共識是避免立法院擅權，那麼，提前賦予國民大會對普通法律的創制權和複決權，以及給總統以將不及高票標準的立法院法案提請國民大會複決的權力，是勝過兩院制代議制度的方案。臺灣 2014 年立法院多數黨試圖強行通過「服貿協議」而引發學運，似乎說明中國大陸民主轉型之時需要對代議立法機關施加足夠的制衡[384]，以防患於未然。

九　立法院長定位問題

在臺灣的中華民國立法院，本應成為華人世界的民主樣板，但令人遺憾的是，不但許多立法委員行徑荒唐，而且立法院長對立法委員的違

---

[384] 從另一角度著眼，兩岸協議由行政部門主導、由執政黨憑藉其國會多數席位試圖強行通過，反映的不僅僅是立法部門的問題而是整個代議民主機制的問題。前任大法官許宗力（2014：1063）認為「在代議民主顯有功能缺陷之狀況下，我國直接民主如公投、罷免等制度亦因設計不良而幾乎無法運作，無法成為制衡行政權之管道。」

規行為往往聽之任之。究其原因，有必要指出，民國憲法在臺增修後形成的兩黨制和事實上的總統制政體，使立法院和總統主導的行政院不再具有協同性，所以立法院長的權力得到強化（美國眾議院議長和參議院多數黨領袖權力很大，也是同樣的道理）[385]。這一前提之下，立法院長對某些立委違反議事秩序的行為採用放任的態度，在效果上為暗箱操作的「黨團協商」提供了理由[386]，進一步強化了自身權力。但話說回來，立法院長擴權，對掌握行政實權的總統起到了制衡作用、避免其擅權，並使少數黨的意見在立法程序中得到了一定程度的尊重，所以有其正面作用。

　　民國憲法原初條文所規定的改進型議會制，在絕大多數情況下可以保證立法院和行政院的協同性，並且有國民大會和超然於五院政府的總統對政府擅權的傾向進行柔性制衡（必要時可施加硬性制衡），所以民國憲法重新施行於中國大陸之後的立法院不應出現實權院長。理想的狀態是效法議會制國家常見的制度，議長（立法院長）以超然的姿態負責主持會議、履行程序性的任務，並依據議事規則執行紀律、維持秩序，而不具有政治性的實權[387]。但是，由於缺乏民主傳統，中國大陸在民主

---

[385] 一般來講，議會制國家的國會議長處於中立地位，總統制國家的國會議長因立法與行政壁壘分明而具有政治實權，參看薩孟武（2007：245-246），陳淑芳（2001：188-190），楊日青（2014：265-266）。

[386] 「黨團協商」制度實不可取。臺灣學者、民進黨政治人物趙弘章（2005）指出了這一制度的許多嚴重弊端，如：弱化了立法院各個委員會的功能，無法落實專業審查；並未提昇議事效率、防止立法停滯（按：2008-2016 年國民黨「一致政府」期間，立法怠滯現象仍然嚴重）；因「黨團協商」過程不透明、無記錄而導致黑箱立法和利益輸送；小黨輕易杯葛法案，等等。類似觀點見吳庚、陳淳文（2013：455）。

[387] 「議長中立化」已成為臺灣兩大黨的共識：國民黨在 2015 年 10 月提出「國會議事效率化、協商透明化、議長中立化」三項國會改革目標（中央社 2015b）；2016 年 1 月大選中大獲全勝的民進黨在選後數天舉行的中常會上就國會議長中立化問題提出三點原則：「一、立法院的正、副院長不應參與政黨活動。二、立法院的正、副院長不應擔任所屬政黨任何層級職務（含中央常務執行委員、中央執行委員，中央評議委員等）。三、立法院的正、副院長，除依據憲法代表立法院參與由總統所召集行政、立法之間解決爭執的相關會議外，不應參與黨政協調平臺機制的相關會議。此外，立法院的正、副院長主持

轉型初期乃至轉型啟動之後相當長的時間能否真正做到「議長中立化」是令人懷疑的，如果負有「中立化」之期待的議長濫用其在議事程序等方面所能夠支配的彈性空間，將有礙民主鞏固。為此，德國式「合議制」議長制度（各個黨團推派一人組成主席團，輪流擔任議長、副議長，並依席次比例推派代表組成「元老院」，議長做出決定前需徵求「元老院」的意見[388]）似乎是較好的選擇。

立法委員的違規行為，雖然可以在規則的基礎上進行懲戒，但防患於未然是最佳策略。多黨制的共識式民主機制，以及選黨不選人的比例代表制，有助於在立法院形成健康的議事氛圍，促使少數黨立法委員選擇文明理性的行為方式。

第三節　司法院

一　司法院的定位

（一）現狀

民國憲法第 77 條規定「司法院為國家最高司法機關，掌理民事、刑事、行政訴訟之審判，及公務員之懲戒。」中華民國行憲實踐中，司法院除大法官釋憲外，角色是司法行政機關[389]而不是終審法院，下設最高法院、最高行政法院和公務員懲戒委員會承擔終審職能（最高法院、最高行政法院之下再設置各級法院[390]，公懲會則為一審制）。各個

議事，應秉持議事中立之原則，不得偏袒。」（民主進步黨 2016）但是，考慮到臺灣修憲之後形成了近乎總統制的半總統制政體，一旦再度發生「分立政府」的情況（即總統和行政院長不屬於國會多數派別），「議長中立化」的制度很可能難以為繼。

[388] 參看陳淑芳（2001：201-202）。

[389] 大法官不兼任司法院正副院長者不介入司法行政事務。

[390] 最高法院之下的高等法院和各級法院原本劃歸行政院司法行政部，1960 年釋字第 86 號解釋認為「高等法院以下各級法院及分院既分掌民事、刑事訴訟之審判，自亦應隸屬於司法院」，遲至 1980 年方才落實。吳庚大法官認為釋字第 86 號解釋屬於「溫和的『警告性裁判』」，沒有明文宣告違憲，如果得

法院以及公懲會皆為獨立機關，法院儘管審級高低不同，仍享有獨立性。法律的實施和公訴事宜，則依據西方國家常見做法，由行政部門負責[391]（對應於大陸常用的「公檢法」概念，「公」與「檢」屬於行政院，「法」屬於司法院）。

如果讀者對司法院的司法行政職能有所困惑，不妨借鑒美國制度：美國聯邦法院體系的司法行政權，曾屬於聯邦行政分支的司法部；1934年美國國會立法授權最高法院制定聯邦法院的程序規則，1939年又設置了美國法院行政局，在最高法院首席大法官及下屬法院代表所組成的司法會議的監督之下負責聯邦法院體系的司法行政[392]。至於司法院之下近乎「單一制」的司法體系，在聯邦制國家亦屬常見（美國的聯邦、州、印第安保留地司法體系並行的做法，並不通行於世界各地聯邦制國家）。

（二）制憲者的意旨和司法界的反應

司法院的上述實際定位，是否與憲法第 77 條不相符合呢？這一問題，在臺灣司法界爭議多年，儘管 2001 年釋字第 530 號大法官解釋認為制憲意旨是司法院成為最高審判機關，仍然爭議不斷；而且這一解釋提出立法院應在兩年內完成司法院改制之立法，引起了強烈的反彈，截至 2016 年本書定稿之時仍未立法落實，可以說已經無疾而終。

不到改正則可能在將來正式宣告違憲（吳庚 2005：5，吳庚、陳淳文 2013：657）。雖然「警告性裁判」不是明文宣告違憲，但在解釋性的意涵上與違憲宣告沒有本質區別（僅僅在政治操作意涵上有所區別），行政部門多年置之不理，凸顯了威權體制下憲政不到位的局面。至於後來的釋字第 530 號解釋在民主體制下仍然無法落實，主要原因在於其爭議性；釋字第 86 號解釋所主張的法院系統之司法行政從行政體系剝離、檢察系統留在行政體系，即審檢分離，沒有巨大爭議。

[391] 1990 年代臺灣修憲過程中有學者主張將檢察系統甚至整個法務部從行政院劃歸監察院，以藉助監察院作為超越黨派的憲法機關的地位，避免行政干擾、增強公正性與獨立性（周陽山 1990 [1993：162]，周世輔、周陽山 1992：128-129）。

[392] 蘇永欽（2004：51）。此論文介紹了西方主要民主國家的司法行政制度（有多種模式）。

　　筆者為了探求司法院定位之制憲意旨與憲法條文所能夠容納的解釋空間，查閱了臺灣法學界和司法實務界數十篇論文和研討記錄，認為法學家法治斌教授[393]和蘇永欽教授[394]以制憲國民大會速記錄、《國民大會實錄》、制憲國大代表阮毅成先生著《制憲日記》等史料為基礎做出的考證較為詳實。茲概述如下：（1）1946 年 1 月政協會議決議案以美國制度為藍本，提出「司法院即為國家最高法院，不兼管司法行政，由大法官若干人組織之」[395]；4 月版的政協憲草依據前述決議將司法院定位為大法官若干人組成的最高審判機關，兼管憲法解釋，但沒有明文規定司法行政的歸屬。（2）制憲國民大會並未推翻政協會議關於司法院負責審判的決定（政協憲草之司法院為「國家最高審判機關」在憲法中

---

[393] 法治斌（2002）。該文對釋字第 530 號持贊成態度。

[394] 蘇永欽（2002a）。該文與前註的史實考證基本一致，但從義理和實務出發，對釋字第 530 號持反對態度。筆者多方比較之下，基本贊成蘇永欽教授的意見。見解類似的還有吳信華（2015：657-661），

[395] 政協會議為什麼堅決反對司法院兼管司法行政呢？根據政協秘書長雷震（2010a：267-268）的記述，原因是「政協民主人士」認為司法院兼管司法行政會破壞司法審判，而且司法行政涉及國家財政，不能單獨分立，離不開行政院。這兩個理由仔細推敲都是站不住腳的：司法行政由行政院管轄，就不會破壞司法審判嗎？司法預算固然屬於行政院制定的總預算的一部分，但作為專項預算可以在總預算中單獨列出、由立法院定奪（此即臺灣 1997 年修憲所規定的「司法院所提出之年度司法概算，行政院不得刪減，但得加註意見，編入中央政府總預算案，送立法院審議」），為何一定要取決於行政院呢？筆者揣度，「政協民主人士」舉出上述似是而非的理由，很可能是受共產黨慫恿、被共產黨推出來當槍使，而共產黨暗中的真正目的是確保其割據地區的法院設置、司法人事等地方司法行政事項不受中央司法院的束縛——如果司法行政屬於行政院，那麼依據地方自治原則，地方政府享有地方立法權、行政權，連帶著可以要求享有地方司法行政權。關於這一猜測，一個旁證是共產黨在政協會議憲草小組力爭地方法官民選（張君勱先生反對中共的司法地方化主張，沒有遷就中共）。此外，民社黨蔣勻田（1976：62）關於政協憲草審議會圍繞地方制度之爭吵的追憶似可推及司法行政權歸屬的問題，成為間接的史料證據：「當時中共因內外的處境，所型成的心理設想，重在保持地方的完整自治權力，不願讓中央政府插足其間。此一設想，不要說當時富於優越感的國民黨未曾識透，就是我們這些處在逆境的在野黨，也未能深解中共代表們的心理。所以一頓二挫，無端的拖延時間。及乎內外的形勢變了，和談有利的條件，亦隨之而變。」

改為「國家最高司法機關」僅僅是為了與其他四院之定位相對稱而做的文字調整）[396]。（3）制憲國民大會分組審查憲法草案過程中，負責審查司法院一章的第四審查委員會絕大多數意見主張司法行政屬於司法院，試圖改變政協關於司法院不兼管司法行政的決定，直至國民黨中央對國民黨籍制憲國大代表做出「原草案有關司法院之組織及大法官超出黨派以外兩條，必須維持，不必再提司法行政部屬於司法院」[397]的指示方才作罷；最後通過的憲法和政協憲草一樣隻字未提司法行政問題。（4）制憲國民大會否定了政協憲草為司法院設計的美式最高法院架構（大法官兼管審判和釋憲），為了減輕大法官的工作負擔而有所分工[398]，在憲法第 79 條明文規定大法官職權為解釋憲法及統一解釋法律、命令，言外之意是司法院應另設一批法官專事審判[399]。（5）憲法頒布後，司法院體制和司法行政歸屬問題在司法實務界激起強烈反彈，例如最高法院、行政法院、中央公務員懲戒委員會全體同仁公開發表〈對於司法院應兼掌司法行政之意見〉。因司法界的強烈反對，國民政府為預

---

[396] 另一個有爭議的條文是政協憲草之「司法院及其以下各級法院之組織，以法律定之」在民國憲法中改為「司法院之組織及各級法院之組織，以法律定之」，似乎將司法院排除在「法院」之外，但這一改動並非制憲國民大會所為，而是在政協憲草提交國民政府立法院通過之前經王寵惠、雷震等人做最後的文字整理時所做（雷震 2010b：92），包含在立法院提交國民大會的正式憲草中。立法院長孫科向國民大會介紹憲草時仍然說憲草所設計的司法院「相當於美國之最高法院」，所以在意旨上不一定有明顯改變。

[397] 直接引自阮毅成（1970：56）。

[398] 根據制憲國民大會速記錄，與會代表明確指出：「現在最高法院推事（按：『推事』為法官的舊稱）約有百餘人，掌理全國訴訟，尚感人力不敷，倘將來設大法官百餘人，甚為困難。我國最高法院與美國不同，大法官須對全國人民解釋法律，在歐美各國大法官除辦普通審判外，兼為解釋憲法，故於條文中決定增加掌理前條規定事項數字，對大法官任務作明確規定」（《國民大會制憲會議記錄謄正本（四）》頁 18-19，轉引自蘇永欽 1998：265）。

[399] 蘇永欽（1998：212-213）認為司法院作為憲法機關，其成員沒有不明定於憲法而須另以法律補充之理，所以對司法院另設法官是否合乎制憲意旨表示懷疑。筆者很推崇蘇永欽教授的司法院改革方案，但不敢苟同上述懷疑，因為制憲國民大會審議過程中紛爭不斷，在這個細節問題上略有疏漏並不奇怪，不宜因為「應然」而排除疏漏之可能。

備行憲而制定（尚未施行）的司法院組織法在行憲前夕修正，原定的司法院分庭審案制度（按：「法庭」並非獨立機關）改為司法院下設最高法院等獨立機關審案的制度，維持了行憲前的舊制。

上述歷史脈絡之中，需要釐清的一個概念就是「司法行政」。廣義的「司法行政」包含了檢察系統和法院系統二者，此即前述國民黨中央指示「不必再提司法行政部屬於司法院」之所謂「司法行政部」在制憲之時的管轄範圍。也就是說，司法行政之歸屬的爭議，包含了審、檢是否「分家」的爭議。行憲之初，司法行政部仍然屬於行政院而不是司法院，即反映了制憲意旨，但最高法院、行政法院（當時為一審制，談不上「最高」）、公懲會成為司法院之下的獨立機關。至 1980 年各級法院皆劃歸司法院，行政院下的司法行政部不再兼管法院行政、改稱法務部，檢察系統和法院系統的司法行政完全分開。

（三）解釋和展望

筆者認為，儘管制憲者的意旨是司法院分庭設法官負責審案，但制憲意旨不能成為絕對的標準，憲法條文文句本身所能夠容納的合理解釋不能僅僅因為不合制憲意旨而宣布違憲[400]。換句話說，雖然制憲者對憲法的每一個條文都有其原始意旨，但如果一些條文使用了模稜兩可的語言，那麼這些條文在制憲意旨之外的合理解讀亦可成立。「原意主義」的信奉者可能不以為然，但是，對不起，制憲者既然語焉不詳，那麼其意旨僅僅具有參考價值而不具有完全的約束力[401]——制憲者沒有明說的

---

[400] 憲法解釋的方法包括文意解釋、體系解釋（「體系」指的是整部憲法各個條文間的關聯）、目的解釋、歷史解釋、比較解釋（與外國法制相比較）等數種，以文意解釋為起點，輔以其他方法綜合考量（許育典 2013：25-27，法治斌、董保城 2014：93-94，陳新民 2015：773-777，吳信華 2015：26-31，511-520，李惠宗 2015：27-29）。制憲意旨僅屬於歷史解釋的一種類型，並非憲法解釋的全部。德國憲法學界通說認為上述五種解釋方法之中的「客觀解釋」即文義（語意）解釋、體系（邏輯）解釋和目的解釋，佔據優先地位；歷史解釋則屬於主觀的解釋方法，扮演輔助角色（許育典 2013：27，陳新民 2015：777）。

[401] 關於「原意主義」之局限性的詳細討論，參看林超駿（2002 [2006：151-

意旨，如果很容易滿足，滿足之當然是較佳的選擇；如果此類意旨施行難度很大或根本缺乏可行性，那麼在憲法文句合理解讀的範圍內選擇較易施行的一種解讀，即可避免修憲的難關或違憲的爭議。前述法院系統之司法行政逐步移至司法院，就是因為從政協憲草到中華民國憲法都沒有能夠明確反映政協會議之「司法院……不兼管司法行政」的決議，留下了廣泛的合憲解釋空間[402]。

司法院所「掌理」的民事、刑事、行政訴訟之審判及公務員之懲戒，是否一定解釋為司法院設置若干分庭負責審案呢？在考試院、監察院建制的參照下，答案是否定的。考、監兩院皆設有部會，以監察院為例，民國憲法第 90 條規定「**監察院為國家最高監察機關，行使同意、彈劾、糾舉及審計權**」，但行使審計權的審計部在理論上和實務上都屬於獨立機關，僅在機關行政關係上掛靠於監察院。同理，司法院下設最高法院等獨立機關負責審案的做法，是民國憲法第 77 條的一種合理解釋，司法院作為司法行政機關的確具有「掌理」（掌控、管理）的職能。

對照美國聯邦司法制度，雖然美國最高法院是名義上的終審法院，但絕大多數上訴案件被美國最高法院拒絕受理，導致次級法院的意見成為終審判決，對敗訴者而言有失公正，這一制度不宜效法。在中國這樣的大國，如果為了公正而保證所有允許上訴的案件都被終審法院受理，那麼終審法院勢必負擔極重，需要相當多的人力（中華民國在大陸時期，各地設有最高法院的六個分院行使終審職能）。這種情況下，如果以司法院作為單一的終審法院，那麼司法院將極其臃腫。指望中國照搬美國聯邦最高法院運作模式，到頭來很可能東施效顰。

司法院改制的討論在臺灣已有二十餘年，眾說紛紜（包括前述釋字第 530 號大法官解釋），其中許多方案或許適用於臺灣但未必能夠推及中國大陸。筆者通讀了大量相關資料，比較之下認為 1990 年代司法院成立的「司法院定位委員會」於 1997 年通過但未被司法院採納的「現

158])。

[402] 蘇永欽（1998：211-214）就司法院定位問題提出「憲法留下廣大形成空間」，司法行政權的歸屬至少有三種定位都可在憲法可容納的範圍內成立。

制微調方案」[403] 值得中國大陸參考。概言之，司法院本部分為司法行
政機關和釋憲機關、下設終審法院的大體架構不變，但在司法行政的運
作細節上以實行合議制的司法院會議作為主要決策機構（會議成員除司
法院正副院長、較高審級法院之院長，還應包含法官代表、律師代表、
法學界代表），司法行政業務以司法保護、研究發展、行政監督為中
心；此外，司法人事仍由專設的人事審議委員會負責[404]。

但是，在司法院直接成為單一終審法院和下設數個終審法院這兩種
模式之間，是否還有某種中道呢？本節第三部分將要探討司法院大法官
在這一方面所可能起到的作用。

二   大法官和司法院長的定位

民國憲法第 78 條規定「司法院解釋憲法，並有統一解釋法律及命
令之權」，進而在第 79 條設置了大法官若干人，掌理第 78 條規定事
項，但沒有規定大法官對這些事項的掌理是以議事會議的形式還是以憲
法法院的形式。民國憲法頒行以來的司法實踐，選用了大法官會議的形
式[405]，直至近年來才增設非常設的憲法法庭，所以憲法和法規的解釋並
不像美國那樣走訴訟程序，而是由有關部門或個人遇到問題並滿足一定
條件時提請司法院作出解釋。這一做法，具有靈活性，許多違憲或錯誤
執法的舉動可以被及時制止在萌芽狀態或防患於未然，和美國層層上訴
的制度相比更為合理。

---

[403] 此方案正式名稱為「多元化多軌制合併現制改良案」，由法學家蘇永欽教
授（2010 年出任司法院副院長）倡導，詳見蘇永欽（1998：210，238-241）。
[404] 關於西方主要民主國家的司法人事制度，參看蘇永欽（2008a）。
二戰之後，「司法委員會」（judicial council）的建制在西方國家逐漸成為主
流，其中權力大者可以任免法官，參看 Garoupa and Ginsburg (2009)。在臺灣
的中華民國司法院設置人事審議委員會負責審議法官之任免等事項，此委員會
實行合議制，對司法院本身的首長制形成調劑（蘇永欽 1998：235-236）。
[405] 司法院大法官會議法於 1993 年修正更名為司法院大法官審理案件法，自此
「司法院大法官」成為正式機關，儘管大法官仍然主要採用會議的方式行使職
權（該法第二條規定「司法院大法官，以會議方式，合議審理司法院解釋憲法
與統一解釋法律及命令之案件」）。

　　但是，大法官制度造成了一個微妙的局面：大法官，是不是法官？民國憲法第 81 條規定「法官為終身職」，但作為看守政府的國民政府於行憲前制定的司法院組織法規定大法官任期 9 年[406]，並未保障大法官卸任後享有法官待遇，也就是說不把大法官作為法官來對待。該法於 1992 年修訂時加入了「大法官任期屆滿而未連任者，視同停止辦理案件之司法官」的規定，使大法官獲得了法官待遇，避免了「白馬非馬」的矛盾。2005 年的釋字第 601 號解釋直言「司法院大法官為憲法上法官」，為這一爭議劃上了句號。

　　大法官任期如果過短，勢必強化民意對司法院釋憲權的影響。司法權，尤其是其中的釋憲權，雖然由於司法院官員非民選亦不實行責任政治而缺乏民主性，但在民意沸騰或政策趨於激進的特殊情況下可以對國家政治起到「壓艙石」的作用[407]。例如，美國羅斯福新政初期的某些激進法案被偏於保守的美國最高法院裁定違憲，事後的政治經濟發展證明當時被推翻的一些法律根本不可能行得通，美國最高法院的保守舉動在效果上避免了新政的冒進和失敗。民意的不穩定性、短視性和多數群體罔顧少數群體利益的傾向決定了民意需要一定程度的制衡，這是共和主義的重要原則。立法院雖然在法理上具有相對於民意的獨立性，但因為頻繁改選而往往服從民意，所以司法院的釋憲權是對民意的更強制衡[408]。因此，司法院大法官與民意的適當遠離是有益的，在大法官制度設

---

[406] 原可連任；1997 年增修條文將大法官任期縮短為 8 年，不得連任。

[407] 值得注意的是，美國政治學家達爾指出，司法部門裁定法條違憲的情況在釋憲案例中屬於少數，對時任立法部門新立之法的違憲裁決更是少之又少（Dahl 1957），這一點在臺灣也被印證（任冀平、謝秉憲 2005：474-493）。所謂「壓艙石」的作用，針對的是較少發生的特殊情況，司法部門與立法部門的對抗絕不是民主政體的常態。在中國大陸民主制度尚未鞏固之時，司法部門更需自律，不宜動輒與立法部門對抗。

[408] 反之，足夠強大而持久的民意對司法釋憲部門形成制約。美國憲法學家阿克曼在其「二元民主」理論框架中提出，違憲審查是「二元民主」體系的一項重要功能；司法部門對議會所立法條的大量否定，可以提醒人民「憲法時刻」的到來（Ackerman 1988：192）。在「憲法時刻」，人民可以透過修改憲法而制止司法部門的違憲裁決，司法部門也可以選擇順應民意，透過合憲裁決而在不改變憲法條文的情況下對憲法體系進行發展、更新（例如羅斯福新政後期美

計上即使不實行美式終身在職制，亦應考慮較長的任期（如德國聯邦憲法法院之 12 年）。

考慮到司法院正副院長有司法行政職權，其任期較短亦屬妥當，但民國憲法在臺增修條文不給司法院正副院長提供任期保障的做法似無必要。尤其在總統為間接選舉之虛位總統的情況下，司法院正副院長似可與總統同樣任期六年，但不必與總統同步（錯開一至三年當屬妥當）。

司法院長正副院長可兼任大法官，院長主持議事，但只有在自己的一票對表決結果產生影響時才參與表決[409]，平時盡量保持中立。在大法官過半多數認為法律違憲但無法達到三分之二之高門檻的情況下，司法院長似應獲准將大法官的過半意見整理為修憲案草案，聲請立法院或國民大會提出修憲案（在程序上需要依據憲法第 174 條，由立法委員四分之一聯署或國民大會代表總額五分之一聯署提出），以憲法增修條文的方式釐清一些重大爭議[410]。司法院正副院長的較短任期，可以在一定程

___

國最高法院改變了對新政的敵視態度，做出了許多合憲裁決）。

[409] 臺灣現行司法院大法官審理案件法規定「大法官解釋憲法，應有大法官現有總額三分之二之出席，及出席人三分之二同意，方得通過。但宣告命令牴觸憲法時，以出席人過半數同意行之。」以此為標準來考量，那麼司法院在院長之外可設置 20 名大法官（包括副院長一人），院長未投票時如果法律違憲案 13 票對 7 票或命令違憲案 10 票對 10 票，院長投出一票即可發揮作用。

筆者的設想是，如果不兼任正副院長的司法院大法官總數 19 人、任期 12 年且不得連任，不妨實行固定任期制，每 3 年更替 5 人或 4 人；出缺職位剩餘任期不滿一年者，替補人選似可自動續任下一任期，以節約政治資源。

[410] 美國最高法院時常以微弱多數做出重大的釋憲決定，但美國憲法的修訂極其困難，在近乎「祖宗之法不可改」的情況下，美國最高法院透過釋憲而造成憲政運作之實質性改變的做法實乃不得已而為之，有些主張高法應與時俱化、積極釋憲的學者甚至稱之為「進行中的憲法會議」（ongoing constitutional convention，參看 Calvi and Coleman 2012: 151），美國威爾遜總統則稱之為「制憲會議的持續會期」（a kind of Constitutional Assembly in continuous session，轉引自 Arendt 1963: 201，蕭高彥 2007：83）。國民大會是中華民國的「休眠中的憲法會議」，在必要情況下可以「激活」之而成為「憲法會議」的新會期，在充分徵詢民意、謹慎審議的基礎上透過修憲案對憲法的某些問題做出澄清和更新。

這一問題上，還可以參考瑞士制度。瑞士並不實行聯邦法院對聯邦法律的違憲審查，但公民全體以其對憲法修正案的創制、複決權而在效果上起到了類似於

度上增加司法院大法官的民意因素。

三　司法院釋憲的個案效力

民國憲法在臺增修條文，包含了「憲法法庭」制度，負責政治性的功能，審理總統、副總統之彈劾及政黨違憲之解散事項（「政黨違憲」之說乃繼受自德國鑑於納粹黨奪權的教訓而在基本法中規定的制度，目前在世界上並不多見，中國大陸將來是否有必要為了防範反民主政黨而繼受這一「防禦性民主」制度，不在本書討論之內）。「憲法法庭」迄今極其有限的幾次運作，其實都是為了給違憲審查的當事雙方提供言詞辯論的機會而採用法庭的形式。

筆者認為，如果不急於引入政黨的憲法義務和「政黨違憲」制度，那麼由司法院大法官組成的憲法法庭即可以容納在民國憲法原初條文的框架之內，由司法院組織法設置（亦可常設化，即司法院大法官之「會議」直接冠以「憲法法庭」之名，但仍可採用內部會議的方式），而不需訴諸修憲程序。

憲法法庭雖然不是法律上的終審機關，但作為「法庭」，如果審理涉及人民權利的個案之憲法爭議，是否應當對個案的判決直接發生效力呢？臺灣現行制度對這一問題的答案是否定的（亦即採用「抽象審查」制度，而不是直接作用於個案的「具體審查」），已經出現了相當尷尬的情況：人民聲請釋憲並在抽象的憲法解釋層面得到司法院大法官的有利解釋，然後回到法院系統尋求重新判決，最高法院卻以大法官解釋不適用於聲請釋憲者的具體案件為理由維持原判[411]。也就是說，聲請釋憲的人民無法從司法院大法官得到直接的司法救濟。在現有的建制下，上述矛盾有沒有解決方案呢？筆者認為，答案是肯定的，因為法院的判決具有「命令」的性質——對人民之權利義務施加影響的政府決定，若非法律，皆可視為「命令」；法院作為廣義政府之司法部門的獨立機關，

憲法法院的「仲裁者」作用（Blindenbacher and Watts 2002: 10）。中國不可能像小國寡民的瑞士那樣依賴公民投票解決憲法爭議，但國民大會的建制可以為憲法爭議之解決提供一個可行的替換途徑。

[411] 參看顧立雄等（2011）。

其判決即可歸類於針對個案的「司法命令」範疇，與憲法或法律抵觸者無效[412]。所以，司法院大法官除了抽象解釋外，應當有權宣布法院的判決因抵觸憲法或法律而無效，從而建立德式「憲法訴願」制度，直接提供法益。在這個意義上，司法院大法官並不具有完整的終審權（不能在推翻法院判決之後進一步作出新的判決），但可以說具有部分的決定權，將有助於人權保障。上述設想，在操作上強化了司法院作為最高司法機關的地位，同時不妨礙司法院的司法行政職能。

但是，德國「憲法訴願」制度的經驗表明，憲法法院以違憲為由推翻專業法院之裁決，往往由於憲法法院在具體案件上缺乏專業背景等原因而引起爭議，德國法學界甚至有廢除這一制度的呼聲，東歐國家民主轉型之後也大都沒有效法此制[413]。考慮到中國大陸民主轉型是一項極其龐大而艱鉅的任務，在轉型初期，似可考慮完全繼受臺灣現行違憲審查制度，司法院暫不直接推翻個案判決，待到憲政體制運作一段時間之後可視情況而決定是否改變做法——如上所述，由於司法院的違憲審查可以透過「命令」二字的解釋而獲得及於個案之效力，這一制度的啟動不必經由修憲或立法途徑，在司法院認為適當的時機透過一個判例即可達到目的。但是，未來的司法院在這個問題上必須慎之又慎——以中國大陸之大，個案的憲法訴願一旦實行，有可能引來大量的訴願案件，司法院如果不堪重負而關閉憲法訴願的渠道，勢必有損於其威信，所以接受訴願的標準以及執行中的把關極其重要[414]。

---

[412] 法學家蕭文生（2000：491）指出：「憲法既然拘束所有國家權力，司法權當然在內，而屬於司法權內部的最高審級法院所為的判決本屬國家權力的一環，自應受到憲法的拘束，而作為保障憲法效力及保護基本權利的大法官自得對於司法權的行使是否合憲加以審查。……大法官審查終局裁判的界限究竟應如何確立，雖係十分困難的問題，但卻不能因此項技術上的困難，即可認為終局裁判行為不受大法官的審查。」

[413] 蘇永欽教授即撰有專文反對實行憲法訴願制度（蘇永欽 2007）。

[414] 陳新民大法官（2015：794-795）認為應當繼受德國憲法法院行使憲法裁判權之「赫克準則」，即專門法院未能正確體認基本人權的精神，而且法官判斷之瑕疵嚴重到接近恣意濫權的程度（此準則之詳情參看劉淑範 1998：218-227）。

四　普通法院法官違憲審查權的問題

民國憲法第 78 條規定「司法院解釋憲法」，第 171、173 條重申「法律與憲法有無牴觸發生疑義時，由司法院解釋之」，「憲法之解釋，由司法院為之」，因而屬於典型的「集中審查」制度，不同於美國式的「分散審查」制度，即基層法官可裁決法律違憲、層層上訴至最高法院定論。然而，即便像民國憲法這樣明確的「集中審查」，亦為一定程度的「分散審查」留下了空間。1995 年，司法院釋字第 371 號指出：「惟憲法乃國家最高規範，法官均有優先遵守之義務，各級法院法官於審理案件時，對於應適用之法律，依其合理之確信，認為有牴觸憲法之疑義者，自應許其先行聲請解釋憲法以求解決，無須受訴訟審級之限制。既可消除法官對遵守憲法與依據法律之間可能發生之取捨困難，亦可避免司法資源之浪費。是遇有前述情形，各級法院得以之為先決問題裁定停止訴訟程序，並提出客觀上形成確信法律為違憲之具體理由，聲請本院大法官解釋。」自此，臺灣各級法院法官獲得了直接聲請釋憲的權力，距離分散審查只有一步之遙。倘若法官聲請釋憲書以其特殊地位而與其他類型的聲請釋憲書區別開來、冠以「初步認定違憲意見書」之名，並且在遞交司法院之時公開發布[415]，即可視為分散審查的一種類型，或者說是嚴格的集中審查與極端的分散審查之間的過渡型。

法官聲請司法院釋憲的制度，在效果上相當於「二審制」，跳過中間的所有審級。中國大陸假若照搬美國的逐級違憲審查制度，如果中層法院推翻基層法官的違憲裁決，然後最高法院再推翻中層法院的違憲裁決，在轉型初期有可能對民主憲政的鞏固產生負面影響。違憲審查的「二審制」在憲法問題上避免過多的反復，並加強效率，有其優越性。

五　司法院在民主轉型時期的作用

司法院在中國大陸民主轉型時期有可能起到重要的職能作用和政治作用：

---

[415] 目前，法官聲請釋憲書在大法官做成憲法解釋前不公開，如果大法官不受理聲請則永不公開，參看蔡志宏法官（2014）對此的批評。

（一）中共雖然不施法治，但近年來畢竟建立起了一個龐大的法律
體系。中國大陸民主轉型啟動之時不可能全盤廢除中共法律，只能從侵
犯人權的惡法開始，分批修正或廢除。司法院以其違憲審查權，可以擔
當審查中共法律的重任。在立法工作尚來不及全面開展之時（尤其在過
渡政府的臨時立法院因尚未獲得民意授權而難以積極立法之時），臨時
司法院與臨時立法院可以密切共事，本著務實的精神，依據中華民國憲
法對中共法律體系進行改造，確保民主轉型的順利進行。

（二）中國大陸倘若以重歸中華民國國統、法統的方式實現民主轉
型，兩個中華民國政府將並存於海峽兩岸，這一狀態可能持續相當長的
時間。基於臺灣法學界對民國憲政（尤其是人權保障部分）的熟習，大
陸政府可考慮延請臺灣法學界和司法實務界人士到大陸司法院和各級法
院任職（甚至出任大法官）。待到長遠的將來，如果兩岸政府能夠統
合，司法院很可能成為臺灣人員比重最大的中央政府部門。

長遠而言，海峽兩岸法律體系最好能夠趨同以便於兩岸交流，而且
臺灣的司法實踐和憲政實踐決定了臺灣現行法律體系在相當多的方面將
是大陸所靠攏的方向。例如，2011 年 6 月，在臺灣的民國立法院三讀
通過了法官法，為法官人事制度的優化提供了法律依據。民國憲法所規
定的法官終身制，並不意味著鐵飯碗，而是需要適當的法官錄用機制和
懲戒機制作為補充；法官法是這方面的重要法律，是臺灣憲政體系的一
部分[416]。

第四節　考試院

一　考試院的職能和意義

民國憲法第 77 條規定「考試院為國家最高考試機關，掌理考試、
任用、銓敘、考績、級俸、陞遷、保障、褒獎、撫卹、退休、養老等事

---

[416] 必須承認，現行法官法只是一個開端，司法制度與實踐的一些問題（如人
民普遍認為糊塗斷案的「恐龍法官」沒有淘汰機制）仍待解決，參看吳庚、陳
淳文（2013：491）。本書導論回答九略談了司法人事和審判制度優化設想。

項。」五院之中，考試院獲憲法所列權力事項最多，實則為政治影響力最小者，主要作為人事機關負責維持國家文官體系的正常運轉[417]，其次負責專門職業及技術人員資格的考核。

考試院的職能，在西方國家通常屬於行政機關，所以考試院相當於從廣義的行政權中分離出的一個較小的分支，因其需要超然於其他政府部門而專門設置為五權之一，獨立運作。西方國家憲政民主制度發展至今，並未有在行政權外專門設立考試院者，說明考試權不一定有必要從行政權分出。但是，考試權的分立具有濃烈的民族特色和悠久的歷史傳統，是孫中山先生集中西文明大成而提出的主張，縱使缺乏絕對的必要性，只要能夠透過考試院建制和職能的優化來興利除弊，亦值得傳承。

此外，考試權的分立在盛行「人情」的華人社會具有特殊的意義。中國大陸民主轉型之後，如果考試權歸屬於行政權，甚至分派至各個行政部門，能否避免「人情」的負面影響、確保文官制度的政治中立性？雖然我們難以直接回答這一問題，但臺灣的實踐表明考試院對公務員選拔過程的透明和公正起到了有益的作用。中國大陸應當效法華人世界的成功經驗，而不是把西方制度細節奉為金科玉律——西方制度生搬硬套於中國，在「人情社會」的背景下南橘北枳的可能性是不容忽視的。

二　考試院職能優化與強化之展望

考試院在考選職能之外所掌管的諸多人事行政職能，確有相當大的優化餘地，筆者對這此並沒有很深入的研究，在此只想拋磚引玉：筆者認為，民國憲法原文之考試院「掌理」考試之外多個事項的規定，可對「掌理」二字靈活解讀。民國憲法在臺增修條文將任用、考績、級俸、陞遷、褒獎等事項改為只由考試院負責其法制事項而由行政院人事行政

---

[417] 孫中山生前有關考試權的論述中只提及考試權分管考試及銓定資格，並未提及考績、陞遷等銓敘事項，但 1914 年的中華革命黨總章所規定的考試院職權包括「調查職員事功而定其勛績」，是考試院廣泛負責人事權之先河（參看陳春生 2014：303-304）。此制於 1928 年落實於政府組織架構，國民政府首任考試院長戴季陶將考試院的考選職能與銓敘職能比作古時的禮部與吏部（許南雄 1990：142）。

機關負責執行，但是，如果不走修憲途徑，那麼這些事項的最後決定權（類似於「終審權」）仍可由考試院保留，行政院則可設置人事行政機關負責日常運作——也就是說，相關人員認為行政院人事部門之任用、陞遷等決定不公平時可向考試院提出異議，由考試院調查、定奪，但比照司法部門「不訴不理」的原則，如果沒有異議（當屬普遍情況），考試院就不介入。這就對行政部門的內部人事權形成制約，但不過分干涉之。

此外，雖然考試院職權有限，但既然專門設置獨立於行政院並超然於政黨的考試院，那麼現屬行政院職權範圍的某些有利益衝突之嫌的事項似可劃歸考試院。例如，選舉事務的管理和監督，似應從政黨政治影響下的行政院轉移至超然於政黨的考試院[418]。考慮到憲法並未規定選舉機關的歸屬，以及考試院職權的開放式列舉（「等」字），這一職權似乎不必走修憲途徑，而可以由普通法律確定之。

順便討論一下候選人資格的問題：孫中山先生的原初主張是參加選舉的候選人需經考試院核准資格，但代議機關的選舉只要實行政黨名單比例代表制（適用於立法院和各省議會）就有候選人自動優化機制，不必再由考試院介入。至於縣及其下的基層自治體的行政長官和議員是否需要引入候選人考試機制，可留待將來討論（美國加州貝爾市「文盲市長」和市政官員貪瀆的醜聞，似乎說明起碼的、不構成嚴重負擔或歧視的資格門檻如高中或同等學力有其價值）。

三　考試院的任期

憲法正文並未規定考試院的任期。考試院組織法自 1947 年在大陸制定至臺灣增修後的現行版本，皆規定考試院正副院長及考試委員任期六年，沒有連任限制。此制度似可沿用於中國大陸民主轉型之後。但是，六年任期與總統同步，似無必要，可考慮延長之，並且和總統任期錯開。

---

[418] 周世輔、周陽山（1992：122，135-137），周陽山（1993：537）。

第五節 監察院

民國憲法第 90 條規定「監察院為國家最高監察機關，行使同意、彈劾、糾舉及審計權」，其後諸條文中又進一步賦予監察院對行政院的調查權和糾正權。孫中山原初構想中的監察院主要負責彈劾與審計，其中的彈劾權乃受中國古代御史制度的啟發，審計權來自西方國會制度。民國憲法所增加的權力項目，強化了監察院的職能，使之更容易為人民所用，並且與西方國家類似制度有相合之處。

一　相當於國會上院的監察院

監察院對總統所提名的司法院、考試院正副院長和大法官、考試委員有同意權，此制度乃受美國參議院的同意權之影響而來。監察院四項基本權責之中的三項，在西方國家皆屬於國會；加之監察委員主要由各省議會選出（借鑒了美國憲法原始條文的制度），任期六年（無連任限制），無形中使監察院具有了國會上院的性質[419]。

考慮到各省議會難免盛行政黨政治，監察院是否會像許多西方國家的國會上院那樣流於政爭呢？民國憲法在臺增修條文規定「監察委員須超出黨派以外，依據法律獨立行使職權」，頗有裨益。

筆者認為，如果保留監察院的地方民意代表性，那麼似可考慮要求立法院以微弱多數票通過的法案經監察院院會以二讀（整體審議而不逐條審議）的方式通過，方可送交總統公布。

此外，監察委員向行政部門提出糾正案（依據民國憲法第 97 條「監察院經各該委員會之審查及決議，得提出糾正案，移送行政院及其

---

[419] 以監察院為國會上院的設想，在政協會議期間由傅斯年提出（雷震 2010b：217），由張君勱初步落實於憲法草案，但政協憲草與民國憲法的監察院都缺乏法案審議權。行憲初期，雷震（1953：18）在《自由中國》雜誌的憲政制度討論中提出監察院保留原有名稱但全面改制為國會上院（憲法第 63 條規定立法院議決的法律案等都需監察院協同議決，但行政院仍只對立法院負責）。1990 年代臺灣修憲過程中亦有強化監察院的國會上院職能（如增加一定範圍的法案審議權）的方案（周陽山 1990 [1993：158]），周世輔、周陽山 1992：125-126）。

有關部會，促其注意改善」）而遭相關人員巧言答辯未能落實者，若非個案而具有廣泛性（例如法律實施細則的不當之處），似可經監察院院會審議通過，向立法院提出法律案，以監察院發動、立法院通過的方式強行糾正行政部門的偏差。

　　但是，監察院的糾正權是否有削弱立法院之虞呢？筆者和王天成先生討論過監察權問題，受王先生希望在轉型期間加強立法部門職能之主張的啟發，認為糾正權並非民國憲法第 90 條明文劃歸監察院的專屬權力，而是從「提出糾正案」的操作流程而來，民國憲法第 97 條在文意上並沒有排除立法院兼有糾正權之可能。此外，民國憲法第 57 條既然將「對於行政院之重要政策不贊同時，得以決議移請行政院變更之」這一硬性的「強制糾正權」賦予立法院，那麼立法委員一人或數人向行政院提出柔性的「糾正建議書」亦無不妥。概言之，監察院和立法院應皆有建議性的糾正權，前者固然見諸憲法並獲得「糾正案」之形式但並未因此而獲得強制性，後者雖然不見於憲法但當屬默認允許的憲政運作，立法委員在其立法職權行使過程中如果注意到行政院某些措施應當改善，大可不必繞道監察院，逕直提出糾正建議書即可。行政院當事部門若有不同意見、不願遵從糾正建議，只要以委婉的方式做出答辯，通常情況下未必能夠「上綱上線」到確認失職而提出糾舉或彈劾的程度，此時監察院或當事立法委員要想強制糾正，對具有廣泛性的問題可以提請立法院通過法律案（包括法律修正案）或決議案。

　　雖然孫中山構思監察制度之時不一定參考過西方類似制度，但起源於北歐的監察使（ombudsman，又譯申訴專員）制度與監察院的糾正職能有可比性。以瑞典為例，監察使是國會下設的獨立機構，任何人（包括非瑞典公民）都可以就公權力不公正的問題向監察使提出申訴[420]。在許多拉美國家，負責保護人權、接受人民陳情的獨立監察使甚至稱作護民官（西語 Defensoria del Pueblo，英語 Public Protector）。一些西方國家還設置了針對公共事業的專業監察使，以維護公共事業用戶的利益。

---

[420] 歐洲國家以及歐盟之監察使除接受人民陳情，主要行使調查及提出糾正建議之職能，參看楊智傑（2012）。

二　彈劾權歸屬和彈劾程序問題

當代西方國家國會很少動用彈劾權，而且其彈劾案之審理權在民意機關而不在司法部門，這是不爭的事實，也成為臺灣綠營主張廢除監察院的理由之一[421]。然而，中國大陸受中共負面影響過深、過久，民主轉型初期甚至相當長的時間內可能時常浮現泰國他信、意大利貝盧斯科尼式的公德私德嚴重有虧者勝選執政。立法部門兼管彈劾的制度，在此類有才無德的政治人物透過政黨力量同時控制立法部門和行政部門之時即難以起到有效的遏制作用。獨立而地位崇高並且超出黨派的監察院，則在上述情況下凸顯其存在的價值，成為「達摩克里斯之劍」。

前述「一致政府」之下，縱使彈劾案得以發動，民意機關對彈劾案的審理結果亦在意料之中，所以獨立的司法部門（公務員懲戒委員會）審理彈劾案的制度有其合理性。但是，公懲會之運作似應針對政務官與事務官的區別而有所不同：非政治性的、常任的事務官之彈劾，由資深法官身份的公懲會委員審理並無不可，但中央政府政務官（上至行政院長、考試院長）之彈劾具有政治性，事關重大，似應以法律規定司法院全體大法官兼任公懲會特別委員，僅在行政院、考試院政務官遭彈劾時出面和公懲會普通委員一道參與審理。司法院正副院長和大法官的彈劾案則似應由國民大會審理，見本書第三章第三節的討論。

三　監察院派出單位和地方監察機關

監察院對中央及地方公職人員的彈劾權與糾舉權（糾舉指的是勒令停職待裁或其他緊急處分，並非懲戒或裁決），一方面意味著監察院必須設置地方派出單位（經監察院組織法確定為監察委員行署），另一方面決定了上訪陳情者在無法從行政部門（透過憲法第 16 條確保的訴願權）和地方監察部門得到滿意處置的情況下以監察委員行署為傾訴對象，使之具有上訪接待機關的職能。訪民提供的信息，有助於監察院行使其監察職權；監察院的獨立地位，有助於調查和解決問題。所以，訪民和監察院之間有很大可能實現良性互動，有利於社會矛盾的化解。

---

[421] 例如李鴻禧（1994：212-214）。

地方自治層級是否應當設置地方監察機關呢？以中國之大，當有必要。獨立於監察院的地方監察機關應可在地方自治層級分擔彈劾職能與糾舉職能[422]、承擔糾正職能[423]。成績卓著的地方監察人員，亦可成為中央監察委員的合適人選。

四　監察院的反腐職能

官員腐敗問題，是中國大陸目前的焦點問題之一，中共一黨專政的政治制度下腐敗問題不可能得到根本的遏制。中國大陸民主化之後，獨立的司法與自由的媒體會對腐敗問題起到很大的遏制作用；同時，監察院亦須當仁不讓，理應成為反腐的主力，似可在監察院下設置專門的調查機關和廉政機關[424]，並且賦予監察院以司法起訴權[425]甚至彈劾案的初審權（司法院下設的公懲會成為終審機關）[426]。

---

[422] 民國憲法第 97 條規定「監察院對於中央及地方公務人員，認為有失職或違法情事，得提出糾舉案或彈劾案……」，並沒有採用「糾舉案或彈劾案由監察院提出」這樣的文式。雖然在中央層級由於憲法對行政院之外其他四院的列舉式分工（未列舉事項默認歸屬行政院，亦可由立法院視情況劃定歸屬，詳見本章第一節第四小節）而由監察院專享糾舉權和彈劾權，但由於央地關係上的均權原則（宜歸地方者應歸地方，詳見下一章），針對地方公務人員的糾舉權和彈劾權似乎不是監察院的專屬權力，應可與地方監察機關分享之，而且以後者為主力。

[423] 民國憲法第 97 條僅賦予監察院對中央行政部門的糾正權，針對地方行政部門的糾正權自可由地方議會行使，但由地方監察機關分享此權亦屬良策。

[424] 例如將現屬行政院法務部的下列機關劃歸監察院：調查局（陳春生 2014：367）、廉政署（楊文豪 2013：108）或政風機關（謝建財 2006：138-139）。此外，還有將整個法務部從行政院移至監察院的主張，參看註 391。

[425] 值得指出的是，中華民國行憲實踐中並未將許多西方國家監察機關所具有的司法起訴權賦予監察院，這是一個有待改進的方面。陳淳文（2006：34-36，2007：172）、楊文豪（2013：112）認為憲法第 97 條授權監察院對公務人員「如涉及刑事，應移送法院辦理」，已經蘊含了直接起訴之權，可在監察院內設置一定數量的檢察官承擔這一任務。更有甚者，湯德宗（2005c：94-98）提出將監察院完全改制為常設的獨立檢察官群。

[426] 邢子玉（2006：144）主張在監察院設立一個公職人員懲戒簡易庭，審判結果等同於地方法院效力。此制若用於中國大陸，似可設於各個監察委員行署。在沒有為此修憲的情況下，簡易庭也許無法做出具有強制力的懲戒裁決，但似

　　顯然，反腐行動需要依靠來自人民和政府內部知情人的舉報和申訴，並在制度上要求政府運作有極高的透明度（監察院對行政院的調查權有助於提高政府透明度，似可擴展到行政院之外的中央地方全部政府部門）。但是，許多腐敗行為，如收受賄賂，往往較為隱蔽。所以，西方國家在反腐行動中經常採用「釣魚執法」的方式，安排便衣探員或線人設下陷阱，如果官員經不起誘惑，即犯下了腐敗罪行。「釣魚執法」的做法是否妥當？如果答案是肯定的，那麼是否應當由監察院來執行？筆者認為，針對官員（包括事務官、政務官、議員[427]等）的「釣魚執法」是妥當的，因為公職人員就職時皆須宣誓廉潔奉公，任職期間必須忠於職守，如果經不起「釣魚執法」的考驗，就是違背了誓言，應當與真實腐敗同罪。但是，針對並非官員的普通公民的「釣魚執法」缺乏公義基礎，因為人皆生而具有人性的弱點。筆者認為監察院應當負責針對官員的「釣魚執法」並強力執行，但屬於行政部門的公安機關針對普通公民的「釣魚執法」必須受到極其嚴格的限制（例如，必須有理由懷疑，並獲得司法部門的批准），而且應以透過「釣魚」來查證其他違法行為為目的[428]，普通公民被「釣魚」而犯下的罪行似應免於懲治。

可比照刑事上的認罪協商，作為監察院內部的預案審理：監察委員提出彈劾案之預案，若未能通過簡易庭則可撤回；若通過，可在移交公懲會前留出數天的「寬限期」，此時彈劾案在程序上仍在預案階段，尚未正式提出，涉案官員審時度勢，只要自行辭職，即可避免在履歷上留下遭彈劾的污點。

順便指出，臺灣政界有人將修憲後不再具有國會性質的監察院稱作「準司法機關」（例如 1993 年司法院釋字第 325 號解釋所附立法委員陳水扁等七十三人聲請書），監察院對此予以否認，因為準司法機關通常指的是兼有不完全的司法權的獨立行政合議機關（吳秀玲 2006：48，陳水亮 1993）。倘若監察院透過修憲而獲得彈劾案的正式初審權，似可視為廣義的「準司法機關」。

[427] 民國憲法並未賦予監察院彈劾民意代表的權利，但各級議員被臺灣民眾評價為清廉程度較差（余致力 2006：171-172）。筆者認為，監察院對各級議員雖然不得提出彈劾，但應當有調查權（類似於美國 FBI 在這方面的權力，如加州州議會參議員余胤良被 FBI 調查落馬）甚至起訴權。

[428] 1951 年《自由中國》社論〈政府不可誘民入罪〉指出：「我們姑且承認打進圈內去是偵查和破獲某種案情的必要技術，但也得有個前提，即在客觀方面先有這個案情存在，偵緝的人只是偽裝參加其他罪行，而不是以騙術誘人犯罪。」（《自由中國》雜誌社 1951：4）如此錚言，卻得罪了國民黨當局，雷

五　監察委員任期和選舉制度問題

民國憲法規定監察委員任期六年，不可謂短，但競選連任的壓力仍然有可能妨礙監察權的正常行使[429]。反之，行憲後第一屆監察院在臺灣成為「萬年國會」之一院以後，監察委員在事實上獲得了職位保障，一些老監委的表現令人稱道[430]。如何化解這一矛盾呢？筆者認為，在對候選人資格做出嚴格限制的前提下，監察委員任期可大大延長，例如 12 年甚至 15 年，並禁止連任，但在卸任之後提供優厚待遇保障。

為了避免各省選舉監察委員的制度被地方政客利用[431]，考慮到監察委員的調查、彈劾職能實乃司法程序的上游運作（涉及刑事者移送法院，彈劾案亦司法院之公懲會審理），監察委員候選人的資格似可限於具有高等司法官身份者[432]、在地方監察機關任職若干年成績卓著者，以及有較高的法學背景[433]（例如法學博士學位）並且律師執業或擔任省級以上議員若干年者。

六　監察院下設之獨立機關：審計監督與人權保障

根據監察院的統計，世界上有 150 多個國家和地區設有監察使公署或同等機關。有些國家並列設有人權保障機關和側重於審計的監察機關（如韓國的國民權益委員會和監察院，波蘭的民權監察使公署和最高監察院[434]），中華民國審計部則是監察院之下的獨立機關。民國憲法雖然

震和《自由中國》自此與國民黨漸行漸遠，實乃歷史的遺憾。

[429] 大陸學者轟鑫（2009：150）認為：「將監察院參議院化實際上不是監察院吸收了參議院的職權，而是議會（參議院）反噬了監察院，導致監察機關不能獨立。」

[430] 吳庚、陳淳文（2013：512）。

[431] 賄選醜聞，以及所選非人的現象，在行憲後第一屆監察委員在全國各省的選舉和臺灣增補中央民意代表選舉時已經多次發生。

[432] 監察院組織法所規定的監察委員資格之一是「任簡任司法官十年以上，並曾任高等法院、高等法院檢察署以上司法機關司法官，成績優異者」。「簡任」是臺灣文官體系中的高級職等；「司法官」即法官、檢察官。

[433] 北歐四國國會監察使之資格要求即包括法學素養（邢子玉 2006：131）。

[434] 民國憲法之審計部在形式上挂靠於監察院，實則為獨立機關，類似於韓國

沒有專門規定監察院的人權保障職能，但這一職能在操作上顯然屬於監察院職權範圍，監察院的糾舉權（勒令停職待裁或其他緊急處分）對人權保障尤其有用。在臺灣的中華民國監察院自 2000 年起設置人權保障委員會，但尚未達到「國家人權委員會」的級別[435]；臺灣學界和法律界早有在監察院下依據「巴黎原則」設置「國家人權委員會」的呼聲[436]。

第六節　獨立機關地位問題

　　本章考試院一節討論從簡，原因在於筆者希望大陸人士對考試權之獨立性的問題保持開放的態度。即便民國憲法的相關條文以及考試權在臺灣的實踐有不足之處，世界各國設置級別稍低的獨立考試機關的經驗對中國大陸也有重要的參考價值。孫中山將考試與監察兩權獨立出來，固然有文化傳承的因素，但何嘗不是因為中國這個「人情社會」需要專門針對政府官員的人性弱點下一劑猛藥？

　　值得注意的是，西方憲政發展至今，業已出現了類似於「五權憲法」的傾向。例如，美國憲法學家 Tushnet 總結西方國家憲政實踐和理論的發展，指出行政事務官在一些學者眼中儼然成為有別於政務官的「第四個政府分支」[437]。此外，「第五個政府分支」的概念也已出現，

監察院和波蘭最高監察院。此類獨立機關在西方國家往往挂靠於其所監督的立法或行政部門，但在盛行人情的華人社會將其挂靠於監察院實屬妥當之舉。

[435] 只是內部編組，不是正式的機關，參看李念祖（2012：137）。

[436] 例如許宏迪（2005：101-120），陳淳文（2006：37，2007：174），李念祖（2012）。「巴黎原則」（The Paris Principles）全稱「增進和保護人權——關於國家機構的地位的原則」，是聯合國大會 1993 年通過的指導性準則，強調國家人權機關的廣泛授權、地位的憲法或法律保障、成員的多元化、獨立性、充足的經費等等，感興趣的讀者請參閱聯合國人權高級專員辦事處網站的官方全文（聯合國 1993）。

[437] 關於「第四權」，法學家湯德宗（1993：27）指出典型的美國聯邦行政機關從國會獲得的授權除了執法之外還包括訂頒命令（rule-making）和裁決爭議（adjudication），亦即在其管制範圍內「兼有立法、行政與司法三種權能」，雖然名義上居於總統之下，但「實際上擁有廣泛之裁量權，總統、國會與法院皆不得不予相當之尊重」。

但所指不一，Tushnet 主要著筆於反腐敗、選舉事務等方面[438]。在許多大陸知識分子和臺灣綠營人士奉三權分立為金科玉律之時，西方憲政實踐和理論的發展難道不令我們深思？[439]

另外一個值得注意的區分，是「獨立機關」的類型。考試院和監察院是典型的具有憲法地位的獨立機關，此外行政院之下還設有中央選舉委員會、公平交易委員會、國家通訊傳播委員會等不具有憲法地位而來自法律授權的獨立機關。前文也曾提及，司法院之下的各個法院和監察院之下的審計部都具有獨立機關的性質。各個獨立機關，如何合理劃分其歸屬呢？筆者認為，不妨回到五權憲法設想的源頭：早在 1906 年的〈三民主義與中國民族之前途〉演講中，孫中山解釋監察權獨立的理由時即已指出「……裁判人民的機關已經獨立，裁判官吏的機關卻仍在別的機關之下，這也是論理上說不去的，故此這機關也要獨立。」[440] 獨立機關之歸屬，以其職權行使的主要對象是「官」還是「民」為依據，殊為妥當。公平交易委員會乃至中央銀行這樣的獨立機關，因其主要涉及對人民的施政，自可劃歸行政院，但選舉委員會、人權委員會等對公權力做出防範的獨立機關於情於理皆適宜劃歸考試院、監察院。此類獨立機關在考試院、監察院之下仍可保持極強的獨立性（可比照審計部之獨立性），並不受到考試院長、監察院長的直接指揮。

---

[438] Tushnet (2014: 98-103)。

[439] 頗具反諷意味的是，臺灣綠營執政期間於 2005 年舉辦「新興民主的憲政改造」國際研討會，請來的美國憲法學家 Tom Ginsburg 發表對臺灣憲改的看法，提出「……中華民國憲法效法中國古代的御史，設立監察院，類似 Ackerman 教授筆下的『廉能部』（Integrity Branch）（2000：694），在當時算是相當先進。……三權分立的政府制度本來就不一定完全適合複雜的現代政府……而五權憲法的部分設計亦非完全無可取之處。現代憲法中經常設有獨立的監督機關，故不應輕易將監察院從憲法中刪除。」（Ginsburg 2008：249）除監察院而後快的臺灣綠營學者和政治人物聽到 Ginsburg 教授力挺監察院，不知作何感想？

[440] 孫中山（1906 [1989c：14]）。

第六章　地方自治與基本國策

　　民國憲法羅列中央地方權限和基本國策的做法，明顯受到了 1919 年德國威瑪憲法的影響。上文論述過，德國威瑪憲法在中央政治制度設計上的嚴重缺點和教訓，在 1946 年中華民國制憲過程中已被考慮，促成了民國憲法之改進型議會制。

　　基本國策入憲，並不是西方國家慣例，亦有一定程度的爭議性，但無關憲政制度大體。下面分別簡述地方制度和基本國策問題。

第一節　地方自治

　　地方自治是一個很大的話題，筆者在《黃花崗》雜誌第 46 期發表的〈民國憲法的聯邦主義精神──致聯邦主義者的呼籲〉（本書附錄一）文中詳細討論過民國憲法之地方制度的聯邦主義性質，所以在此不再重複闡述這一論點，而是主要討論地方制度細節的展望。

一　臺灣的經驗

　　民國憲法基於中央地方均權制的原則，規定了具有廣義聯邦制性質的省縣二級自治架構，但自治制度細節留給省縣自治通則，後者因內戰而至今仍未制訂。

　　臺灣現行地方制度法是因應憲法增修後「精省」的局面而制定的地方自治規範。具有公法人地位、設置立法機關和行政機關的地方自治團體分兩個層級，第一級為直轄市、縣、市，設議會、政府，第二級為鄉、鎮、縣轄市，設代表會、公所。省則成為行政院派出機構而不是自治層級，不設置立法機關而只設置諮詢性質的省諮議會。直轄市和市劃分為區，設置區公所；鄉、鎮、區劃分為村、里，設置辦公處；村、里

劃分為鄉,不設置機關。

　　與民國憲法原文的省縣自治架構相比較,臺灣的地方自治制度在縣以下增加了鄉、鎮、縣轄市作為基層自治體,對中國大陸未來的地方自治制度設計有借鑒價值。直轄市和縣級市所分之區,雖然與縣所分之鄉鎮有可比性,但不具有地方自治團體的地位,區長一般由上級自治團體指派,這一點也是很有啟發性的——都市化所造成的民政事業一體化,決定了直轄市和縣級市是自然的地方自治團體,但其下的區則缺乏獨立性;縣之下的鄉、鎮、縣轄市雖然規模較小,但自成一體,更需要全面自治,自主辦理民政事業。

　　中國大陸目前的單一制行政體系,在省縣之間設置了州/地/市層級。關於民主轉型之後此層級的地位,下文有初步探討。

　　臺灣的村里自治單位,與大陸農村類似,不設置立法機關,但行政長為民選。雖然都市範圍內的里沒有必要成為法人自治體,但自然村的法人資格具有現實意義,也可從東鄰日本找到成功的例證。

　　中國大陸未來的最基層地方自治架構似可為自治(具有公法人地位)的自然村和半自治(並非法人,但行政長由居民選出)的里,不設置代議機關而行直接民權(按:村民委員會是行政機關)。

　　雖然民國憲法並沒有為縣以下的鄉鎮、村里自治體提供自治權的保障,但西方國家的經驗表明憲法對基層自治的保障並不具有必要性,例如具有數百年自治傳統的美國就沒有在憲法中涉及基層自治,而是由各州自行決定基層自治辦法。所以,基層自治的規範可以付諸普通法律,還可考慮併入省縣自治通則。

二　西方的經驗

　　自民國制憲至今七十年來,地方自治在西方國家取得了長足的進展,許多原本中央集權的單一制歐洲國家已經呈現了聯邦化的傾向,積累了豐富的經驗。這對中國大陸未來的地方自治建設是重要的參照。

(一)輔助原則

　　歐洲地方自治事業最寶貴的經驗,是載入「歐洲地方自治憲章」以

及歐洲聯盟諸條約的輔助原則（principle of subsidiarity，又譯「輔助性原則」）。這一原則的含義，是個人和基層的自主權具有優先地位，更高層級的政府存在之目的是為個人和基層提供輔助，做後者無法勝任的工作。換言之，地方自治制度的原則是高層級輔助低層級，而不是傳統的單一制那樣低層級輔助高層級。

以高輔低的輔助原則，在民國憲法誕生之後方才大行其道[441]，對中國大陸未來地方自治制度的優化具有極其重要的指導意義，雖然不一定以憲法修正案的方式載入憲法，但有必要載入省縣自治通則。與孫中山先生提出的均權制相比，二者實則為一枚硬幣的兩面[442]——在劃分國家與地方之間、各個自治體之間的權限之時，以高輔低的考量與權力行使之適宜性（即「均權」）的考量相輔相成，可以促進自治制度的優化。

（二）狄龍規則

與此同時，我們應當考察美國這個以自治精神著稱的聯邦制國家的地方自治制度。美國各州下設的縣（county，又譯「郡」）並不是完全自治體而是州的派出機構；村、鎮、市可經州議會批准而成為公法人自治體，但美國許多州並不承認基層自治體的自治主權，州議會有權改變其自治權限，甚至在必要情況下剝奪其自治地位（這一制度，通常冠以為之作出法理論證的愛荷華州最高法院狄龍大法官之名，稱做「狄龍規則」[443]）。例如，在實行狄龍規則的某州，某小鎮招募了與其人口和治安不成比例的大量警力，在穿過小鎮郊外的公路上設置較低的車輛限速，大肆攔截超速車輛，以開罰單為小鎮創收，那麼，即使被罰司機確

---

[441] 輔助原則的概念可以上溯到古典哲學，但在二戰之後才逐步從哲學原理轉化為法律概念，參看王玉葉（2000：5-8）。

[442] 美國學者 Levinson (2010: 290) 對輔助原則的描述幾乎可以一字不改就成為均權制的定義："… the political principal of subsidiarity, which is the commitment to locate political decisionmaking at the level that makes the most sense in any given situation, which may often be local. It is worth emphasizing, incidentally, that the principle of subsidiarity supports allocation of decisionmaking responsibility to the center as easily as to the periphery, depending on which one believes is most suited to confront the issue at hand."

[443] 「狄龍規則」的詳細討論見董禮潔（2008），陳科霖（2015）。

實超速，即使該鎮居民從往來過客繳納的交通罰款中嚐到甜頭，如果小鎮的這種行為過於放肆、違反了起碼的社會正義，州議會即可決定限制甚至剝奪該鎮的自治權[444]。美國這樣的憲政民主旗艦，亦間或出現小鎮濫權的現象，所以中國大陸未來的地方自治建設不宜採用理想化的樂觀主義做法，狄龍規則值得借鑒。

狄龍規則在美國的另一個應用，是州議會可以決定將某些已經具有法人地位的地方自治體強制合併，即使這一決定遭到當地居民的反對。民國憲法為省縣自治提供了保障，所以省縣的重組與劃界似應以住民同意為原則[445]，但狄龍規則對省縣之間和縣以下的自治體似可適用。也就是說，省與縣作為憲法規定的自治體，在中國地方自治體系中可以起到支點的作用，成為具有自治主權的公法人；其他自治體則不具有自治主權，在必要情況下可以由更高層級的主權自治體施加控制（自治主權的有無，即為狄龍規則在中國制度中的體現，不需正式冠以「狄龍規則」之名）。考慮到省對縣自治所能夠起到的監督職能，以及各級自治體的權限基本劃定之後所應有的穩定性，縣議會如果認為需要對其下某一自治體施加控制或將某些自治體強制合併，似應徵得省議會的同意。同理，省對省縣之間的自治體的強制行為似應以立法院的同意為前提。

輔助原則與狄龍規則並不矛盾，因為人性的弱點（包括貪婪、短視）有可能反映於地方自治體，導致其透過民主途徑作出的決定在某些情況下出現流弊。片面強調地方住民自治權的不可侵犯性，有可能招致不良後果，這種危險在民主轉型初期尤其值得注意。輔助原則和狄龍規則並存，在扶植地方自治體的同時對其作出制衡，有助於其健康發展。待到民主憲政和地方自治完全鞏固之後，狄龍規則（即主權自治體與非

---

[444] 近期的一個實例是弗吉尼亞州議會於 2015 年 2 月通過法案（House Bill 1400 Item 3-6.05），針對開交通罰單過度的市鎮，將其所得罰款的大部分收歸州庫（CBS 2015）。

[445] 民國憲法第 108 條將「行政區劃」列為「中央立法並執行之，或交由省縣執行之」的事項。筆者認為，行政區劃的變動在通常情況下應當屬於後者，由中央立法確定原則，細節盡可能交由省縣議會或選民投票決定並執行之，只有在極其特殊的情況下才由中央強行劃界（亦即中央「執行之」作為中央的保留權力但盡量不動用；如果動用，似應採用超級多數決）。

主權自治體的區別）可能只剩下字面意義而不再具有操作層面的必要性，但仍應保留於自治法規之中，以對地方自治體惡性發展的傾向作出遏制。

三　民族自治的可行途徑

如何為非漢民族提供自治保障？這個問題上常見的主張，是以非漢民族聚居的地域為單位劃分邊界，創設自治體。但是，這一主張一方面忽視了歷史背景（例如「大西藏」在歷史上長期分屬於不同的行政單位），另一方面各族雜居地區的劃界工作會遇到難題，甚至引發流血衝突。

筆者認為，非漢民族自治問題的解決，需要跳出窠臼，尋找最佳方案：

（1）考慮族群認同與自治事業的關係，地方自治的許多方面，例如衛生、交通、治安，基本上不涉及族群認同；反之，族群認同的最根本因素——語言和文化（包括宗教），在地方自治的諸多內容之中只有教育體系等少數項目與之有關。

（2）地方自治的表現形式，沒有必要拘泥於常見的層級，反而可以在必要的情況下為某些自治項目設立跨越層級、跨越省界縣界、不具有排他性地理疆界的專門自治單位，不像通常的自治體那樣負責一定地域內幾乎全部的自治事業，而只負責專項事業。

基於上述兩個方面的考量，不難得出結論：非漢民族自治的關鍵在於，針對族群認同的要素，在透過憲政民主制度充分保障人權的基礎上，確保各個族群傳承發展本族語言文化的機會。具體的操作方案，就是在不涉及教育、文化的地方政府職能方面盡量保持現有區劃不變，而在教育、文化方面採用靈活的自治政策，設立跨越省縣邊界並在各族雜居地區有一定重疊的教育文化自治體[446]，使非漢民族可以透過自己的教

---

[446] 比利時除了「大區」作為國家之下的最高級行政區劃，還依據語言而設置了「社群」（分管語言、文化、教育等事務），大區和社群相重疊，法語社區和荷蘭語社群在首都布魯塞爾相重疊。這一制度值得借鑒，但比利時之加劇族群割裂的選舉制度則為殷鑑，參看註266。

育文化自治體實現本族語言文化的傳承和發展[447]。與此同時，不凸顯族群特性的民政事業由省、縣、基層自治體負責，其管轄範圍應當盡量以歷史沿革為出發點，在中國大陸的憲政民主制度鞏固之前不宜急於重組[448]。教育文化自治體制度，能夠尊重和保護各族的特殊性，並避免以族群為單位冒進自治所可能帶來的族群衝突的危險。

在各族雜居地區，教育文化自治體可以呈現盤根錯節的局面，居民或以自然村為單位、或以學校招生地域範圍為單位，舉行投票，對公立學校的教育文化自治體歸屬作出選擇。如果兩個選擇得票比較接近，則可設立兩所學校，每個學生的就學由家長決定[449]。如果某項選擇在某一地區的每一個投票單位都不佔優勢，但此項選擇在臨近的幾個投票單位的總和達到了一定的標準，那麼此項選擇所對應的教育文化自治體就應當在達到標準的數個投票單位的居中位置開辦學校，以滿足需求。如果某項選擇在某個地區佔據壓倒多數地位，但少數派的家長不願讓孩子進入多數派所決定的教育文化體系，那麼，為了尊重個人自由和受教育的權利，國家應當為這些學生發放教育代金券，學生可以憑代金券沖抵私立學校或外地公立學校的一部分學費（代金券制度將在下一節詳細討論）[450]。上述設想以其靈活性避免了零和遊戲，兼顧了族群自治需求和

---

[447] 非地域自治（non-territorial autonomy）或民族文化自治（national cultural autonomy）的概念，最早由奧地利政治家、奧地利共和國國父卡爾·倫納（Karl Renner）於 1899 年奧匈帝國時期提出，其文章的英譯本見 Renner (1899 [2005])。

[448] 倡導「票池」與「向心主義」的學者霍洛維茨（Horowitz 2008: 1218）認為，為了促進族群合作，地方自治體的族群構成應當具有「異質性」（即包含多個族群）而不是「同質性」（按族群分布劃界）。這一主張如果應用於未來的轄區重組則可能招致爭議（Norman 2006: 106），但就現有省縣轄區之保持而言有正面意義。

[449] 家長為未成年子女自由選擇教育途徑的教育選擇權（包括放棄民族語言教育而選擇大語種教育的權利）是國際公認的原則，參看王前龍（2011）。

[450] 印度、比利時、荷蘭等國為達到一定標準的私立學校（包括教會學校）比照公立學校直接從政府劃撥經費，法國政府則為教會學校的教師支付工資（Lijphart 2004: 105，Stepan 2000: 41-42），和教育代金券制度效果類似。但是，從美國的經驗看，政府直接為私立學校提供經費的做法在嚴格遵循政教分

個人自由[451]。教育文化自治體在地域方面不具有排他性的地理疆界，可以互相交叉重疊，而且與省、縣及基層自治體並行不悖[452]。

　　基於民主原則的省縣自治，在某些省縣有可能自然形成非漢民族的絕對主導地位（如藏族在西藏），也有可能形成漢族主導省政、非漢民族主導某些縣鄉的局面。在後一種情況下，教育文化自治體制度就成為民主原則與族群自治之間的橋梁，不偏於任何一個極端，有助於民主憲政的鞏固，也有助於多元並存、各族和睦的中華國族的長遠發展。

　　教育文化自治體制度與民國憲法的省縣自治和教育文化條款並不矛盾。教育文化自治體可以具有特殊的公法人地位，由專門法律規範其與各級自治體的協作關係（包括財務關係），以及基層教育文化機關的民主選舉機制和問責機制。

　　此外，民國憲法第 168、169 條規定了國家扶植邊疆民族自治的基本國策，對教育文化自治體和各級自治體皆可適用。作為特殊公法人的教育文化自治體，可以獲得國家的特別扶助，在符合民主原則和國家關於教育水準的基本要求的基礎上自主辦理教育文化事業，在涉及宗教的領域（如藏族幼童出家或在寺廟接受教育）還可以有特殊的規定，在此不詳細討論。

第二節　基本國策

　　1919 年德國威瑪憲法開創了國策單列章節載入憲法的先例，但這一做法在威瑪德國時期即引發了爭議，某些國策難以具有規範性的效

離原則的國家可能會遇到很大阻力，所以教育代金券制度是一個較好的變通方案。

[451] 有學者指出，非地域自治制度的一個問題在於自治機關的建制通常仍然需要一定的地域基礎和應用範圍（Keating 2012: 15）。筆者認為，教育代金券制度將選擇的自由賦予個人和家庭，可以使教育方面的非地域自治制度在相當大的程度上突破地域的束縛（在外求學的食宿費用固然成為限制條件，但可以透過官方與非官方的各種途徑予以一定程度的補助）。

[452] 西方有學者甚至提出各級政府的各種服務職能都可以具有重疊的轄區，相互競爭，以便公民自由選擇。參看 Frey and Eichenberger (1999)，Frey (2001)。

力。當世各個民主國家的憲法，以相當長的篇幅規劃基本國策的並不多見。但是，基本國策入憲並不是重大瑕疵，我們應當採用務實的態度對待民國憲法的國策內容。

一　不同性質的國策條文

基本國策，儘管具有前瞻性和指導性，但社會經濟的動態發展意味著制憲者不可能預料到日後所有可能的政策細節，制憲者的善意期待也可能帶來某些不切實際的政策願景。因此，民國憲法基本國策條文並非全部具有約束力，某些條文必須採用靈活的解讀。下面從約束力的角度分三類討論基本國策條文[453]：

（一）邊界規範性的國策條文

為政府行為和政府人事構成劃出邊界條件的規範性國策條文，具有完全的約束力，不得靈活解讀。外國憲法中的此類條文時常散見於憲法各個章節，而不是集中於專門的國策章節。

民國憲法第 138-140 條對軍隊國家化和軍人不得干政的規定，就是典型的邊界規範性條文，通行於民主國家[454]。第 164 條關於教育、科學、文化經費佔預算總額的最低比例，亦屬於邊界規範。

值得特別討論的是民國憲法第 160 條之「六歲至十二歲之學齡兒童，一律受基本教育，免納學費」的規定。此條言辭確切，沒有變通解釋的餘地，在約束力的角度上屬於政府行為的邊界規範，而且直接形成了人民的公法權利，適齡兒童接受基本教育時若被索取學費可拒付[455]。

---

[453] 看待基本國策的另一個角度是依據其內容所涉及的政策領域劃分為「部門憲法」（如國防憲法、經濟憲法、文化憲法等），參看蘇永欽（2002）。

[454] 陳新民大法官（2015：1016-1017）把軍隊國家化歸入「制度保障」範疇的基本國策，此類別還包括一些必須依靠立法方可實現的福利政策，如憲法第 155 條的社會保險制度、157 條的公醫制度等（陳新民 1988：114-115）。筆者未採用「制度保障」的類別劃分，因其概念較為模糊，許多基本國策條文既可以說是「制度保障」又可以說是「憲法委託」，在立法院完成立法任務之前，「制度」尚不存在，只有在立法之後方成為「保障」。

[455] 參看陳新民（1988 [1990：123]，2015：1018）。陳大法官指出，其他貌似

（二）立法授權式的國策條文

　　某些國策條文明確提及「經法律許可」或「依法律限制」，相當於對政府的立法授權，就法理而言是規範性的授權條文，但沒有具體劃出邊界條件，所以就操作而言留有充分的彈性空間。政府如何立法，雖然需要依據憲法相關條文提出的立法原則，但仍然具有因地、因時制宜的靈活性。

　　民國憲法第 145 條「國家對於私人財富及私營事業，認為有妨害國計民生之平衡發展者，應以法律限制之」，就是典型的例子。以美國政府為代表的西方國家政府，雖然不一定從憲法中獲得如此明確的授權，但透過對稅收條款和經濟貿易條款的靈活解讀，無一例外在這些方面積極立法，如美國的反托拉斯法。民國政府如何衡量「國計民生之平衡發展」，取決於動態的時代共識而不是 1946 年制憲者的定見。國府遷臺之後並不拘泥於「節制資本」的字面意義，而是實行了促進私營產業發展的經濟政策，帶動了臺灣的經濟騰飛。

（三）方針願景性的國策條文

　　並非邊界條件亦沒有明示立法授權的國策條文，具有施政方針和願景的性質[456]，實際效力取決於其在具體社會經濟環境中的可操作性。政府立法施政之時，如果有條件滿足憲法中相關國策的要求，則應當滿足之；如果沒有條件，那麼政府決定部分履行或無為，並不違憲[457]。但

公法權利的條文是「請求權」而不是「拒絕權」，仍然需要立法方可落實，故屬於「憲法委託」而不是憲法所直接形成的公法權利。

[456] 在比較憲法學的意義上，愛爾蘭憲法和印度憲法在社會政策方面都有大段條文歸入「指導原則」（Directive Principles），原則上無法透過司法途徑強迫行政部門執行或強迫立法部門立即立法（但近年來也有例外，參看 Davis 2012: 1032-1033）。意大利、芬蘭等國憲法雖然不明說「指導原則」，但許多憲法權利和建制的落實依賴於立法部門的作為，從頒布憲法到完成立法可能經過多年，其間無法訴諸司法（Oliver and Fusaro 2011: 390）。

[457] 臺灣學者林明鏘（1997）、林明昕（2004）、黃舒芃（2006）等引入德國學界的「國家目標規定」學說，認為「方針條款」概念已經落伍，此類條款以其「國家目標規定」的性質而具有「憲法委託」式的法規範約束力（但不直接

是，政府立法施政不可與憲法基本國策反其道而行之，因為民國憲法第171 條明文規定「法律與憲法牴觸者無效」。

例如，民國憲法第 152 條「人民具有工作能力者，國家應予以適當之工作機會」，在字面上顯然是一個理想化的願景，沒有完全實現之可能，至多得到部分實現。如果國家遇到財政困難而無法幫助失業人口就業，那麼國家的無為並不是對這一條文的直接抵觸，也就屬於憲法容許的範圍之內。至於國家機關在必要時裁撤冗員的做法，與民國憲法第152 條無關，因為此條文指的是國家幫助就業，而不是由國家作為雇主來直接提供就業機會；反之，國家作為公法人，享有相應的權利[458]，包括裁撤冗員的權利。

此外，方針願景性的基本國策條文如果涉及並非日常通用語彙的意識形態術語，其含義應當以其後的細節條文為準，而不應以憲法之外的任何意識形態為準。民國憲法第 142 條「國民經濟應以民生主義為基本

形成可尋求司法救濟的基本權利即「主觀權利」），不但立法部門需要推動這些「國家目標」的立法，行政、司法乃至考試、監察部門也需要在職權行使的個案中落實「國家目標」的憲法法益。

筆者認為，在明文的立法授權和明顯的理想願景這兩個極端之間存在著「連續譜」性質的過渡地帶，「憲法委託」式的「國家目標規定」可以視為「方針條款」的一個子集而不是對立面。至於國策條款的歸類劃分，考慮到明文的立法授權隱含了法律保留原則（亦即必須待到立法部門完成立法方才產生實際效力），立法授權類型似應單獨歸為一類；沒有明文提出立法授權的國策條款皆可歸於方針條款，後者不但包含了「理想願景」，而且包含了廣義的「憲法委託」。但是，立法授權條款亦屬於「憲法委託」（即狹義的「憲法委託」，參看陳新民 1984，許育典 2006：543），因此，另一種劃分（陳新民 1988：113，2015：1015-1016）是將「憲法委託」不管是否有明文立法授權都劃為一類，「理想願景」則作為狹義的「方針條款」劃為另類（許育典 2006：543 稱之為「單純的國家目標條款」）。這一做法不無道理，缺點在於「憲法委託」和「方針條款」之間的界限不甚分明。話說回來，如果暫不考慮法規範約束力的問題，那麼方針條款不管是「方針願景」還是「憲法委託」，都為政府行為指引了方向，在立法尚不到位的情況下仍然具有柔性的影響力；在有條件的情況下，政府立法施政應盡可能優先推動憲法基本國策之落實。考慮到當代政府所能夠支配的資源相當廣泛，「方針願景」與「憲法委託」之區別在大多數情況下當趨於消弭。

[458] 關於公法人之權利，參看李建良、劉淑範（2005）。

原則，實施平均地權，節制資本，以謀國計民生之均足」，因涉及意識形態術語而不具有明確含義[459]，需要由第 143-151 條闡發其具體內容。「平均地權，節制資本」在民國憲法中並不意味著孫中山生前帶有理想主義色彩的具體政策主張，而是由第 143-145 條作出務實的界定。

　　「願景」入憲，固然具有政治意義，但在司法角度是否多此一舉呢？否也。其一，憲法「方針條款」在司法部門的個案審理中可以用作參照，甚至用於對其他權利施加限制[460]。其二，憲法位階的基本國策一旦形諸法律，即不能被司法部門以「違憲」為由全盤推翻[461]（針對其立法的違憲審查至多否定一些細節[462]）。也就是說，方針願景一旦載入憲法，即在效果上限縮了違憲審查的範圍。例如，對邊疆民族[463]的特殊照顧在形式上違反了憲法第 5 條和第 7 條所明定的平等原則（漢族貧困地區和散居漢族地區的非漢民族無法獲得同等照顧），如果沒有列入憲法基本國策（第 168、169 條），即可能難以通過違憲審查[464]。

---

[459] 「主義入憲」確實不妥。雖然孫中山民生主義的許多主張在中華民國制憲、行憲過程中得到了闡發和落實，但是司法院大法官釋憲從未引用民生主義。臺灣有學者認為「三民主義很長的一段時間淪為官方的意識形態，以致清流當中，有許多人敬而遠之」，參看劉士豪（2005 [2006：426-427]）。

[460] 參看 Tushnet (2008: 238)，一個例子是南非政府為洪災難民提供的臨時住處對鄰近居民造成了影響，鄰近居民以財產權被侵犯為由訴諸法院，從財產權的角度來看不無道理，但法院以南非憲法的社會經濟權利條款為依據駁回了這一起訴。

[461] 參看楊智傑（2010：132-133，172-173），

[462] 司法院大法官釋字第 580 號解釋以財產權保障為理由，部分推翻了依據憲法基本國策制定的「三七五減租條例」，即引起爭議；倘若沒有憲法基本國策的扶助自耕農和改善農民生活條款，以當時司法院的傾向（土地改革利益受損者數十年咬牙切齒的痛恨，在來自綠營的許玉秀大法官的協同意見書中呼之欲出），更大程度的違憲裁決是不難想像的。

[463] 係指「弱勢原住民族」，參看本書第三章第四節關於邊疆民族國大代表名額的論證。

[464] 類似的例子是民國憲法在臺增修條文所增添的「全民健保」國策，如果只是透過立法來推行，即可能遭到違背憲法第 23 條之比例原則的非議，參看顏厥安（2006：20）。

二　以「中間略左」的國策遏制極左

　　1946 年 4 月的政協憲草之基本國策條文相當籠統。制憲國民大會期間，以國民黨籍代表為主體的制憲國民大會接受了政協憲草的政體架構（僅有略微修正），但在地方自治和基本國策方面對政協憲草作出了擴展，闡明了許多細節[465]。民國憲法關於國民經濟、社會安全、教育文化的基本國策條文所具有的左派傾向或社會主義傾向，實則反映了參與制憲的國民黨、民主社會黨和青年黨對左派政策的認同，以及左派思潮在當時全球範圍的影響力——二戰前後，憲政民主國家沒有一個選擇以右翼經濟、社會政策對抗極左共產勢力，而是無一例外採用了略受左派影響的、溫和的經濟、社會政策[466]，甚至有工黨或社會黨勝選執政。

　　以二十一世紀的視角來衡量，定格於 1946 年的民國憲法基本國策條文大都屬於現代自由民主國家（包括美國這樣並非福利國家者）的政府普遍承擔的社會職能。政黨競爭和選民的民生訴求，導致經濟、社會、教育政策中間偏左的狀態成為現代自由民主國家的常態，民國憲法的基本國策在這個尺度上只是中間略左（和當代福利國家相比甚至靠右），而且在經濟政策上為自由經濟留有巨大的立法空間[467]。

　　從務實的角度考慮，民主轉型之後的中國大陸不可能實現「最小政府」或「無為而治」，東歐國家民主轉型之後也紛紛將社會權寫入憲法

---

[465] 關於張君勱對基本國策的淡化處理以及制憲國民大會討論、充實基本國策條文之詳細過程，參看吳青盈（2004：73-95），郭明政（2006：340-341）。

[466] 一個典型的例子是美軍佔領當局於 1946 年起草的日本現行憲法，其「左」的程度遠超過民國憲法，不但放棄戰爭，而且規定「全體國民都享有健康而文化的最低限度的生活的權利。國家必須在生活的一切方面為提高和增進社會福利、社會保障以及公共衛生而努力」，並且「保障勞動者的團結、集體交涉以及其他集體行動的權利」。眾所周知，軍事當局的政治立場通常偏右（日本戰後數年的實際統治者麥克阿瑟將軍在美國內政方面也屬於偏右的共和黨），卻主持制定了這樣一部大力保障社會權的憲法，可見社會權入憲在二戰之後實乃大勢所趨。

[467] 臺灣學界多認為中華民國憲法包含了「民生福利國」原則（如黃舒芃 2006，吳庚、陳淳文 2013：58-59），亦有不同意見（如吳信華 2015：139-142）。筆者認為這一學理上的爭議缺乏實際意義，在社會福利和經濟自由之間尋求平衡才是要務（參看下一小節關於國策的展望）。

[468]，所以自由至上主義者和新自由主義經濟學者有必要以客觀的眼光看待民國憲法。事實上，民國憲法的基本國策條文不但可行，而且可以以其「中間略左」的性質，起到遏制極左勢力的功效。

就大體而言，民國憲法的經濟、社會、教育政策能夠容納中國大陸未來無法避免的社會福利訴求，並為之提供框架，可以避免其惡性膨脹。中國大陸貧富懸殊和仇富心態盛行的國情民情有可能為極左政治力量的興起提供溫床，民國憲法的基本國策對人民可以有相當大的吸引力，對極左勢力不啻釜底抽薪。

就細節而言，民國憲法第 143 條對「平均地權」所作具體解釋中的「**土地價值非因施以勞力資本而增加者，應由國家徵收土地增值稅，歸人民共享之**」，在效果上將土地增值稅劃為國家稅種，這就避免了極左勢力在地方施行某些極左政策的可能——如果極左政黨在地方自治體勝選，將無法對土地增值課以重稅。此外，土地增值稅「歸人民共享之」而不是「分享之」的規定也避免了劫富濟貧、均分財富的誤區[469]，即使左派政黨在中央勝選，亦無法平分土地增值稅，必須依據「共享」的原則用之於公共事業。

三　國策展望

如前所述，民國憲法的基本國策章節並無大礙。但是，在保留 1946 年的基本國策的同時，是否有必要添加新的內容呢？筆者認為，除了臺灣修憲過程中增添的國策條文值得參考以外，下述自由主義的考量似可作為具有強制力的邊界規範載入憲法，成為對 1946 年左派影響的平衡和補充。

---

[468] 雷文玫（2002）。

[469] 睿智的古人早已觀察到「升米恩，斗米仇」的社會心理現象，劫富濟貧反而有可能在受益者一方激化「仇富」心態。筆者在本書附錄二提出一套福利制度設想，主要以資源收益為基礎，如果需要透過稅收為福利開源，亦應避免將所得稅、土地增值稅（後者其實是一種特殊的所得稅）等具有「劫富」性質的稅種用於再分配，交易稅、增值稅（來自貨物流通或勞務而不是土地）等具有社會資源性質的稅種則可考慮。

（一）公共政策的個人自由原則

　　自由主義在民國制憲的年代並不是國內外思潮的主流，今日則具有極大的影響力。政治經濟領域多年來的理論與實踐已經表明，組成「人民」的個人並不具有利益的一致性，國家政策在相當多的情況下會侵犯一部分個人的利益和自由。雖然「自由」並不是絕對的，但是「公益」同樣並非絕對，如果在政策上強調人民的整體利益（或者說多數人的利益）而忽視了個人自由和少數人的利益，那麼政策走向偏差的可能性勢必加大。國家和各個自治體制定公共政策之時，有必要盡量尊重個人自由，在盡可能多的方面給個人以選擇的機會。

　　上文討論教育文化自治體制度時簡單提及的教育代金券制度，就是典型的例子。如果家長出於某種原因不願送子女去公立學校入學，政府是否應當以代金券的形式為他們提供一定的補償，以沖抵私立學校的費用？筆者認為，教育代金券制度尊重個人自由，促進社會的多元化，為公立學校造成競爭壓力以提高其質量，並且在多族雜居地區為教育選擇問題提供解決方案，具有很強的合理性。

　　教育代金券制度的討論，僅僅是拋磚引玉。如果一定程度的個人自由原則能夠載入憲法，將大有裨益。例如：國家及自治公法人制定公共政策，應以尊重個人自由和個人選擇為基本原則，人民不選用公營事業而蒙受重大經濟損失者[470]，應按適當比例，專款專用，予以補償。

　　個人自由，在孫中山先生的三民主義理論體系中並未得到正面表述。但是，這一事實出於國民革命的歷史背景，孫中山強調的是國民黨黨員讓渡個人自由於政黨，形成合力，以期在革命成功後享受自由平等的權利（1924 年 11 月在黃埔軍官學校的告別演說中更以商人投資與分紅的時間差為例，說明這個道理[471]）。孫中山畢生致力於革命事業，不

---

[470] 公共圖書館、公共交通等公用事業所造成的稅務負擔並不沉重，從不使用這些設施的人談不上蒙受重大經濟損失，所以筆者認為不必補償。至於界限何在，似可留待將來做個案處理，透過立法實例和司法判例做出大致的界定（不必強求精確性，可留有彈性空間）。

[471] 孫中山（1924c [1989c：512]）。

曾就革命成功、憲政施行之後的個人自由問題作出詳細闡述。事實上，與公共政策有關的個人自由選擇問題在西方學術界直至近幾十年（甚至近十數年）方才獲得重大突破。我等後人在憲政制度設計之中為個人自由和個人選擇提供保障，在某種意義上繼續了先賢未竟的事業。

（二）福利制度避免獎懶罰勤的原則

雖然中國幾乎沒有成為歐式福利國家的可能，但一定程度的社會福利是不可避免的，也為民國憲法基本國策所要求。在這一前提下，自由主義者的要務是優化福利制度，至少需要避免福利制度獎懶罰勤的傾向。為此，在憲法的國策部分明示福利制度不得獎懶罰勤這一基本原則，就具有積極正面的意義，為中國大陸未來福利制度的立法過程提供準繩。

如何避免獎懶罰勤呢？筆者在《黃花崗》雜誌第 49 期發表的〈轉型正義和民生保障——「國民福利基金」的設想〉一文對此作出了初步的探討（概言之，以「人頭福利」取代低保福利和所得稅免稅額，全體國民不分收入高低皆享有同等福利），作為附錄二收錄於本書。

（三）刑罰之保護社會和個人責任的原則

1996 年，美國俄勒岡州選民行使創制權，高票通過了州憲修正案[472]，把該州憲法原文之「刑罰法律應基於改造的原則，而不是報復性的正義（vindicative justice）」改為保護社會、個人擔當（personal responsibility）、個人行為課責（accountability for one's actions）和改造等原則並重。俄勒岡州憲法的這一修正，直接導致反社會、無人性的冷血變態罪犯被重判[473]。筆者尚不知道哪個獨立主權國家的憲法有類似條

---

[472] 此修正案（Measure 26）由「犯罪受害者聯合」組織（Crime Victims United）創始人 Kouns 夫婦發起，獲得了俄勒岡州立法部門和選民的壓倒性支持（參議院 24 票對 3 票，眾議院 54 票對 1 票，選民 66.62%對 33.38%），少數反對意見主要圍繞著「報復性的正義」禁令之去除，鮮有反對保護社會、反對個人責任者。

[473] Raine (2013: 333)。這個案例於 1999 年宣判，至今（2016 年）歷次上訴仍

文，但是，西方民主國家愈演愈烈的一個傾向就是百般尋找外在原因為
嚴重刑事犯開脫罪責、使之從輕發落，有鑑於此，筆者認為美國俄勒岡
州的上述州憲修正案具有重要的參考價值[474]。但是，此條修正案剔除了
俄勒岡州憲法原文對「報復性的正義」的排斥，具有很強的「刑罰民粹
主義」色彩[475]。為了平衡起見，似應在突出保護社會、個人責任和改造
等原則的同時明文否定「報復性的正義」[476]。

維持原判。

[474] 有必要指出，保護社會和個人責任的原則與死刑存廢問題無關，「終身監
禁不得假釋」的刑罰也與這兩個原則相合。

[475] 李懷勝（2015）。

[476] 法學家許福生（2010a：105，2015b：507-527）主張實施「相對應報的
『兩極化刑事政策』」，將長期剝奪自由的「自由刑」作為對嚴重刑事罪犯沒
有其他替代措施情況下的最後手段，這一主張在不妨礙保護社會和個人責任之
原則的前提下可資參考。

第七章　總結、展望和結論

總結

　　1946 年制憲國民大會在多黨協商的基礎上制定的中華民國憲法，包含了精妙的制度設計，對當今和未來的中國仍然具有適用性。憲法之外的憲政制度細節，亦需要結合中國國情與民情，作出優化選擇。中國大陸如果恢復施行中華民國憲法，還可以直接承襲司法院在臺灣釋憲體系在人權保障和政府權限等方面的巨大成就，有助於憲政民主制度的鞏固。

　　與西方國家盛行的傳統代議政體相比較，民國憲法的重要特色是以國民大會對代議制五院政府作出補充和制衡。為此，本書以相當長的篇幅論述了權能區分原理和國民大會制度的細節，指出國民大會應當實行委任代表制民主機制。中國作為人口極多的大國，不宜全盤照搬西方代議制度（議員人數過多則難以議事，人數稍少則每一名議員對應於過多的選民），也難以進行全國範圍的公民投票。實行委任代表制的國民大會，在人民和代議制政府之間提供了傳達民意的憲政渠道，對中國尤為適合。

　　總統一職，在民國憲法的改進型議會制中並非完全虛位，而是具有些微實權，在行政院與立法院相爭之時可以影響政局走向，平時則有民意溝通方面的柔性職能。國民大會間接選舉總統的制度有助於選出合適的人選並避免其擅權傾向，切合中國國情、民情和傳統。

　　政府五院之中，行政院在對立法院負責的同時具有相當程度的獨立性，有助於政治的穩定。立法院作為唯一的代議立法機關，責任重大，所以其構成和選舉制度的優化極其重要，本書在這一方面作出了深入探討，並提出了有助於「共識決」民主機制的「排序複選政黨名單比例代

表制」作為立法委員選舉的最佳方式。司法院、考試院、監察院的架構優化、職能優化和政治價值，也是本書的議題。

地方自治和基本國策，並不是本書的重點，但這兩個方面有許多制度優化的空間，國策的解讀方式也有必要釐清。在民國憲法有關條文、臺灣的經驗和西方國家經驗的基礎上，本書進一步提出了教育文化自治體的設想，作為邊疆地區民族自治問題的解決方案，以及反映自由主義理念的公共政策主張，作為對民國憲法基本國策的補充。

總覽民國憲法，筆者認為，唯一一處必須修正的條文是規定立法委員人數的第 64 條。其他條文的修訂或增刪，亦可在時機成熟的時候進行，但制度設計之優化通常可以透過普通法律而不是憲法。

中國大陸民主轉型道路的展望

民國憲法曾施行於中國大多數地區，中國人民曾依據民國憲法，以民主普選的方式，於 1947 年選出第一屆國民大會代表，於 1948 年選出行憲後第一屆立法委員，這兩次民主選舉確立了民國憲法的合法性即法理正當性[477]。中共以武力奪取大陸政權，中止了民國憲法在中國大陸的實施效力，但中共在大陸以非民主的方式制定的所有憲法都有名無實，民國憲法仍然是中國唯一一部具有法理正當性的憲法。中國大陸民主轉型的過程，應當是回歸民國法統的過程——在中共憲法已廢、亦沒有新憲法取代民國憲法的情況下，民國憲法是中國大陸轉型時期的當然選擇，甚至可以不需再度核准即恢復效力。在臺灣的中華民國司法院釋憲體系中不涉及在臺增修條文的部分，亦可由中國大陸直接承襲。

但是，民國憲法從恢復效力到完全落實，必須有一個過渡時期。在這一過渡時期的初期，臨時政府可以大致依照民國憲法的架構來組織，並奉行民國憲法和司法院釋憲體系的人權保障制度，為人民的自由提供切實的保障。但是，臨時政府並不具有合乎民主程序的民意授權，尚且不是民主政府。臨時政府以自由為原則，以憲政為基礎，以民主為導

---

[477] 即英文 legitimacy，參看註 18。

向，在穩定大局之後即應著手準備國民大會代表的選舉，作為中國大陸民主轉型過程中的第一次全國大選。

此屆國民大會負有修訂憲法和選舉總統的任務（可稱作「復憲國民大會」），而且有可能需要通過一些具有憲法效力的臨時條款（例如民選立法院就職之前的過渡政府組織架構），以確保中國大陸民主轉型的順利進行。基於民國憲法原文在國民大會代表之性質問題上的模糊性，考慮到委任代表制因效率極低而難以適用於轉型期，復憲國民大會應作為代議機關，以穩健而不失效率的方式完成上述重大任務，然後自下一次集會起在罷免、創制、複決議題上改行委任代表制。為避免國大代表對這一「自縛手腳」的修憲案發生抵觸，可由臨時立法院在國大代表選舉之前即就國民大會之委任代表制提出修憲案公之於眾，形成民意共識，再由復憲國民大會第一次會議予以通過；國大代表在此次會期仍作為法定代表議決其他修憲案。

國民大會的召開，將是中國大陸民主轉型過程中里程碑式的成就。其後的立法委員選舉（依據國民大會修訂民國憲法第 64 條而確定的立法委員名額），將是這一過程的下一座里程碑——民選的代議立法機關和隨之形成的責任內閣，將標誌著中國大陸的中央政府獲得完全的民意授權，成為合乎國際標準的民主政府。但是，民主憲政建設必須以切實的地方自治為依託，這一任務仍將需要相當長的時間。

必須強調的是，中國大陸重建民國、復行民國憲法，所依靠的是大陸人民的力量，並不取決於臺灣。兩個中華民國可以在相當長的時間內並存於海峽兩岸，中國大陸憲政民主制度的鞏固和臺海的和平將是大陸轉型期間的首要任務，臺灣問題的解決可以留待將來。

結論

略為增修的民國憲法，加以配套的制度細節和司法院在臺灣釋憲體系的可用部分，是非常適合於中國的憲政制度，是中國大陸民主轉型的最佳選擇。

　　與此同時，人民的民主素養和憲政理念、活躍的公民社會、獨立自由的媒體，是憲政民主得以鞏固的必要條件。民國憲法及配套制度對這些因素有積極的促進作用，民間團體與個人也責無旁貸。在民國憲政制度框架之下，人民與政府的良性互動必將造就一個民主、自由、人民幸福而有尊嚴的中華民國，這將是我等奮鬥的目標。

後記　憲法所遏制的是什麼？

　　如果讀者朋友能夠耐心讀完本書，那麼感謝您對拙作的賞識。不管您是否贊同本書的核心論點即中華民國憲法對中國大陸民主轉型的適用性，一個顧慮有可能揮之不去：七十年前的先賢制定的憲法，有什麼理由約束後世？

　　為了回答這個問題，請考慮另一個更加根本的問題：憲法所遏制的是什麼？從憲法的目的（即保障人民權利、限制政府權力）而言，很顯然，合乎憲政主義原則的憲法能夠遏制政府擅權的傾向。但是，僅僅如此嗎？憲法還在遏制什麼呢？

　　這裡，我們有必要換一個角度來思考：憲政民主的哲理基礎和人文價值，在於對人的尊重和對人的警惕。在這個意義上，憲政主義的憲法所遏制的是人性的弱點、局限和陰暗面。人性的這些負面因素，不但映射於政府，而且體現於每一位公民，遭受中共統治六十餘年之嚴重負面影響的中國大陸人民更是如此。

　　合乎憲政主義原則的憲法，透過條文上的制度設計和實踐中的憲政經驗而直接遏制政府之惡、間接遏制人性之惡。一部幾十年前甚至一、二百年前制定的憲法之所以能夠持續煥發生命力，不但是因為憲法不斷被增修、解釋，而且是因為憲法及其附帶的憲政體系所遏制的人性之惡並不隨著時代的發展而改變。西方民主國家輕易不會制定新憲（近年來少有的例子如 1999 年瑞士新憲法實則為老憲法和多年來增修條文的綜合整理，並未改變憲法制度的實質內容），其原因多少包含了民主政體的國民出於對人性之惡的深刻認識而對憲法產生的敬畏之心。

　　中國大陸呢？我們難道有足夠的自信認為我們能夠超越西方民主國家的境界嗎？在這樣一個缺乏法治傳統、道德嚴重敗壞的社會，要想讓一部嶄新的、未曾實踐的憲法得到國民和政府官員的普遍尊重，恐怕有

相當的難度。筆者殷切希望有志於憲政民主事業的中國大陸人士對中共統治多年的後果有清醒的認識，勇於承認我們自身的嚴重局限。民國憲法加以司法院釋憲體系而成的中華民國法統，是中國憲政艱難發展一百多年的成果，來之不易，我等應當珍惜之！

附錄一　民國憲法的聯邦主義精神

——致聯邦主義者的呼籲

聯邦主義在中國知識界有相當大的影響，《零八憲章》即以「聯邦共和」為基本主張之一，並提出建立「中華聯邦共和國」。值得注意的是，中國的聯邦主義者大都認為中國大陸民主化之後應當制定聯邦制新憲法（海內外異議人士擬制的草案即不止一部），而忽視了 1946 年制憲國民大會通過、1947-1948 年曾施行於全國大部、經增修後至今仍施行於臺澎金馬的中華民國憲法（下稱「民國憲法」）。但是，探究其詳細條文即不難看出，民國憲法具備了相當程度的聯邦主義精神。筆者願略做分析，以期在聯邦主義者與民國派之間找到最大的共識。

一　傾向於聯邦制的「均權制」

民國憲法的地方制度脫胎於孫中山先生倡導的「均權制」——「國民政府建國大綱」（下稱「建國大綱」）第十七條提出「關於中央與省之權限採均權制度。凡事務有全國一致之性質者，劃歸中央；有因地制宜之性質者，劃歸地方；不偏於中央集權或地方分權。」

雖然均權制就權限劃分而言「不偏於中央集權或地方分權」，但取決於具體的政治架構（尤其是行政部門的產生方式與問責機制），有可能傾向於單一制，亦有可能傾向於聯邦制。「建國大綱」以縣自治為本，就縣權而言有聯邦制的傾向，但省作為中央與縣之間的聯絡單位，僅有半自治地位，民選省長須受中央指揮，協辦省內之國家行政，所以就省權而言有單一制的傾向。國民政府於 1936 年擬定的「五五憲草」要求民選縣長受省長指揮，省長則由中央政府任免，省成為「執行中央法令，及監督地方自治」的中央派出機構，如此之均權制已經走樣到了

近乎單一制的程度。1946 年政治協商會議及其後的憲草審議委員會會議中,力主「五五憲草」的國民黨與為維持割據而主張「聯邦制」的共產黨爭執不下;經民盟代表張君勱斡旋,國民黨作出了重大讓步。張君勱執筆的 1946 年 4 月版「政協憲草」及以之為藍本的民國憲法規定省縣皆自治,省長縣長皆為民選,而且不再有「接受……指揮」字樣,所以民國憲法之均權制傾向於聯邦制。

民國憲法之所以不自稱聯邦制,除了「均權制」概念外,還與中共當時對「聯邦制」的界定有關。中共在尚未看到武力攻佔全國的希望之時,為使共佔區保持國中之國的地位,要求省得自行制定省憲,以及地方法官民選。在這兩個原則問題上,國民黨最終沒有讓步。

民國憲法授權中央制定省縣自治通則,省依據憲法和省縣自治通則制定的自治法須送交司法院批准,省自治法實施過程中出現重大障礙時由司法院長主持中央五院院長委員會解決之。在憲法明確規定的自治架構之外另立中央法律以進一步規範地方自治,的確不同於典型的聯邦制。但是,為制約中共而設置的省縣自治通則因中共叛亂而至今尚未制定(臺灣在憲法增修後以地方制度法為地方自治之法源),這就為民國憲法框架下強化地方自治留下了空間。聯邦主義者的努力,可以優化省縣自治通則的內容,確保其成為地方自治的助力而不是阻礙。

至於地方法官民選,會導致司法部門為易變之民意所左右,損害共和政體的均衡與穩定,西方政治學界普遍認為是不合理的制度,亦鮮有施行者。目前全球二十多個聯邦制國家中,除美國等少數,多以近乎單一的司法體系貫穿全國,所以民國憲法所規定的司法權歸中央的司法制度沒有問題,在此不贅述。

民國憲法還有一個與美式聯邦制的區別,在於憲法沒有明確劃歸中央或地方的權責項目有爭議時由立法院定奪[478]。當然,這只是確立了中央在此問題上的權威,並不是說立法院一定會把爭議事項劃歸中央。美國憲法第十條修正案規定未劃歸聯邦的權力屬於州或人民,但事實上聯邦政府權力日益增大,以至被批評為向單一制靠攏,說明美憲之規定並

---

[478] 此規定當然可以修改為司法院定奪,但不一定有必要修改,參看註 30。

不能有效保護地方權力。

二　民國憲法合乎聯邦主義精神

　　何謂聯邦主義？這個名詞在學術界並沒有一個公認的確切含義，但是，從不同學者關於聯邦主義的論述之中，我們可以體會到聯邦主義的一些基本精神，並以之為參照，審視民國憲法。

　　為方便起見，筆者首先援引 MBA 智庫百科網站「聯邦主義」詞條的部分內容[479]：

　　（1）「麥凱（R.W.G. Mackay）在歐洲一體化背景下給出了聯邦主義的如下定義：聯邦主義是一種分配政府權力的方法，以使得中央和地方政府在一個有限範圍內是獨立的但卻又是相互合作的。檢驗這項原則是否實施的方法是看中央和地方權威是否相互獨立。」就省縣立法部門與行政部門的權威而言，民國憲法規定了民選省縣議會與省縣長的制度，劃分了中央、省、縣的權限，沒有把省、縣作為中央的下屬單位，所以符合中央與地方相對獨立的精神。

　　（2）「維斯蒂里希（Ernest Wistrich）在一個關於歐洲聯邦的建議中提出了不同於麥凱的聯邦主義的定義：聯邦主義的實質是權力的非集中化，以便需要在離公民更近的較低政府水平上得到滿足。這個定義並沒有把聯邦主義限定在兩個層次組織國家權力，而是強調了聯邦多層分權的可能性。」民國憲法的省縣自治制度，以及選民在縣這一「離公民更近」的自治層面的直接民權，明顯符合多層分權的精神。

　　（3）「……從聯邦分權原則演繹出的『權力分散』原則，是《馬斯特裡赫特條約》的核心。……哈里森（Reginald Harrison）指出……真正的聯邦主義是權力在許多層次不同的經濟、社會、文化利益之間的極端的分散和再分配。」民國憲法之中央地方合理劃分權限的均權原則，省可以透過省自治法協調省縣關係的規定，以及縣民直接民權，在相當程度上符合權力分散和再分配的精神。

　　（4）「奧斯特羅姆（Vincent Ostrom）認為……聯邦主義是使憲法

---

[479] MBA 智庫百科「聯邦主義」詞條：http://wiki.mbalib.com/zh-tw/聯邦主義

成為實在法律，而不僅是道德宣言的最關鍵的建制。……複合共和制並不是意味著次一級的共和國組成了聯邦共和國，不是幾個小的共和國政府組成了大的共和國政府。而是同時存在著兩個或多個層次的共和國們，最高層次即為聯邦共和國。因此，同一個地域範圍，可以同時屬於重疊存在的兩個或兩個以上的共和國。所有這些共和國的政府們都是面對公民個人的，每一個公民，同時都是兩個乃至數個共和國的公民。全國性政府也直接面對公民個人，而不是封建式的『分級管理』，即每一級政府各自管理下級政府，而不直接面對公民個人。每個共和國都擁有獨立的但有限的權力。聯邦政府和次級共和國政府都是面對公民個人的，它的權力是獨立的，直接來源於人民，有獨立的手段來執行這些權力。政府面對個人，避免了對集體而不是對個人課以責任，而個人責任，是可實施法律的基礎。」民國憲法規定中央、省、縣三類政府的立法、行政部門皆民選，對公民分擔不同的權責，可以解釋為沒有上下級關係，所以符合「複合共和制」的精神。

這裡需要說明的一點是，民國憲法允許劃歸中央的某些事項在中央立法後交由省縣執行之，省亦可把劃歸省的事項在省立法後交由縣執行之。這看似屬於「分級管理」，但「複合共和制」的原則不應以機械教條的思維來運用，美國這個聯邦制的典範亦早已走向「合作聯邦主義」（cooperative federalism），例如美國聯邦政府對低收入人群的醫療補助（Medicaid）即交由各州政府執行。具有法人地位的各類政府之間的合作，包括反向的委辦（例如鎮政府把某些公共服務職能「外包」給縣政府），經常是提高效率、節約公帑的良策。

順便說一下，1923 年民初第一屆國會在曹錕賄選總統之後匆匆通過的一部「中華民國憲法」（因直系政令僅及華北數省而從未施行於全國），被某些聯邦主義者視為「聯邦制憲法」，但此憲法規定「省、縣自治行政機關，執行國家行政有違背法令時，國家得依法律之規定懲戒之」。此「懲戒」，即國家對省、縣課以責任，明顯違背了「複合共和制」的聯邦主義原則。合作聯邦主義早已盛行於包括美國在內的當代聯邦制國家，委辦事宜執行不力的情況如何應對，不在本文議題之內。

　　下面列舉一些中國學者對聯邦主義的論述[480]，引文可能不代表其整體觀點，管中窺豹而已：

　　（1）以力主聯邦制而著稱的吳稼祥先生在〈中國的「經濟聯邦主義」〉一文中如是說：「竊以為，聯邦主義思想的核心，是自治。逐級自治的國家雖然不都是聯邦國家，但聯邦國家一定是逐級自治的。逐級自治在一個小的民族國家，一般不會促使該國採納聯邦主義的制度安排，但在大多數情況下，會把一個多民族多宗教的大型國家或超大型國家，一個政治、宗教、文化多元化的大國逐步推向政治、經濟的聯邦主義。」筆者很贊同吳先生的這段論述，也認為民國憲法的縣省逐級自治制度符合「聯邦主義思想的核心」和「政治、經濟的聯邦主義」。民國憲法之地方制度雖然不是典型的聯邦制，但可以視為某種形式的「聯邦主義的制度安排」。

　　（2）劉軍寧先生在〈聯邦主義：自由主義的大國方案〉一文中提出：「聯邦主義則是一種由下至上的多中心政治秩序。現代聯邦主義的一個重要的價值基礎是個人的自主與群體的自治。……聯邦主義的核心問題是在一個人類社會如何構建保障個人的自由與自主的政治秩序，如何才能實現真正的自治，如何才不至被居於社會之上的國家或政府不經同意卻專橫地統治著社會大眾。……聯邦主義作為一種政治秩序，可以說就是等於：（個人）自主＋（地方）自治＋（國家）共治。……聯邦主義擴大了人民對各地政治的直接參預。事實上，聯邦主義為各地採取因地制宜的民主模式，提供了理想的試驗場所。」民國憲法保護個人自由，設置了縣民直接民權制度和全國的國民大會制度以對政府形成制約，並且規定各省、縣因地制宜制定省自治法、縣自治法，所以在很大程度上符合上述引文裡描述的聯邦主義精神。

　　（3）王天成先生在〈四論共和國：關於聯邦制的思考〉一文中提出：「多中心、自治、非集權，尊重多樣性，保護少數，以及維護國家的統一，這就是聯邦主義者的基本主張。」民國憲法不正是體現了這些

---

[480] 這些論述皆來自網文，恕不依照學術論文體例標明出處，感興趣的讀者請在網上搜索文章標題。

基本主張嗎？值得釐清的一點是，「多中心」是強化地方自治的必然結果，與此同時，聯邦大國的全國政府成為「中心的中心」也是世界範圍內的共同趨勢，美國這樣的聯邦制典範亦不例外。所以，民國憲法以「中央」二字指稱全國政府並不違背「多中心」的精神，雖然就聯邦主義而言這並不是最佳措詞。

（4）王怡先生在〈分權、財政與聯邦主義〉一文中討論了一個重要的細節問題：「聯邦主義國家的地方議會，享有條塊劃分下的立法權（A 的立法歸聯邦，B 的立法歸地方）而不是級別劃分下的立法權（A 和 B 的立法歸中央，A1 和 B1 的立法歸地方，但不能與 A 和 B 的立法相違背），這樣的地方議會才是獨立而非從屬的。」換句話說，二者各管各的，而不是上面定大樣，下面定細節。民國憲法明確列舉了中央、省、縣立法機構的職權範圍，確保了地方議會的獨立性，所以從這個角度來看亦符合聯邦主義精神。需要說明的是，省縣自治通則所規範的省自治法、縣自治法為省民、縣民代表大會而不是地方議會所制定，所以自治法的從屬性質不妨礙地方議會的獨立性。

至此，我們已經可以認定，民國憲法雖然沒有聯邦制之名，但具有相當程度的聯邦主義精神。

話說回來，民國憲法有沒有違背聯邦主義精神之處呢？筆者研習民國憲法，沒有注意到與聯邦主義精神相抵觸的條文，只認為兩個詞語或許可以視為中國中央集權傳統的痕跡：其一，上文討論過的「中央」二字；其二，「直轄市」之「直轄」二字。

考慮到印度作為成熟的聯邦制國家在日常政治語言中一向以「中央」（centre）指稱全國政府，以及西方學者論述聯邦主義時使用過「中央」的說法（例如前面引用的麥凱對聯邦主義的定義，英文原文用詞是 "central and regional governments" 和 "central and regional authorities"），我們不必避諱「中央」二字，不必把「中央」與「聯邦主義」對立起來。如果有選擇的餘地，聯邦主義者想必願意另擇詞語。但是，考慮到全國政府「中央」地位的客觀性，我們不應拘泥於稱謂，而應致力於落實地方自治，促成多中心格局。

至於「直轄市」之建制，撤銷亦無妨（可升格為省），或保留這一

建制，作為類似於美國首都華盛頓哥倫比亞特區的半自治中央轄區。此細節問題即使在美國亦無傷大體，我們更不會一葉障目。

綜上所述，我們有理由得出結論：民國憲法符合聯邦主義精神。

三　「聯省」的監察院和「聯縣」的國民大會

民國憲法可否算作廣義的聯邦制憲法呢？王天成先生在〈四論共和國：關於聯邦制的思考〉文中為聯邦制下了這樣的定義：

「概而言之，聯邦制是一種多中心的復合共和制，是關於自治、非集權、多樣性的憲制安排。它有兩個基本的建構原則，第一，制定一部有嚴格修改程式的憲法，在全國政府與各構成單位（州、省、邦）之間分割國家權力。全國政府管理國防、外交、統一大市場等與全國人民密切相關、需要集中管理的特殊事項，其他與各構成單位人民密切相關、能夠分別管理的一般性事項，都由各構成單位政府管理。第二，各構成單位人民有自治或自組織權。各構成單位議會議員、政府首長，由當地人民選舉產生。絕大多數聯邦國家的構成單位並且有自己的憲法，規定自己的政府組織形式。此外，聯邦制還有兩個並非不重要的原則：聯邦議會一般實行兩院制，其中一院按人口比例選舉產生，另一院由各構成單位選舉或任命的代表組成；當聯邦與各構成單位發生權力衝突時，由獨立的司法機構——聯邦最高法院或憲法法院依據憲法裁決。」

不難看出，民國憲法符合上述聯邦制定義中的兩項基本建構原則，也在很大程度上符合權力衝突司法仲裁的原則。這裡略做說明：（1）關於國家權力的分割，王天成先生在《大轉型》一書中進一步指出「單一制下的地方自治與聯邦制的根本區別不在於分權程度，而在於地方的自治權來源於中央的授予，不是以憲法而是以法律確定的。」[481] 民國憲法明確列舉中央、省、縣權限，從而在憲法層面確定了省縣自治權。省縣自治通則並不涉及自治權的與奪。（2）關於自治單位的憲法，我們可以認為省自治法、縣自治法具有地方憲法的性質。（3）省自治法執行過程中遇到重大障礙時，民國憲法規定由司法院長主持五院院長委

---

[481] 王天成（2012：165）。

員會處理，可視為沒有憲法其他條文或其他法律可循的情況下的柔性應
對方案，否則司法院可自行裁決，而不必訴諸五院院長組成的委員會。

上述聯邦制定義中的兩院制原則，是一個值得深入探討的問題。民
國憲法的五權憲法架構，並不包含典型的兩院制議會。但是，如果我們
把眼界放寬，在地方代表性的問題上跳出代議立法機構的窠臼，則不難
注意到，民國憲法用相當巧妙的辦法解決了這一問題：

首先，監察院之監察委員主要由各省議會選舉產生，每省五人。監
察院雖然沒有立法權，但對司法院、考試院有人事同意權，這一點與美
國聯邦參議院類似。至於監察院的其他權力如彈劾權、審計權，在世界
各國通常屬於國會（部分屬於國會上院）。所以，監察院相當於放棄了
立法權的國會上院（而且其間接選舉方式有助於共和制度的平衡與穩
定），就其構成而言體現了「聯省」的力量。

其次，在作為代議立法機關的立法院提出法案並非唯一的立法途
徑。待到全國半數之縣市選民曾行使創制權、複決權，國民大會即可獲
得對中央法律的創制權、複決權，對立法院形成制約，在效果上可以遏
制代議立法機構易受利益集團左右的傾向。國民大會不是代議機構，其
成員是「業餘」的委任代表而不是「專業」的議員，也不是常設機構，
只開很少的常會和臨時會，所以中央日常立法由立法院進行，而且立法
院做得越好，國民大會越沒有必要頻繁行使創制權、複決權。但是，國
民大會潛在的介入立法程序的能力在某種程度上類似於國會上院的立法
權。國民大會絕大多數代表由全國各縣選民選舉產生，百萬人口以下之
縣每縣一人，體現了「聯縣」的力量。

由是觀之，聯邦制國家國會上院或「聯邦院」的職能在民國憲法中
大致分派給「聯省」的監察院和「聯縣」的國民大會。有人把立法院、
監察院和國民大會的設置稱作「三院制」，並不嚴謹，但這個提法與
「兩院制」相對照，有助於理解民國憲法的內涵。

將民國憲法定性為廣義的聯邦制或「準聯邦制」憲法，並不為過。
但是，鑒於「聯邦制」在中國政治語彙中的特定含義（強調各省分權或
內地與周邊分權），我們不妨這樣說：民國憲法是一部符合聯邦主義精
神的聯省聯縣民主共和憲法。

四　「聯省自治」的泡影和聯邦制國家成功的前提

　　許多聯邦主義者對 1920 年代曇花一現的「聯省自治」運動評價甚高，褒揚陳炯明、連帶著痛扁孫中山的文章比比皆是。客觀評述「聯省自治」運動的著作已有不少，筆者無意狗尾續貂，只想略談兩點：

　　（1）「聯省自治」運動期間出臺的各色省憲，包括被許多人歸功於陳炯明的《廣東省憲法草案》，皆設立省軍。《廣東省憲法草案》即規定本省海陸軍俱為省軍，國家對外宣戰時，本省軍隊之「一部分」得受國家政府之指揮[482]（引號為本文作者所加以示強調）；本省內之要塞建築或武庫軍港及兵工廠造船廠等均為本省所有。如此之「聯省自治」，是聯邦還是邦聯？國家控制不了要塞、軍港，也指揮不動全部軍隊，能否經得起強敵入侵的考驗？一邊口口聲聲「採用美制」，一邊把美國軍隊國家化的制度[483]拋到九霄雲外，個中原因，不言自明。

　　（2）葉曙明先生的《國會現場：1911-1928》一書記載了如下史料：

---

[482] 廣東省憲法草案的這一條款很明顯是受了湖南省憲法的影響（後者第 88 條規定「中華民國對外國宣戰時，本省軍隊之一部得受國政府之指揮」。但是，湖南省憲法完全沒有提及要塞、兵工廠為本省所有，在這一點上廣東省憲法草案幕後人物的割據心態是呼之欲出的。

[483] 軍隊國家化，並不是指全部軍隊由中央政府直接控制，而是指軍隊的文官控制和全國協調，這一點不可望文生義。美國各州保持了受聯邦憲法和聯邦法律約束但有相當自主權的武裝力量（下面依照美國的習慣稱作「民兵」）。聯邦憲法授權美國國會「規定徵召民兵的組織、裝備和紀律，規定可能徵召為合眾國服務的那部分民兵的管理辦法；但民兵軍官的任命和按照國會規定紀律訓練民兵的權力由各州保留」，並規定「任何一州，未經國會同意……不得在和平時期保持軍隊或戰艦」。聯邦法律方面，首先是 1792 年的民兵法，各州民兵力量的建制和裝備由聯邦國會做出大致規劃，這是美國從殖民地時期各自為政的民兵制度走向正規化的開始。1903 年民兵法做出了改革，加強了民兵建制的正規化（例如訓練制度），並且開始由聯邦國庫撥款支持各州民兵建制（這是「合作聯邦主義」的一種體現）。尤其值得注意的是，自 20 世紀初開始，美國各州民兵部隊的主體部分稱作「國民警衛隊」（National Guard），「國民」二字用於其命名，含義不言而喻。更晚近的改革發生在中國軍閥混戰之後，只看美國憲法和 1920 年代之前美國所走過的軌跡就不難得出結論，美國各州民兵制度和中國軍閥割據實在是雲泥之分。

「陳炯明回到廣州後，國會在第一公園舉行隆重的『歡迎遊園會』。……當陳炯明步入會場時，鼓樂齊鳴，歡聲雷動。一群青年學生列隊，激動而靦腆地高唱起《歡迎陳總司令援桂凱旋樂歌》：

「他宏願救民水火，獨破自治天荒。

社鼠城狐，荼毒腹地，一怒殺伐用張。

桂人呼籲，驚心動魄，義師伐罪侮亡。

殺人見血，救人救徹，真是菩薩心腹。

直搗邕寧，如湯沃雪，驅盡封豕貪狼。

雄軍所至，一月三捷，士女簞食壺漿。

陳師整旋，凱歌競奏，沿途陣馬風檣。

造成兩粵，輔車幸福，紀功史冊煌煌。

……」[484]

經歷了毛共個人崇拜的國人，讀到這段史料不知是否會有哭笑不得之感。

筆者不否認陳炯明留下了一些反映了聯邦主義思想的文字（不論這些文字成文於其大權在握之時還是退隱香港之後），只想提醒大家，不要因為認同聯邦主義而忽視「聯省自治」的軍頭倡導者們的歷史局限性，他們並不是心口不二的的謙謙君子。

更不應忘記的是，「聯省自治」的現實來由，則是武人控制中央即求「武力統一」、割據地方即求「自保」的政治手段；二十餘年之後中共對「聯邦制」的立場隨著戰局的改變而改變，與此別無二致。可以毫不客氣的說，武人擁兵自重、厲行割據並在所控地區收買人心的現象在中國歷史上多次出現，民國初年的這一次只是在 1920 年代初期一度披上了來自西方政治理論的「自治」外衣而已。

「聯省自治」運動究竟有沒有可能在中國建立穩定的聯邦共和政體呢？1920 年代的割據混戰，以及其後形形色色的叛亂割據，基本上已經給出了答案。此外，我們不妨放眼世界，看看現有的聯邦制國家是在怎樣的情況下取得成功的。為方便起見，不考慮小國寡民的群島、二三

---

[484] 葉曙明（2013：232-233）。

個成員組成的小聯邦和處於專制政府或威權政府統治下的偽聯邦，那麼，聯邦制度自建立之日起即長期穩定、從未出現專制政府的國家，或聯邦制度建立後曾短期出現過專制政府，但民主憲政早已鞏固的國家，只有屈指可數的幾個：澳大利亞、奧地利、德國、加拿大、美國、瑞士、印度。

這些成功的聯邦制國家的共同點在於，它們的國土在歷史上長期分屬於許多相對獨立的小邦或殖民地，聯邦成員大都有自治的經驗，甚至「鄉鎮共和」的民情，沒有中央集權的傳統。

1920 年代的中國，到底有多大可能躋身於上述國家的行列？答案是顯然的。巴西、墨西哥等拉美聯邦制國家所走的長期陷於專制或威權、而後逐漸民主化的聯邦共和道路，恐怕也是樂觀的期待。

聯邦主義者們，如果你們出於對「聯省自治」的好感而對孫中山心懷芥蒂，進而反對傳承於孫中山五權憲法體系的民國憲法，那麼，請冷靜思考，「聯省自治」運動是否真的能夠把中國直接引向民主與自由？

五　孫中山的憲政建構方略與美國式的聯邦整合

如果撇開對「聯省自治」運動的幻想，我們或許能夠以更加客觀的眼光看待頗受許多聯邦主義者詬病的「建國大綱」。孫中山認識到當時中國國民的民主素養與自治能力尚待提高，故而主張透過「訓政」訓練國民，從訓練各縣縣民實行自治做起；一省全數之縣皆達完全自治後，即為省之「憲政開始時期」，民選省長，以均權原則劃分中央與省之權限；過半數省份達至「憲政開始時期」，即制定全國憲法，舉行大選，完成憲政。「建國大綱」多達一半的條文圍繞地方自治。以當代的標準，自然能找出紕漏，但是，如果我們總覽其方略，則可以注意到，由縣自省至全國的憲政建構過程，在方向上類似於美國、瑞士等西方聯邦國家各個小邦聚合為聯邦的「整合」模式。

由於時局的不利和時代局限，國民政府遲遲不能在推行自治的任務上取得預期的進展，為了履行憲政承諾，不得不在地方自治遠遠沒有完成的情況下啟動國家制憲的進程。幸運的是，1946 年的多黨妥協為我們留下了一部合乎聯邦主義精神的民主共和憲法。

必須承認，民國憲法的制定和頒行屬於自中央向地方分權的方向，並不是聯邦整合的方向。但是，我們是否應當這樣理解：民國憲法之徹底實施，有賴於省縣自治的實現；在此之前，國家行憲乃初始過渡階段，全國政府出於憲法責任而必須促進地方自治；直到各縣各省皆完成自治，民國憲政方才完成？

中國大陸民主轉型時期，即使以典型聯邦制的方式，一步到位分權於各省，真正的聯邦主義者亦不會認為聯邦主義理念就此實現，更深層的地方自治建設是必由之路。省權在自治基礎和全國憲政尚未鞏固之時即陡然增大，有可能導致政局不穩，危及新生的民主制度。更加穩健的選擇，是在中央層面對民國憲法略做增修後恢復施行，以確立國家政權的合法性、確保政局的穩定，進而採取從小到大的整合模式，不急於制定整部省縣自治通則，而是循序漸進，逐步立法：首先培植最基層村民、市民自行組織的自治單位，繼而建設鄉鎮自治、社區自治以為縣自治之前提，縣自治實現後在州/地/市級建立合理的自治制度以為省自治之前提，最後完成省自治（上述各級自治體除縣、省依據憲法為完全自治單位外，其他某些自治體有可能僅具半自治地位，此問題有待討論）。如此，則民國憲法的全面實施過程，即中華民國聯邦整合的過程。

如此漸進式的聯邦構建過程，許多聯邦主義者或許會認為過於保守。但是，關於地方自治建設進程的速度，筆者認為，至少有兩方面的原因使我們不應持有浪漫的樂觀態度。

其一，社會急劇變革時期，壓力的釋放和反彈帶來群體情緒的高昂，人民迸發的參與熱情和政治訴求可以成為自治的起點，但不足以促成自治制度的優化和鞏固。驟變轉型時期的普遍積極性，不可能固化為社會的常態，待到情緒趨於平靜，社會的平衡點必然移動，所以趁熱打鐵造就的制度很可能帶來長遠的隱患。地方自治體（尤其是非普選產生的委員會）如果在轉型時期自發形成，其合法性不應超過臨時政府或看守政府的範疇，其架構不應固化。

其二，中共的統治導致中國大陸傳統鄉約自治蕩然無存；中共近年來推行的村民自治，亦以其片面強調選舉、缺乏參與監督與分權制衡而

不足以成為未來中國大陸地方自治之濫觴。至於西方民主社會公民參政的成功經驗，如近百年前孫中山透過《民權初步》介紹給國人的集會結社方法與議事規則，熟習者寥寥無幾。所以，中國大陸的民情決定了地方自治不會一蹴而就，我們切不可懷有急於求成的心態，切不可低估地方自治建設的艱鉅性，否則難免欲速不達。

回顧歷史，民初各省代表授權產生的具有聯邦性質的臨時政府與1920 年代「聯省自治」運動之所以幾乎沒有成功的機會，與其空中樓閣式的構建方式不無關係。「建國大綱」強調縣自治，是正確的方向，但是，傳統士紳主導的、鄉規民約基礎上的鄉鎮自治，與現代社會強調公民參與和個人責任的地方自治相去甚遠，國民亦鮮有民政事業的自治經驗，所以國民政府即使在未遭兵禍的相對發達地區推行縣自治亦遇到困難。梁漱溟、晏陽初為代表的「鄉村建設派」，從中國傳統文化的精華和西方先進經驗等方面入手，推廣教育，促進鄉自治乃至縣自治，在1930 年代中期取得了可喜的成就，但這一進程因日本侵華和中共叛亂而中斷。

時至今日，儘管中共的負面影響造成了不利局面，但基礎教育的普及和信息技術的發達為中國大陸未來的地方自治建設提供了便利條件。所以，我們有理由持有謹慎的樂觀態度：聯邦主義精神指引下的多級地方自治，經過我們的不懈努力，可以在中國大陸實現。中共專制統治的結束，只是中國大陸民主化的階段性目標，屆時我們將面臨建設地方自治的挑戰。讓我們從基層做起，使自由社會的自治理念與民主參與方式透過實踐深入人心。

結論：聯邦主義者們，請選擇民國憲法

聯邦主義者們在對待歷史人物和歷史事件的看法上或許會與民國派長期存在分歧，但是，讓我們求同存異，不要讓歷史的包袱阻礙前進的道路。一旦放下包袱，客觀分析民國憲法，或許會有「驀然回首，那人卻在燈火闌珊處」之感。

民國派並不贊成在中國實行美式聯邦制度或民族聯邦制度，也不一定以聯邦主義者自居，但民國憲法所洋溢的地方自治理念使得地方自治

成為民國派的要務。就這個意義而言，民國派或者早已具有聯邦主義理念，或者由認同民國憲法而認同其所體現的聯邦主義精神，所以民國派可以歸於廣義的聯邦主義者的行列。

聯邦主義者們，未來中國大陸民主轉型過程中另立新憲雖然並非完全不可行，但會招致難以預料的變數。現在我們既然已經有了民國憲法這部符合聯邦主義精神的民主共和憲法，何不拿來用呢？只要本著聯邦主義精神全面推行主權在民和分權共和的各級地方自治，何必在乎國號和憲法不含「聯邦」二字？王天成先生在《大轉型》書中即已指出均權制「*實際上也就是不同於美國聯邦制的一種聯邦制選擇，而且雖然有相當程度聯邦制之實卻沒有聯邦制之名*」，並以印度為例說明聯邦制國家可以刻意選擇強調統一的名詞來稱呼整個國家（印度憲法使用 Union 一詞）[485]。

誠然，民國憲法的某些文字（主要是符號化、象徵性的內容如孫中山遺教、三民主義，和一些僅具指導參照意義的經濟社會政策條款）或許會讓許多聯邦主義者從感情上難以接受。但是，即便是民國派也未必完全贊成把這些內容寫入憲法，只以其無損憲政制度而接受其存在。一方面，瑕不掩瑜，另一方面，民國憲法重新施行之前確有必要略做修訂（例如立法委員人數需要控制在合理範圍），屆時自然可以討論某些文字是否應當改動。

《零八憲章》的簽署者們，你們的主張，包括「聯邦共和」的主張，可以透過民國憲法的重新施行而得到實現。民國憲法之聯邦共和，透過因地制宜的省自治法、縣自治法而為各地、各族共同繁榮的制度設計留下了進一步探索的空間。以民國憲法為憲政基礎的中華民國，就是事實上的「中華聯邦共和國」。

聯邦主義者們，為了在即將到來的中國大陸民主轉型的關鍵時期獲得一部能夠為各方易於接受、能夠迅速穩定大局的憲法，為了避免不同版本的聯邦制憲法草案在競爭中趨於碎片化而影響民主轉型的順利進行，為了在海峽兩岸形成憲政法統層面的凝聚力，請選擇民國憲法。如

---

[485] 王天成（2012：170）。

此，則聯邦主義者與民國派將殊途同歸，從結束中共專制到建設地方自治皆可為同道。

（初稿發表於 2013 年 12 月《黃花崗》雜誌第 46 期，有刪改和訂正）

附錄二　轉型正義和民生保障

——「國民福利基金」的設想

引言

　　貧富懸殊，發生在任何國家都是棘手的社會問題；中國大陸官員貪腐和權錢交易而導致貧富差距急劇擴大，使這一問題尤為嚴重，對中國大陸未來的民主轉型構成了嚴峻的挑戰。不管我們在憲政制度設計上有多麼精妙的考量，如果在轉型初期不能以公正和穩健的方式解決中共統治期間少數人聚斂的非正當財富的歸屬問題、在民主鞏固時期不能本著公平和中允的原則解決新增財富的分配問題，那麼不論是低收入階層對社會財富分配正義訴求的幻滅，還是高收入階層對高稅收基礎上的再分配政策的反對，都會削弱新生的憲政民主政體的穩定度。中國大陸民主轉型進程如果遭遇重大挫折，對中國乃至世界都有可能帶來災難性的後果，所以中國民主力量必須認真對待包括分配正義在內的轉型問題細節，盡量作出充分的準備，力求中國大陸民主轉型一次成功，讓中國人民永享自由和福樂。

　　平分不義之財和國有資產的做法，如蘇聯解體後全民領取股票以均分國有資產，在俄國遭到了慘痛的失敗，新興寡頭迅速主導經濟命脈，低收入者被邊緣化。中國不應行此下策。那麼，什麼是上策呢？筆者認為，以分配正義為目的、獨立於國家財政的「國民福利基金」，就是答案。罰沒的不義之財和國有資產成為基金的資產，紅利用於福利分配。

一　基金的性質

　　近年來在國際金融界興起的主權財富基金（英文 sovereign wealth fund），主要用於福利專款、外匯儲備和資源收益的管理。挪威的「政府養老基金」（來自石油收入），是一個極其成功的例子。中國大陸的社保基金和中投公司，都屬於主權財富基金，但前者羊毛出在羊身上，後者管理的外匯儲備因貨幣制度的特殊要求而頗受限制，都不適合直接用於財富分配。

　　中國大陸轉型過程中可行的方案，是以滿足分配正義的訴求為目的，設立全體國民分享的主權財富基金。「主權」二字，主要針對在全球金融市場的投資，不必出現在基金的正式名稱中。考慮到基金分紅具有社會福利的性質，我們不妨稱之為「國民福利基金」。

二　基金資產的來源

　　筆者認為，國民福利基金的資產應當有三個主要來源：充公的不義之財，國有企業資產，國有資源收益。稅收則不宜用於補充國民福利基金資產。

　　（1）清算不義之財而罰沒的資產（包括非正當途徑斂財者自願交出的資產）。除現金外，還包括房地產、企業股權之類。

　　例如，貪官受賄而坐擁的數十套住房可直接成為國民福利基金的房地產投資，基金可委託中介將住房出租以獲利，而不必變賣。轉型期間如果急於變賣罰沒的非現金資產，毫無疑問將衝擊市場，很容易導致富豪財團低價收購大量資產，造成新的社會不公，埋下隱患。這種現象在法國大革命期間即已出現，中國必須吸取各國歷史的教訓，切不可急於變賣罰沒而來的資產。

　　涉嫌權錢交易的資產（例如溫氏家族的「二十七億」），往往具有一定程度的模糊性，短期內或許難於決定歸屬，但此類資產以股份為主，所以可以凍結股份轉讓權（凍結期間的股份及其紅利由國民福利基金代管），留待合適的時機再作出妥善處理。這個緩衝期不但有助於規避轉型初期的情緒化傾向、促進最終的公平正義，而且有助於穩定經濟局勢，涉案企業的運營不致受到重大影響。上述程序，自始至終必須保持高度的透明，置於人民監督之下。轉型初期地方自治尚難以落實之時，各地人民團體對非正當資產的監督有助於自治的演練和公民意識的提高。

　　在一定的期限內，在不義之財尚未被發現或尚未被舉報的情況下，非正當途徑斂財者主動提交財產清單的做法是值得肯定的，似應給予一定比例的保留以作為鼓勵，具體的比例和條件不是本文討論的話題。保留比例一經確定，即應隨著時間的推移而縮減，至截止日期減小為零。此外，從提交清單到最後核算的一段時間內，清單上的財產應當由國民福利基金代管（盈利可在核算後按比例分成），以求最大公平。

　　考慮到地方層級的貪官主要在地方斂財，其資產被罰沒後是否應當屬於貪官所在地的居民而不屬於全體國民？筆者認為，地方自治層級在時機成熟之後也可以設立各個層級的福利基金，而且全國各地的清查工作必須依賴各地人員，但在轉型初期不宜急於區分全國與地方。國民福利基金可以設置地方分支，主要負責各地的清查工作，在這一階段性任務基本完成之後，國民福利基金在各地的分支機構就可以逐步轉軌為地方基金，在歸屬上獨立於全國基金，在運作上保持各級基金的密切合作。全國基金和地方基金的資產分割標準和比例，涉及官員流動性和對全國危害的程度，也在一定程度上取決於未來的民意，在轉型初期不必急於決定。

　　（2）國有企業資產。

　　政府作為公法人，並不等同於國家，也不等同於國民，我們可以說政府和國民之間存在著不可避免的對立關係，即使政府是民主選舉產生的也不例外。中國大陸國有企業之所謂「國有」，本質上是全體國民所有，不應成為政府這一公法人的「私產」，其產權應當屬於國民福利基

金（按：國民福利基金是一個特殊的公法人，在財務上作為「民庫」與政府的「國庫」相區分，但需要依靠政府來執行一些強制措施，類似於司法部門依靠行政部門執行判決）。中國大陸近年來「國進民退」的結果，是國有企業利稅仍然佔據了中央財政收入的過半比重。國企稅款固然可以用於政府開支，但國企利潤理應屬於國民，成為國民福利基金紅利的一部分。

國有企業是否應當在一定程度上私有化，是值得討論的議題，但絕不應當在轉型期間急於進行，以避免不必要的亂局。國有企業劃歸國民福利基金，是否會在應當私有化的場合妨礙私有化？答案很簡單：一方面，國有企業利潤歸於政府之「國庫」同樣有積重難返之虞；另一方面，私有化不應導致國民福利基金收入減少，不是把原本屬於國民的利潤讓與少數寡頭或一群股民，而是透過私人資本參股和市場化管理而實現雙贏互惠。

「國進民退」的現象，很大程度上與國有企業在某些行業的壟斷有關。民主轉型之後，目前被國企壟斷的大部分行業勢必逐步開放，屆時國企如果虧損或倒閉，怎麼辦？國民福利基金是否會因此而阻擋這些行業的開放？這些問題，下文再詳細討論。

（3）國有資源收益。

國有資源的所有權，同樣應當屬於國民而不是政府。政府可以對資源徵稅，稅後的資源淨利部分應當收歸國民福利基金。挪威石油資源支撐的主權財富基金，是極佳的榜樣，所以資源收益管理的問題在此不贅述。

不可再生資源的收益，應當主要用於本金的積累，附帶著還可以在基金紅利較少的年份拿出一部分直接用於福利分配，以保持福利金額的穩定性。可再生資源的收益應當在多大程度上用於福利分配，不妨留待將來討論。

資源的種類，除了顯而易見的自然資源和土地資源外，還包括社會資源，例如「節能減排量」。如果中國大陸未來的民主政權決定以經濟槓桿控制污染和二氧化碳排放，考慮到控制對象的受害者是國民而不是政府，那麼此類經濟槓桿即具有社會資源的性質，稅收之外的收益有必

要納入國民福利基金，不宜由政府支配。

這裡需要著重指出的是，國企壟斷行業的經營權，在性質上是一種社會資源，應當作為國民福利基金所擁有的資源來處理。目前中國大陸國企壟斷的行業，絕大多數都需要巨額資本才能進入，不是個人創業者或小型私人資本能夠涉足的，如果貿然開放，最大的贏家將是大公司、大財團，有可能步俄國後塵導致經濟的寡頭化。相反，國民福利基金作為資源的所有者，可以用拍賣許可證的方式逐步開放這些行業，競拍的私人資本需要以現金或股權的方式對國民福利基金作出補償（關於拍賣的具體策略，可以參考美國政府運用賽局理論拍賣通訊頻段的做法，幾十年來美國政府由此獲得了上千億美元的收入）。這是一個雙贏的機制，不但引入競爭、降低成本、提高服務質量，而且不損害國民福利基金的收益，長遠而言甚至可以增加國民福利。前面討論國有企業時提到的難題，由此得到化解。

具有資源性質的經營權，還涉及某些目前被禁行業的開放和國內市場的對外開放，這些問題不妨留待將來再做詳細討論。關於後者，有必要指出，雖然中共在某些市場領域對外商的限制有違貿易自由原則，但這種限制所產生的資源不應忽視，中國大陸未來的民主政府也不應白白放棄迫使外商分利於國民的機會。

待到各地福利基金設立之後，來自國有資源的一部分收益可以適當分配於資源所在地方，這個問題的細節不必在轉型初期急於確定。

（4）稅收和財富再分配問題。

自由主義經濟學家哈耶克、弗里德曼都認為一定程度的社會福利是必要的，進而提出一定程度的最低收入保障是合理的。弗里德曼的具體方案是「負所得稅」制度，一定標準之下的低收入者不但不繳納個人收入所得稅，而且由稅務局倒貼現金以增加收入。這一主張已經在美國得到了部分的實現。

但是，不管是由稅務局直接辦理還是繞個彎子先納入國庫再由專門的福利機構辦理，來自稅收的財富再分配都可能造成「升米恩，斗米仇」的社會心理現象，筆者對此持保留意見。筆者認為，稅收用於國家機關的運轉和公益事業（包括教育、醫療等領域專款專用的福利支

出），國民福利基金的紅利用於不限制用途的現金福利，就義理而言是最佳做法（就實際操作而言，現金福利的一部分是否需要來自稅收，可留待將來經由民主立法程序甚至修憲程序作出決定）。

從國民福利基金獲得的現金福利，由於全體國民對基金的共同擁有而天經地義，受益人堂堂正正獲得分紅，不會有心理負擔。而且，對這一福利收入適當徵稅（可採用低於其他收入的稅率）就使得每一位國民都成為納稅人，有助於培養國民的民主意識。

順便說一下，弗里德曼倡導最低收入保障的同時，也反對最低工資制度，但後一個主張在美國和其他發達國家難以實現。國民福利基金的分紅，如果足以成為最低收入保障，就可以使最低工資制度成為不必要之舉，有助於增強勞動力市場的活力、增加就業機會。

三　福利的分配

筆者主張的分配原則極其簡單：全民平均分配！和古代的「人頭稅」相反，平均分配的國民福利基金紅利是一種「人頭福利」。前面說過，資源收益的一部分可以在金融投資年景不好的時候用於補充紅利，所以「人頭福利」可以維持相當強的穩定性。如果未來的民主決定是一部分稅款也用於財富再分配，筆者同樣主張平均分配，而且可以委託國民福利基金代為分發，在「人頭福利」的賬面上標明哪一部分來自基金分紅、哪一部分來自稅收即可。

這個簡單的做法，是否對高收入者額外照顧、對低收入者不公？答案也很簡單：只要在個人所得稅制度裡取消起始收入的免稅額，就不存在對高收入者的傾斜。在「人頭福利」作為最低收入保障的情況下，任何收入都應當納稅，不再享受免稅額（這樣做的一個附帶的好處是大大簡化個人所得稅制度）。對高收入者來講，「人頭福利」只不過是取代了個人所得稅的免稅額；對低收入者來講，現行稅務制度下收入如果低於免稅額就無法享受免稅額的全部好處，代之以「人頭福利」則受益更多。

福利制度也可以大為簡化。例如，只要「人頭福利」高於「低保」，後者就可以取消，不再採用主觀性的低收入標準。任何主觀標準

都有很大可能造成機構的臃腫，並為官員腐敗和受益人「鑽空子」提供溫床；「人頭福利」則不然，完全採用客觀化的標準，可以確保機構的精幹、手續的簡明。此外，與收入掛鈎的福利制度（如前述「負所得稅」制度）勢必導致掙錢越多福利越少，直至減少為零，從而在「貧困線」上下的一定範圍內打擊低收入者的就業積極性，導致許多人為了吃福利而或者不願就業、或者謀求「灰色收入」；「人頭福利」則完全不存在這一弊端，而且減小了「灰色經濟」的誘惑力，有助於經濟結構的健康。

　　「人頭福利」的另一個重要優點，在於對城鄉差別和地域差別的調劑。同樣的福利收入在低消費地區有更大的購買力，可以緩解城市膨脹的壓力和貧困地區的人力流失，有助於均衡發展。考慮到邊疆民族地區消費水準普遍偏低，全國「人頭福利」在效果上形成了對這些地區的經濟扶植，有助於增強國家的凝聚力和向心力。消費水準較高的地區，可以透過地方福利基金和其他形式的地方福利制度解決當地貧困人口的福利問題，作為對全國「人頭福利」的補充。

　　為避免多生子女以領取福利的現象，未成年人之「人頭福利」有必要採用特殊的方式，例如營養和教育方面專款專用。值得指出的是，全民的幼兒學前教育可以透過國民福利基金而實現（不應強制進入國立的學前教育機構，而是應該給家長以選擇，包括在家長通過資格考核的前提下在家進行幼兒教育這一選擇）。教育學和心理學的研究表明，嬰幼兒時期的撫養和教育如果得當，對青少年時期和成年後的社會行為有極大的裨益，所以這方面的投資是極其重要的，或許這就是通向人間樂土的鑰匙。

　　被定罪而在押者，監禁期間的「人頭福利」可強制劃歸監獄系統以沖抵開支。監獄開支在發達國家是政府的沉重負擔，來自國民福利基金的款項有助於降低政府赤字，使政府能夠專注於公益事業。

　　僑居海外的國民，是否應當享有「人頭福利」？這個問題，相較於國民福利基金的整體是微小的部分，似可採用大度而不失公平的態度處理之，但在雙重國籍的情況下似應考慮停發福利。

　　還有一個引申的問題值得討論：如果高收入者把「人頭福利」作為

額外的收入而存在福利賬戶內，低收入者卻不得不動用福利款，長期下去是否形成分配不公的心理效果？儘管就理性分析而言這種區別談不上不公平，但是人的心理無法完全訴諸理性，所以筆者認為應當在制度上促使國民直接使用福利款，例如福利賬戶零利息（可以用免除管理費作為零利息的理由）。雖然有些人把福利款轉出福利賬戶之後還是存了起來，但是在表觀效果上減少了貧富對立（在福利賬戶上留有餘額的高收入者甚至可以說是吃了零利息的虧），所以應當能夠避免或緩解上面討論的心理現象。此外，勢必有許多人覺得福利款是白來的錢財，因而樂於把福利款消費出去，這就對全國各地的經濟形成了正面刺激，所以說「人頭福利」的經濟扶植效應不限於貧困地區和邊疆地區。

另外一個問題不涉及福利但與轉型正義有關，即對中共侵犯人權行徑之受害者的補償。就性質而言，這種補償屬於國家賠償，可以從國庫撥款。但是，為了鼓勵民主政權全面否定專制、放下包袱輕裝上陣，為了避免民主政權的有關部門由於財政壓力而在補償問題上兩頭不討好，筆者認為可以考慮由國民福利基金而不是國庫負責承擔政治性的國家賠償。既然把中共統治下貪官聚斂的不義之財納入國民福利基金，反過來由國民福利基金負責對受害者提供合理賠償也很可能易於為國民所接受，並且有助於社會和解和憲政鞏固。

四　基金的管理

國民福利基金作為屬於全體國民而不屬於政府公法人的經濟實體，在管理上應當具有極強的獨立性，可比照「美聯儲」的標準。中華民國憲法所規定的國民大會，由身份為「民」的國民代表組成，超然於政府之外，在操作上可以成為國民福利基金的負責對象。

國民福利基金資產的現金部分，切不可進行瑣碎化的單隻股票跟踪投資，一方面是因為瑣碎化的投資勢必造成機構臃腫並滋生腐敗，另一方面是因為經濟學界的研究表明所謂「理財」和大盤相比長期平均下來的效果基本上歸零（甚至比不過大盤）。現金的股市投資，必須以全球各大股市的指數基金為主，或許可以依據一定的標準跟進某些首發股（IPO）。在這一原則之下，國民福利基金的金融投資管理人員編制可

以極其小型而高效。

國民福利基金所直接擁有的股權，包括罰沒的不義之財中的股權部分、原國有企業的股權、開放國企壟斷行業時拍賣許可證而得的私企股權、跟進某些首發股而買入的股權等等，不應導致基金管理層干涉企業運作。最佳的做法，是基金只能作為被動的持股人，讓基金持股的各個企業按照市場化的私營企業方式來運作。基金管理層可以制定一定的標準來決定減持某些股票，但不應增持，以避免瑣碎化的投資。減持的標準應當盡可能客觀化、長遠化，以避免腐敗。

國民福利基金在全國各地的不動產（主要是罰沒的貪官房產），可以委託各地的地方福利基金代為管理（當然，這種「管理」指的不是由地方福利基金直接負責出租房產，而是由地方福利基金與房產中介打交道，運用市場化機制間接管理房產）。反過來，各地福利基金的現金部分似應委託國民福利基金進行投資，以避免各地分散投資造成的人力資源消耗，並避免腐敗。

結論

國民福利基金，將國民共有而分享的財富與政府公法人直接控制的國庫區分開來，有助於實現分配正義，在中國大陸民主轉型時期還可以承擔起落實轉型正義這一歷史任務，並起到極其重要的緩衝作用。大陸人民普遍存在分配正義的訴求，這一訴求的滿足，將有助於民主轉型的順利進行。

本文只討論現金福利。至於教育、醫療方面的福利，可以透過稅收來調節，而且應當引入市場競爭機制而不由政府包辦（例如學費代金券制度、醫療專用賬戶制度等等），暫不討論。需要提及的是，筆者認為來自國民福利基金的現金福利不應與醫療福利直接掛鉤，醫療福利應另行處理，否則這會成為一個無底洞，使現金福利失去應有的意義。至於應當實行什麼樣的稅收制度，這與貧富差距問題有密切關係，但稅制改革並不是民主轉型初期的迫切任務（為了經濟秩序的穩定，在轉型期間甚至可以大致沿用舊的稅制），所以除了以「人頭福利」取代個人所得稅免稅額之外，稅制問題不在本文討論的範圍之內。

　　一百多年前，孫中山先生提出了民生主義，試圖為中國經濟發展和民生福利問題尋求解決方案。由於時代局限，孫中山的具體主張不可能照搬於今日。為之提供補充，在自由和公正的原則之下實現孫先生促進國民民生幸福的理想，是我等後人的責任。

後記

　　筆者在「民國研討會」上首次公開提出了國民福利基金的設想，會後有幾位朋友提出質疑。

　　質疑之一：國民福利基金如果真的行得通，為什麼美國沒有這樣做？

　　答：美國這樣的西方發達國家，數百年來私有經濟一直佔據絕對主導地位，基本上不存在不義之財和國企壟斷。如果在美國設立國民福利基金，自然資源收益將是主要來源。但是，僅憑自然資源收益，在美國這樣的大國遠遠不能滿足最低收入保障的需求，福利制度勢必在極大程度上訴諸稅收。

　　中共的統治，不但產生了大量的不義之財，而且國家對重要行業的壟斷所帶來的一個正面效果就是壟斷行業經營權成為一種國有的社會資源，使國民福利基金的設想在中國大陸具有更強的可行性。

　　事實上，中國大陸目前的經濟結構可以說是設置國民福利基金的最佳時機：適於小型私人資本自由競爭的行業早已開放經營，具有較大盈利空間但需要雄厚資本的行業多為國企壟斷。反過來，在小型私人資本和股份制尚不發達、「公有制」全面壟斷社會經濟之時，各行各業對私人資本的開放如果採用拍賣許可證的方式就會限制許多行業的自由競爭，也就是說為時過早；待到國企壟斷行業已經全面開放之後，就錯過了迫使大型財團分利於民的機會（可以分利於「官」，即稅收歸政府所有，但這並非良策）。

　　質疑之二：國有資產由國民福利基金接管而不是全民分股，是否不符合自由主義原則？

　　答：首先，所謂全民分股，至多給每一個國民略微增加一點買賣股票的自由，和整體的經濟自由相比微不足道。其次，一個人預期能夠得

到的「人頭福利」在經濟運作上可以成為抵押物（當然可以立法禁止，但在實際操作上是無法杜絕的，不如不禁），而且和全民分股之後的股票買賣相比具有一個重要的優勢：股票買賣的效果是永久性的，賣出即永遠失去，買入即可永遠持有，容易造成財富的聚斂和經濟的寡頭化；「人頭福利」則隨著一個人生命的終止而終止，不具有永久性。

誠然，全民分股的做法在捷克這樣的後共小國取得了成功，但在俄國的失敗是俄國目前經濟寡頭化、人民麻木化、政治威權化的原因之一。如果在中國大陸實行全民分股，成功了當然好，一旦失敗，會有什麼後果？分股之後最急於變賣股票的是經濟上處於最不利地位的，如果他們變賣股票之後追悔莫及，如果新政府無力控制通貨膨脹而導致變賣股票得到的現金迅速貶值，他們是否會對新生的民主政權產生反感和不認同，進而危及憲政民主制度的鞏固？我們難以估量全民分股做法的勝算，但無論如何不可能有 100%的勝算，那麼，我們能夠承受失敗的風險？

提出上述質疑的那位朋友考慮了全民分股的政治風險之後，認為自己雖然是堅決的自由主義者，但是不願看到分股失敗所可能造成的政治危害；為了確保中國大陸民主轉型的成功，他願意在這個問題上從絕對的自由主義立場退讓一步，放棄全民分股的主張，轉而支持國民福利基金接管國有資產。

質疑之三：「人頭福利」是否會滋生懶漢？

答：沒有「人頭福利」，懶漢仍然是懶漢，君不見身強力壯的乞丐？有了「人頭福利」，尤其在其他福利制度進一步完善之後，人們對行乞行為的態度也許會大為轉變，乞丐數量很可能大為減少，而且不法乞丐殘害兒童以騙取同情的現象很可能得以杜絕。

質疑之四：國民福利基金在小國也許容易操作，在中國這樣的大國是否難以操作？

答：在大國自然難度更大，但是，在不義之財清查問題和國有企業歸屬問題沒有更好的解決方案的情況下，國民福利基金這一方案值得一試！尤其在轉型期間，國民福利基金所起到的緩衝作用是極其有益的。待到清查不義之財這一歷史任務完成之後，如果國民福利基金運轉不

暢,那麼還有機會改為全民分股。但是,如果一開始就進行全民分股,以後就沒有回頭路可走了。

所以,國民福利基金至少可以成為轉型期間的解決方案。如果長期運轉良好,國民福利基金將為民生提供持久的保障。

(發表於 2014 年 11 月《黃花崗》雜誌第 49 期,有微調;限於時間,沒有加註,但關於哈耶克和弗里德曼在福利制度與最低收入保障問題上的主張可參看註 105)

附錄三　作為大陸人，我為什麼選擇中華民國

　　作為一名關心中國前途的中國大陸留美學人，我是民主派、自由派、憲政派、法治派……但如果限用三個字來描述我的政治立場，那麼，我是民國派。

　　我並非自幼就是民國派。1998 年夏天以前，民主、自由、憲政、法治等字眼都是我的口頭禪，民國只是腦海角落裡模糊的認知，記得那年初夏幫一位朋友校閱文稿時看到「國父孫中山」五個字，還建議他不要這樣寫。可是，不久以後一個偶然的機會，我聽到了辛灝年老師關於民國歷史的一場簡短的演講，深受啟發。隨後，我在網絡上查閱了中華民國憲法，大為歎服之餘，感到自己對民國知之甚少，於是開始涉獵民國歷史、政治，尤其對民國憲法有濃厚的興趣。研讀民國憲法和相關資料越深入，越感到需要和西方民主國家的憲法進行比較，並且需要從思想源流入手來瞭解民國制憲歷程。為此博覽群書，深入思考，多方探討，其結果是我對中華民國的信心日益堅定。現在，我仍然是民主派、自由派、憲政派、法治派……，但我自稱民國派，因為，中華民國的道路和方向，就是民主、自由、憲政、法治……的道路和方向。

　　以民國憲法為骨架、司法院釋憲體系和臺灣憲政實踐為血肉的民國法統，是中國大陸憲政道路的最佳選擇。民國法統當然不是完美的，但中國大陸的其他憲政道路選擇都不像民國法統這樣有多年實踐經驗教訓的積澱，這是有無的區別而不是多少的區別。中華民國當然不是完美的，但中華民國的缺陷如日月之食，過也，人皆見之，更也，人皆仰之。我選擇中華民國，不是因為她完美，而是因為她的缺陷是已知的，她的改進是持續而有效的。

　　我不否認中國大陸民主進程中另立國號、另制新憲之後有順利走向民主憲政的可能,但是,考慮到俄國威權勢力抬頭的現狀,考慮到共產黨統治中國大陸六十多年的負面影響,我們有多大把握在一條沒有實踐過的道路上走穩?中華民國法統,固然不能百分之百確保中國大陸民主進程的順利前行,但在其他條件類似的情況下,法統的傳承哪怕只帶來些微的裨益,也可能在民主發展遇到重大危機的時刻決定歷史的走向。為此,讓我們選擇中華民國。

(本文是筆者在 2015 年 9 月「紀念國軍抗戰·光復民國大陸」研討會上的書面發言,有刪改)

參考書目

一 中文部分（姓名拼音為序）

Ackerman, Bruce （2008），〈審議式公民複決與華人憲政主義的未來〉，收錄於葉俊榮、張文貞主編（2008），頁 3-10。

包正豪（2009），〈比例代表制下民選菁英甄補的特徵與趨勢〉，2009 年臺灣政治學會年會暨學術研討會論文。

蔡志宏（2014），〈法官釋憲聲請書，為什麼不公開？〉，《自由時報》自由評論網 2014 年 1 月 27 日，http://talk.ltn.com.tw/article/paper/750233

蔡宗珍（1996），〈國民主權於憲政國家之理論結構〉，《月旦法學雜誌》第 20 期，頁 30-39。亦題為〈國民主權於憲政國家之具體結構與相關問題之檢討〉，收錄於蔡宗珍（2004），《憲法與國家（一）》，臺北市：元照出版有限公司，頁 47-63。

陳春生（1997），〈國民大會在五權憲法上的定位〉，收於《現代國家與憲法：李鴻禧教授六秩華誕祝壽論文集》，臺北市：月旦出版社股份有限公司，頁 889-912。

──（1998），《中華民國憲法原理》，臺北市：明文書局股份有限公司。

──（2014），《政府論──孫中山政治思想研究（三）》，臺北市：臺灣商務印書館股份有限公司。

陳春生主編（1987），《國父思想論文選集》，臺北市：臺灣學生書局。

陳淳文（2006），《監察院變革方向芻議》，臺北市：行政院研究發展考核委員會。亦收錄於行政院研究發展考核委員會主編，《憲改方向盤》，臺北市：五南圖書出版公司，頁 137-171。

──（2007），〈中央政府體制改革的謎思與展望〉，收錄於湯德宗、廖福特主編，《憲法解釋之理論與實務（第五輯）》，臺北市：中央研究院法律學研究所，頁 99-175。

──（2010），〈民主共和與國民主權──評司法院大法官釋字第 645 號解釋〉，收錄於黃舒芃主編，《憲法解釋之理論與實務（第七輯）（下冊）》，臺北市：中央研究院法律學研究所，頁 325-382。

陳科霖（2015），〈狄龍規則與地方自治：美國的實踐經驗及對中國的借鑒啟示〉，《甘肅行政學院學報》2015 年第 2 期，頁 4-14。

陳淑芳（2001），〈從體制觀點看立法院院長的角色〉，收錄於蘇永欽主編，《國會改革　臺灣民主憲政的新境界》，臺北市：財團法人新臺灣人文教基金會，頁 187-205。

陳水亮（1993），〈準司法機關理論介述〉，《律師通訊》第 169 期，頁 20-24。

陳新民（1984），〈論「憲法委託」之理論〉，《政大法學評論》第 29 期，頁 197-236。亦收錄於陳新民（1990），《憲法基本權利之基本理論》（上冊），臺北市：作者自刊，頁 37-93。

——（1988），〈論「社會基本權利」〉，《人文及社會科學集刊》第一卷第 1 期，頁 199-225。亦收錄於陳新民（1990），《憲法基本權利之基本理論》（上冊），臺北市：作者自刊，頁 95-128。

——（1991），《行政法學總論》，臺北市：作者自刊。

——（2015），《憲法學釋論》（修正八版），臺北市：作者自刊。

陳儀深（1980），《中山先生的民主理論》，臺北市：臺灣商務印書館股份有限公司。

陳正茂（2008），《中國青年黨研究論集》，臺北市：秀威資訊科技股份有限公司。

戴雅門（2015），《民主轉型 22 講》，天安門民主大學譯，香港：溯源書社。

鄧野（2011），《聯合政府與一黨訓政：1944～1946 年國共政爭》（修訂再版），北京：社會科學文獻出版社。

丁毅（2014），〈革命與憲政〉，《黃花崗》第 48 期，頁 46-47。

董禮潔（2008），〈美國城市的法律地位——狄龍規則的過去與現在〉，《行政法學研究》2008 年第 1 期，頁 134-140。

董翔飛（2000），《中國憲法與政府》（修訂四十版），臺北市：作者自刊。

——（2010），《董翔飛大法官回憶錄：細數 50 年公務生涯》，臺北市：國史館。

法務部（2013），法務部新聞稿（編號：02-091），
https://www.moj.gov.tw/public/Attachment/36131056620.pdf

法治斌（2002），〈司法行政與司法審判之分與合——評司法院釋字第五三〇號解釋之功與過〉，收錄於《當代公法新論（上）：翁岳生教授七秩誕辰祝壽論文集》，臺北市：元照出版有限公司，頁 773-793。亦收錄於法治斌（2003），《法治國家與表意自由》，臺北市：正典出版文化有限公司，頁 73-96。

法治斌、董保城（2014），《憲法新論》（第六版），臺北市：元照出版有限公司。

高風（2013），〈臣與奴才及狗〉，《開放》雜誌第 316 期（2013 年 4 月號），http://www.open.com.hk/content.php?id=1271

高旭輝（1978），〈五權憲法中國民大會的幾個問題〉，《中華學報》第五卷第二期。收錄於陳春生主編（1987），頁 599-615。

葛永光（1998），〈意識形態與發展——中山先生思想與國家發展理論的對話〉，發表於「中山思想與當代重要思潮對話學術研討會」，收錄於葛永光（2005），頁 39-58。

──（2000），《政黨政治與民主發展》（第二版），臺北縣：國立空中大學。

──（2001），〈政黨不分區立委選拔之戰略意涵〉，《國家政策論壇》，第 1 卷第 8 期，頁 89-90。

──（2004），〈民權主義與臺灣的民主鞏固〉，《第七屆孫中山與現代中國學術研討會論文集》，臺北市：國立國父紀念館，頁 433-440。亦收錄於葛永光（2005），頁 243-257。

──（2005），《意識形態與發展——中山思想與臺灣發展經驗》，臺北市：幼獅文化事業股份有限公司。

顧立雄等（2011），〈「贏了解釋、輸了官司？——大法官定期宣告失效與個案救濟」座談會會議紀錄〉，《月旦法學雜誌》第 193 期（2011 年 6 月號），頁 260-274。

顧忠華等（1998），〈「合法性與正當性」座談會〉，《當代》雜誌第 128 期（1998 年 4 月號），頁 93-106。

桂宏誠（2008），《中華民國立憲理論與 1947 年的憲政選擇》，臺北市：秀威資訊科技股份有限公司。

──（2009），《中國立憲主義的思想根基——道德、民主與法治》，北京：社會科學文獻出版社。

郭明政（2006），〈社會憲法—社會安全制度的憲法規範〉，收錄於蘇永欽主編（2006），頁 93-106。

國立政治大學選舉研究中心（2007），《公費選舉制度之研究》，內政部委託研究報告。

國民大會秘書處（1946），《國民大會實錄》。南京：國民大會秘書處。電子版見國民大會網站，http://www.na.gov.tw/ch/publish/publish-04.html

洪貴參等（1999），〈國民大會與憲政改革座談會〉，《現代學術研究》專刊 9，頁 275-285。

胡佛（1998），《憲政結構與政府體制》，臺北市：三民書局股份有限公司。

黃舒芃（2006），〈社會權在我國憲法中的保障〉，《中原財經法學》第 16 期。

──（2014），〈比例原則之解釋方法〉，大法官 103 年度學術研討會論文。

黃秀瑞（2006），《中央政府體制改革的選擇（政治篇）》，臺北市：行政院
　　研究發展考核委員會。亦收錄於行政院研究發展考核委員會主編，《憲改
　　方向盤》，臺北市：五南圖書出版公司，頁97-136。

黃昭元（2014），〈大法官解釋適用比例原則的再檢討〉，大法官103年度學
　　術研討會論文。

監察院國際事務小組（2012），《世界監察制度手冊（第二版）》，臺北市：
　　監察院。

江宜樺（1998），《自由主義、民族主義與國家認同》，臺北市：揚智文化事
　　業股份有限公司。

——（2001），《自由民主的理路》，臺北市：聯經出版事業股份有限公司。

蔣勻田（1976），《中國近代史轉捩點》，香港：友聯出版社有限公司。

荊知仁（1984），《中國立憲史》，臺北市：聯經出版事業公司。

——（1991），《憲法論衡》，臺北市：東大圖書公司。

賴農維（2015），《憲法與立國精神》第十五版，臺北市：千華數位文化有限
　　公司。

雷文玫（2002），〈再訪「社會權」〉，收錄於《當代公法新論（下）——翁
　　岳生教授七秩誕辰祝壽論文集》，臺北市：元照出版有限公司，頁571-
　　600。

雷文玫、黃舒芃（2006），《社會權入憲的分析及基本國策中有關社會福利政
　　策的檢討》，臺北市：行政院研究發展考核委員會。亦收錄於行政院研究
　　發展考核委員會主編，《憲改方向盤》，臺北市：五南圖書出版公司，頁
　　385-426。

雷震（1953），〈監察院之將來（六）〉，《自由中國》第8卷第3期，頁
　　16-20。

——（2010a），《中華民國制憲史——政治協商會議憲法草案》，薛化元主
　　編，臺北縣：稻鄉出版社。

——（2010b），《中華民國制憲史——制憲國民大會》，薛化元主編，臺北
　　縣：稻鄉出版社。

李炳南（1992），《憲政改革與國是會議》，臺北市：永然文化出版股份有限
　　公司。

李鴻禧（1990），〈改造憲政體制之若干憲法學見解〉，《現代學術研究》專
　　刊3，頁1-42。

——（1994），《李鴻禧憲法教室》，臺北市：月旦出版社股份有限公司。

——（2000），〈締造戰後日本憲法學之蘆部信喜人與思想之素描〉，《月旦
　　法學雜誌》第61期，頁162-166。

──（2002），〈中華民國立憲政治的病理分析──以孫文的五權憲法為中心〉，收錄於李鴻禧等著（2002），頁 1-25。

李鴻禧等著（2002），《臺灣憲法之縱剖橫切》，臺北市：元照出版有限公司。

李懷勝（2015），〈西方刑罰民粹主義的緣起、立場與策略〉，《政法論壇》卷 33 第 4 期。

李惠宗（1998），〈我國「政黨補助法」之商榷〉，《月旦法學雜誌》第 32 期，頁 60-69。亦收錄於李惠宗（1999），《權力分立與基本權保障》，臺北市：韋伯文化事業出版社，頁 189-208。

──（2015），《憲法要義》（第七版），臺北市：元照出版有限公司。

李建良、劉淑範（2005），〈「公法人」基本權利能力問題初探──試解基本權利「本質」之一道難題〉，收錄於湯德宗主編，《憲法解釋之理論與實務（第四輯）》，臺北市：中央研究院法律學研究所籌備處，頁 291-410。

李明軒（2015），〈看懂兩黨不分區立委名單玄機〉，《天下》雜誌第 586 期。

李念祖（2012），〈論依巴黎原則於監察院設置國家人權委員會〉，《臺灣人權學刊》第 1 卷第 3 期，頁 125-143。

李文元（2013），〈我國不分區立委選制之探討──立委職能表現之比較〉，東海大學政治學系碩士學位論文。

李西潭（1999），《自由、平等與民主──約翰彌勒與孫中山的政治思想》，臺北市：國立編譯館。

李震山（2005），〈論憲政改革與基本權利保障〉，《國立中正大學法學集刊》第 18 期，頁 183-252。

聯合國（1993），〈增進和保護人權──關於國家機構的地位的原則〉，電子版見 http://www.ohchr.org/CH/Issues/Documents/other_instruments/63.PDF

廖福特（2009），〈憲法解釋機關之國際人權挑戰〉，收錄於廖福特主編，《憲法解釋之理論與實務（第六輯）（上冊）》，臺北市：中央研究院法律學研究所，頁 273-325。

林超駿（2002），〈Scalia 大法官之憲法解釋觀──原意主義者之回應與挑戰〉，《憲政時代》第 28 卷第 2 期。亦收錄於林超駿（2006），《超越繼受之憲法學──理想與現實》，臺北市：元照出版有限公司，頁 123-185。

──（2004），〈初論多元文化主義（Multiculturalism）作為我國原住民權益保障之理論基礎──以 Will Kymlicka 與其對手間之辯論為起點〉，收錄於《法治與現代行政法學──法治斌教授紀念論文集》，臺北市：元照出版有限公司，頁 309-341。亦收錄於林超駿（2006），《超越繼受之憲法學──理想與現實》，臺北市：元照出版有限公司，頁 251-286。

林春元（2013），〈臺灣憲政體制與政黨政治下的權力分立〉，《中研院法學期刊》第 12 期。

林桂圃（1983），〈萬能政府〉，《中華百科全書》Chinese Encyclopedia Online 西元 1983 年典藏版，http://ap6.pccu.edu.tw/Encyclopedia/data.asp?id=3134

林紀東（1992），《中華民國憲法逐條釋義（二）》（修訂五版），臺北市：三民書局股份有限公司。

——（1998），《中華民國憲法逐條釋義（一）》（修訂八版），臺北市：三民書局股份有限公司。

林明煌（2014），《憲法與立國精神》第五版，新北市：華立圖書股份有限公司。

林明鏘（1997），〈論基本國策——以環境基本國策為中心〉，收於《現代國家與憲法：李鴻禧教授六秩華誕祝壽論文集》，臺北市：月旦出版社股份有限公司，頁 1465-1504。

林明昕（2004），〈原住民地位之保障作為「基本權利」或「基本國策」？〉，《憲政時代》，第 29 卷第 3 期，頁 335-358。亦收錄於林明昕（2006），《公法學的開拓線—理論、實務與體系之建構》，臺北市：元照出版公司。

林政華（1996），〈北平漢語「的、得、地、底」等字問題綜論〉，《妙心》雜誌第 11 期。電子版見 http://www.mst.org.tw/magazine/The-Rest/rest1196.htm

劉晗（2008），〈美國的不成文憲法〉，http://old.civillaw.com.cn/article/default.asp?id=41632

劉騏嘉、胡志華（1997），《比例代表選舉制度》，香港：臨時立法會秘書處。

劉慶瑞（1957），《中華民國憲法要義》，臺北市：作者自刊。

劉士豪（2005），〈我國之「勞動憲法」〉，《銘傳大學法學論叢》第 4 期，頁 145-196。亦收錄於蘇永欽主編（2006），頁 395-434。

劉淑範（1998），〈憲法審判權與一般審判權間之分工問題：試論德國聯邦憲法法院保障基本權利功能之界限〉，收錄於劉孔中、李建良主編，《憲法解釋之理論與實務（第一輯）》，臺北市：中央研究院中山人文社會科學研究所，頁 199-248。

劉小妹（2009），《中國近代憲政理論的特質研究》，北京：知識產權出版社。

劉兆隆（2011），〈民主憲政的理論基礎〉，收錄於劉兆隆主編，《中華民國憲法綜論》，新北市：晶典文化事業出版社，頁 1-27。

羅清俊、陳文學（2009），〈影響原住民政策利益分配的因素：族群代表或選舉競爭？〉，《選舉研究》第 16 卷第 2 期，頁 167-207。

呂柏良（2010），《清末民初旗人生計問題之研究(1875—1949)》，國立政治大學民族研究所碩士學位論文。與本書相關的第四章電子版見 http://www.ethnos.nccu.edu.tw/doc/9801presentation/02.pdf

呂亞力（1985），《政治學》，臺北市：三民書局股份有限公司。

民主進步黨（2016），〈民主進步黨第十六屆第五十九次中常會新聞稿〉，http://www.dpp.org.tw/news_content.php?sn=8783

聶鑫（2009），〈中西之間的民國監察院〉，《清華法學》2009 年第 5 期，頁 138-150。

《紐約時報》中文版（2015），〈與弗里德曼對談：中美才是「一國兩制」關係〉，2015 年 4 月 1 日，電子版見 http://cn.nytimes.com/china/20150401/cc01friedman/zh-hant/

彭錦鵬（2001），〈總統制是可取的制度嗎？〉，《政治科學論叢》第 14 期，頁 75-106。

彭葉飛（2009），《國家主義之夢——中國青年黨建國理論研究》，四川師範大學碩士學位論文。

錢歌川（1981），《英文疑難詳解》，北京：中國對外翻譯出版公司。

錢穆（2001），《中國歷代政治得失》，北京：三聯書店。

秦孝儀主編（1984），《總統蔣公思想言論總集》卷二十一·演講·中華民國三十五年，臺北：中國國民黨中央委員會黨史委員會。電子版見中正文教基金會網站，http://www.ccfd.org.tw/ccef001/index.php?option=com_content&view=category&id=155&Itemid=256

——主編（1989a），《國父全集》（第一冊），臺北市：近代中國出版社。

——主編（1989b），《國父全集》（第二冊），臺北市：近代中國出版社。

——主編（1989c），《國父全集》（第三冊），臺北市：近代中國出版社。

——主編（1989d），《國父全集》（第九冊），臺北市：近代中國出版社。電子版見國立國父紀念館網站，http://sunology.culture.tw/gs32/sunyatsen/ebook/index.html

慶格勒圖（1996），〈綏遠地區解決「旗縣並存、蒙漢分治」問題初探〉，《內蒙古師大學報（哲學社會科學版）》1996 年第 1 期，頁 62-69。

邱忠義（2013），〈以自主隱私權之侵害評析我國通姦罪之處罰〉，《輔仁法學》第 46 期，頁 87-151。

任冀平、謝秉憲（2005），〈司法與政治——我國違憲審查權的政治限制〉，收錄於湯德宗主編，《憲法解釋之理論與實務（第四輯）》，臺北市：中央研究院法律學研究所籌備處，頁 461-521。

阮毅成（1946），〈國體·國都·國大〉，《勝流》半月刊第 4 卷第 12 期，收錄於阮毅成（1980），頁 27-34。

——（1948），〈中國憲法的特質〉，《勝流》半月刊第 7 卷第 8 期，收錄於阮毅成（1980），頁 38-64。

——（1980），《法語》（上冊），臺北市：臺灣商務印書館。

Sajó, András（2008），〈論制憲與修憲〉，收錄於葉俊榮、張文貞主編（2008），頁 71-90。

薩孟武（1974），《中國憲法新論》，臺北市：三民書局有限公司。

——（2007），《中國憲法新論》修訂二版（黃俊傑修訂），臺北市：三民書局股份有限公司。

邵宗海（1993），〈國民大會定位爭議之探討〉，《「孫逸仙思想與廿一世紀」論文集》，新加坡：孫逸仙思想與廿一世紀論文集國際學術研討會籌備會，頁 165-174。

沈有忠（2009），〈從半總統制談威瑪憲法的制憲理論與實際：議會民主到行政獨裁〉，《中研院法學期刊》第 4 期，頁 151-205。

——（2011），〈半總統制下行政體系二元化之內涵〉，《政治科學論叢》第 47 期，頁 33-64。亦收錄於沈有忠、吳玉山主編（2012），頁 103-132。

沈有忠、吳玉山主編（2012），《權力在哪裡？從多個角度看半總統制》，臺北市：五南圖書出版股份有限公司。

盛杏湲（2005），《選區代表與集體代表：立法委員的代表角色》，《東吳政治學報》第 21 期，頁 1-40。

石佳音（2008），《中國國民黨的意識形態與組織特徵》，國立臺灣大學社會科學院政治學系博士學位論文。

斯坦福大學協商民主研究中心（2015），〈Deliberative Polling（協商性民意調查）〉，http://cdd.stanford.edu/mm/2015/03/what-is-deliberative-polling-cn.pdf

司徒一（2009），〈權利與自由的邏輯體系，兼論財產權屬於自由〉，《黃花崗》第 30 期，頁 155-160。

蘇永欽（1998），〈司法院重新定位——從司法院定位問題涉及的三個層面評估四個定位方案〉，收錄於蘇永欽，《司法改革的再改革——從人民的角度看問題，用社會科學的方法解決問題》，臺北市：月旦出版社股份有限公司，頁 207-303。

——（2001），〈創制複決與諮詢性公投——從民主理論與憲法的角度探討〉，《憲政時代》第 27 卷第 2 期，頁 21-49。亦收錄於蘇永欽（2002c），頁 91-130。

——（2002a），〈憲法解釋方法上的錯誤示範——輕描淡寫改變了整個司法體制的第五三〇號解釋〉，《月旦法學雜誌》第 81 期，頁 48-64。亦收錄於蘇永欽（2002c），頁 369-400。

——（2002b），〈部門憲法——憲法釋義學的新路徑？〉，收錄於蘇永欽（2002c），頁 421-456。亦收錄於蘇永欽主編（2006），頁 3-32。

——（2002c），《走入新世紀的憲政主義》，臺北市：元照出版有限公司。

——（2004），〈司法行政組織的發展趨勢——從審判獨立與國家給付司法義務的緊張關係談起〉，收錄於《法治與現代行政法學——法治斌教授紀念論文集》，臺北市：元照出版有限公司，頁 45-91。亦收錄於蘇永欽（2008b），頁 333-381。

——（2007），〈裁判憲法訴願？——德國和臺灣違憲審查制度的選擇〉，《法令月刊》第 58 卷第 3 期，頁 4-22。亦收錄於蘇永欽（2008b），頁 129-159。

——（2008a），〈從司法官的選任制度看法系的分道和匯流〉，《檢察新論》第 4 期，頁 12-28。亦收錄於蘇永欽（2008b），頁 383-413。

——（2008b），《尋找共和國》，臺北市：元照出版有限公司。

蘇永欽主編（2006），《部門憲法》，臺北市：元照出版有限公司。

蘇子喬（2013），《中華民國憲法——憲政體制的原理與實際》，臺北市：三民書局股份有限公司。

孫煒（2010），〈設置族群型代表性行政機關的理論論證〉，《臺灣政治學刊》第 14 卷第 1 期，頁 105-158。

孫中山（1906），〈三民主義與中國民族之前途〉，收錄於秦孝儀主編（1989c），頁 8-14。

——（1919），《孫文學說》，收錄於秦孝儀主編（1989a），頁 351-422。

——（1920），〈吳宗慈著「中華民國憲法史前編」序〉，收錄於秦孝儀主編（1989d），頁 600。

——（1921a），〈五權憲法演講錄〉，收錄於秦孝儀主編（1989c），頁 233-242。

——（1921b），〈五權憲法〉，收錄於秦孝儀主編（1989c），頁 246-257。

——（1922），〈中華民國建設之基礎〉，收錄於秦孝儀主編（1989c），頁 351-354。

——（1923a），〈中華革命史〉，收錄於秦孝儀主編（1989c），頁 354-364。

——（1923b），〈國民黨奮鬥之法宜注重宣傳不宜專注重軍事〉，收錄於秦孝儀主編（1989c），頁 392-401。

——（1924a），《民族主義》，收錄於秦孝儀主編（1989a），頁 1-54。

——（1924b），《民權主義》，收錄於秦孝儀主編（1989a），頁 55-128。

——（1924c），〈革命成功個人不能有自由團體要有自由〉，收錄於秦孝儀主編（1989c），頁 506-512。

臺灣高等法院（2014），〈臺灣高等法院 103 年度上字第 491 號之新聞稿〉，http://tph.judicial.gov.tw/GetFile.asp?FileID=36960

湯德宗（1993），〈論兩岸關係條例第九十五條之合憲性——我國憲法中行政與立法兩權關係探微〉，《憲政時代》第 19 卷第 2 期，頁 23-48。以〈論兩岸關係條例第九十五條之合憲性——憲法第五十七條闡微〉為題收錄於湯德宗（2005a），頁 343-384。

——（2005a），《權力分立新論（卷一）憲法結構與動態平衡》，臺北市：元照出版有限公司。

——（2005b），〈論九七修憲後的憲法結構——憲改工程的另類選擇〉，收錄於湯德宗（2005a），頁 1-58。

——（2005c），〈新世紀憲改工程——「弱勢總統制」改進方案〉，收錄於湯德宗（2005a），頁 59-105。

——（2009），〈違憲審查基準體系建構初探——「階層式比例原則」構想〉，收錄於廖福特主編，《憲法解釋之理論與實務（第六輯）（下冊）》，臺北市：中央研究院法律學研究所，頁 581-660。

——（2014），〈釋字第七二一號解釋 部分協同暨部分不同意見書〉，http://www.judicial.gov.tw/constitutionalcourt/uploadfile/C100/721 部分協同暨部分不同意見書-湯大法官德宗.pdf

田炯錦（1967），《憲法論集》，臺北市：正中書局。

——（1973），《五權憲法與三權憲法》，臺北市：黎明文化事業公司。

田雷（2013），〈美國憲法偶像的破壞者——評阿克曼《美利堅共和國的衰落》〉，《讀書》2013 年第 6 期，網絡版見 http://www.aisixiang.com/data/66256.html

涂懷瑩（1986），〈論五權憲法的理論建制構想與我國憲法的「問題」〉，收錄於蔣一安主編，《中山學術論集》（下），臺北市：正中書局，頁 595-623。

——（2000），《憲法基本問題研究》，臺北市：國立編譯館。

王前龍（2011），〈設置原住民族學校的兩個動力：民族自決權與家長選擇權〉，《臺灣教育評論月刊》第 1 卷第 2 期，頁 38-39。

王天成（1999），〈論共和國——重申一個偉大的傳統〉，http://www.aisixiang.com/data/10596.html

——（2012），《大轉型——中國民主化戰略研究框架》，香港：晨鐘書局。

——（2014），〈憲政制度政府架構類型與選擇〉，《黃花崗》第 48 期，頁 27-28。

王業立（2006），《比較選舉制度》（第四版），臺北市：五南圖書出版公司。

王玉葉（2000），〈歐洲聯盟之輔助原則〉，《歐美研究》第 30 卷第 2 期，頁 1-30。

翁賀凱（2010），《現代中國的自由民族主義：張君勱民族建國思想評傳》，北京：法律出版社。

吳朝旺（1997），〈析論德國聯邦總統的角色〉，《復興崗學報》第 60 期，頁 111-127。

吳從周（2004），〈論民法第一條之「法理」：最高法院相關民事判決判例綜合整理分析〉，《東吳法律學報》第 15 卷第 2 期，頁 1-104。

吳庚（2005），〈社會變遷與憲法解釋〉，《憲法解釋之理論與實務》第 4 輯，頁 1-7。

吳庚、陳淳文（2013），《憲法理論與政府體制》，臺北市：作者自刊。

吳青盈（2004），〈憲法福利國原則的軌跡：由福利國家類型論談起〉，國立政治大學法律研究所碩士學位論文。

吳信華（2015），《憲法釋論》（修訂二版），臺北市：三民書局股份有限公司。

吳秀玲（2006），〈論我國監察權的演變與未來發展方向〉，《國家發展研究》第 6 卷第 1 期，頁 29-65。

吳玉山（2011），〈半總統制：全球發展與研究議程〉，《政治科學論叢》第 47 期，頁 1-32。亦收錄於沈有忠、吳玉山主編（2012），頁 1-28。

蕭高彥（2007），〈《聯邦論》中的憲政主義與人民主權〉，《政治與社會哲學評論》第 22 期，頁 65-108。

蕭淑芬（2009），〈「新興人權」之保障與發展初探：我國與日本之比較〉，《中研院法學期刊》第 4 期，頁 207-231。

蕭文生（2000），〈基本權利侵害之救濟〉，收錄於李建良、簡資修主編，《憲法解釋之理論與實務（第二輯）》，臺北市：中央研究院中山人文社會科學研究所，頁 471-496。

──（2002），〈民主法治國之試金石──自法律觀點論國會議員的待遇〉，收錄於劉孔中、陳新民主編，《憲法解釋之理論與實務（第三輯下冊）》，臺北市：中央研究院中山人文社會科學研究所，頁 1-77。

蕭怡靖（2012），〈民眾對立法委員選舉之政黨不分區名單的認知與影響：以 2008 年立法委員選舉為例〉，《選舉研究》第 19 卷第 1 期，頁 33-67。

謝建財（2006），《我國廉政機制變革之研究》，國立臺灣大學政治學系碩士學位論文。

謝瀛洲（1946），《中國政府大綱》，上海：會文堂新記書局。

──（1947），《中華民國憲法論》，上海：作者自刊。

謝幼田（2010），《鄉村社會的毀滅——毛澤東暴民政治代價》，香港：明鏡出版社。

謝政道（1999），《孫中山之憲政思想》，臺北市：五南圖書出版有限公司。

邢子玉（2006），《我國監察權的變遷分析》，國立臺灣師範大學政治學研究所碩士學位論文。

徐昌錦（2006），《通姦除罪化：案例研究與實證分析》，臺北市：五南圖書出版公司。

許福生（2010a），《風險社會與犯罪治理》，臺北市：元照出版有限公司。

——（2010b），《犯罪與刑事政策學》，臺北市：元照出版有限公司。

許宏迪（2005），《全球人權的啟示：以臺灣設立國家人權委員會為中心》，國立臺灣大學法律研究所碩士學位論文。

許南雄（1990），〈人事機構幕僚制與獨立制之比較〉，《法商學報》第 24 期，頁 115-151。

許雅棠（1992），《民治與民主之間——試論 Sartori、鄒文海、孫中山思考 Democracy 的困境》，臺北市：唐山出版社。

許育典（2006），〈教育憲法的建構〉，收錄於蘇永欽主編（2006），頁 507-560。

——（2013），《憲法》（第六版），臺北市：元照出版有限公司。

許志雄（1997），〈憲法的生命力〉，《現代學術研究》第 8 期，頁 47-81。

許志雄、劉淑惠（1992），〈國民大會的定位與存廢〉，發表於「當前憲政改革之目標與憲改方案之評估」研討會，收錄於許志雄（2010），《憲法秩序之變動》（第二版），臺北市：元照出版有限公司，頁 451-459。

許宗力（2014），〈2013 年憲法發展回歸〉，《臺大法學論叢》第 43 卷特刊，頁 1031-1074。

薛化元（1993），《民主憲政與民族主義的辯證發展》，臺北縣：稻鄉出版社。

——（1997），〈中華民國憲政藍圖的歷史演變——以行政權為中心的考察〉，《現代學術研究》專刊 8，頁 83-110。

顏厥安（2000），〈國民主權與憲政國家〉，《政大法學評論》第 63 期，頁 47-80。亦收錄於顏厥安（2005），《憲邦異式——憲政法理學論文集》，臺北市：元照。

——（2006），《人權清單與憲法上保障人權之相關機制的整體檢討》，臺北市：行政院研究發展考核委員會。亦收錄於行政院研究發展考核委員會主編，《憲改方向盤》，臺北市：五南圖書出版公司，頁 273-296。

楊承燁（2014），〈由憲法平等選舉原則評析我國立法委員選舉制度〉，《中研院法學期刊》第 15 期，頁 331-400。

楊芳華（2006），《漢初黃老學說的經世觀及其實踐》，國立中山大學中國文學系碩士學位論文。

楊日青（2014），〈立法部門〉，收錄於陳義彥主編，《政治學》第五版，臺北市：五南圖書出版股份有限公司，頁 259-284。

楊文豪（2013），《監察院防腐機制功能與檢討》，國立臺灣師範大學政治學研究所碩士學位論文。

楊小凱（1999），〈中國統一之利弊〉，《北京之春》1999 年 10 月號（總第77 期），頁 84-88。

楊小凱、曲祉寧（2004），〈怎樣才能使憲法得到尊重〉，《北京之春》2004年 8 月號（總第 135 期），頁 24-26。

楊智傑（2010），〈從基本國策執行檢討違憲審查模式：兼論財產權與基本國策衝突〉，《國立中正大學法學集刊》第 28 期，頁 121-185。

──（2012），〈歐洲監察使的質權行使方式與具體貢獻〉，《東海大學法學研究》第 37 期，頁 39-96。

葉俊榮、張文貞主編（2008），《新興民主的憲政改造》，臺北市：國立臺灣大學人文社會高等研究院。

葉曙明（2013），《國會現場：1911-1928》，杭州：浙江人民出版社。

殷海光（1960），〈我對於三民主義的意見和建議〉，《自由中國》第 22 卷第 12 期，頁 9-10。亦收錄於殷海光（2011），《政治與社會（下）》（殷海光全集 10），臺北市：國立臺灣大學出版中心，頁 1166-1170。

余致力（2006），〈倡廉反貪與民主治理〉，《臺灣民主季刊》第 3 卷第 3 期，頁 165-176。

曾建元（2012），〈中國共產黨對民國<南京憲法>的貢獻〉，《中國史研究》第 81 輯，頁 313-333。

詹文雄（1983），〈副署〉，《中華百科全書》Chinese Encyclopedia Online西元 1983 年典藏版，http://ap6.pccu.edu.tw/Encyclopedia/data.asp?id=5516

張君勱（1946），〈中國新憲法起草經過〉，《再生》週刊第 220 期，收錄於中國民主社會黨國民大會代表黨部編印（1986），《中華民國憲法與張君勱》，頁 5-7。

──（1947），《中華民國民主憲法十講》，上海：商務印書館。電子版見《黃花崗》雜誌網站http://www.huanghuagang.org/hhgLibrary/year2009/constitution_lectures.html

張千帆（2011），《美國聯邦憲法》，北京：法律出版社。

──（2012），《為了人的尊嚴──中國古典政治哲學批判與重構》，北京：中國民主法制出版社。

張淑中（2012），〈臺灣國會暴力防治對策之探討──第六及七屆立法院案例分析〉，《犯罪、刑罰與矯正研究》第 4 卷第 1 期，頁 107-136。

張淑中、姚中原（2012），《臺灣憲政改革：修憲理論、政治過程與制度影響》，臺北市：五南圖書出版股份有限公司。

張文貞（2006），〈公民複決修憲在當代憲政主義上的意涵〉，《臺灣民主季刊》第 3 卷第 2 期，頁 87-118。

──（2009），〈審議民主與國民主權之合致或悖離？──美國制憲經驗的分析〉，收錄於蕭高彥主編，《憲政基本價值》，臺北市：中央研究院人文社會科學研究中心，頁 31-60。

──（2015），〈國際人權公約與憲法解釋──匯流的模式、功能及臺灣實踐〉，大法官 104 年度學術研討會論文，http://www.judicial.gov.tw/constitutionalcourt/uploadfile/E400/能及台灣實踐.pdf

張益弘（1969），《孫學體系新論》，臺北：中華大典編印會。

趙弘章（2005），〈我國立法院委員會專業化與黨團協商透明化之分析〉，《中山人文社會科學期刊》第 13 卷第 1 期，頁 37-54。

鄭大華（1997），《張君勱傳》，北京：中華書局。

鄭欽仁、吳春貴主持（1999），〈公民投票與國家改造座談會〉，《現代學術研究》專刊 9，頁 287-309。

鄭彥棻（1983），〈五權憲法〉，《中華百科全書》Chinese Encyclopedia Online 西元 1983 年典藏版，http://ap6.pccu.edu.tw/Encyclopedia/data.asp?id=1545

──（1990），《憲法論叢》（第三版），臺北市：東大圖書公司。

鐘國允（2006），〈從權力分立原則論憲政結構問題〉，收於鐘國允，《憲政體制之建構與發展》，作者自刊，頁 135-173。

中央社（2015a），〈通姦除罪化 3 大法官被提名人贊成〉，http://www.cna.com.tw/news/firstnews/201506110181-1.aspx

──（2015b），〈國會議長中立化 朱立倫提 3 大國會改革〉，http://www.cna.com.tw/news/aipl/201510280264-1.aspx

周柏彣、謝秉憲（2009），〈中央集權、均權或地方分權：對憲法第十章的新解讀〉，發表於第三屆《地方自治與民主發展：2009 年縣市長選舉與地方發展》研討會，東海大學政治系主辦。

周保松（2004），〈自由主義、平等與差異原則〉，《政治與社會哲學評論》第 8 期，頁 121-179。

周世輔、周陽山（1992），《中山思想新詮：民權主義與中華民國》，臺北市：三民書局股份有限公司。

周陽山（1990），〈關於監察院的幾種修憲擬議〉，中華民國憲政改革學術研
　　討會論文，收於周陽山（1993），《民族與民主的當代詮釋》，臺北市：
　　正中書局，頁 155-168。

——（1993），〈民權主義與中華民國憲法〉，收於胡佛等著，《中華民國憲
　　法與立國精神》，臺北市：三民書局股份有限公司，頁 461-612。

朱諶（1997），《憲政分權理論及其制度》，臺北市：五南圖書出版公司。

《自由中國》雜誌社（1951），〈政府不可誘民入罪〉，《自由中國》第 4 卷
　　第 11 期，頁 4、31。

二　英文部分

Ackerman, Bruce (1988). 'Neo-federalism', in Elster, Jon and Slagstad, Rune (eds.), *Constitutionalism and democracy*, Cambridge: Cambridge University Press, pp. 153-193.

—— (1991). *We the People, Volume 1: Foundations*. Cambridge, MA: Belknap.

—— (1998). *We the People, Volume 2: Transformations*. Cambridge, MA: Belknap.

—— (2000). 'The New Separation of Powers'. *Harvard Law Review*, 113: 633-729.

—— (2008). 見中文部分。

Ackerman, Bruce and Fishkin, James (2004). *Deliberation Day*. New Haven: Yale University Press.

Alexnader, Gerald (2001). 'Institutions, Path Dependence, and Democratic Consolidation'. *Journal of Theoretical Politics*, 13(3): 249-269.

Alonso, Sonia (2011). 'Representative Democracy and the Multinational *demos*', in Alonso, Sonia, Keane, John, and Merkel, Wolfgang (2011), pp. 169-190.

Alonso, Sonia, Keane, John, and Merkel, Wolfgang (2011). *The Future of Representative Democracy*. Cambridge: Cambridge University Press.

Alós–Ferrer, Carlos and Graniʹc, Đura-Georg (2010). 'Approval Voting in Germany: Description of a Field Experiment', in Laslier, Jean-François and Sanver, M. Remzi (eds.), *Handbook on Approval Voting*. Berlin: Springer, pp. 397-411.

Amar, Akhil Reed (2005). *America's Constitution: A Biography*. New York: Random House.

Arendt, Hannah (1963). *On Revolution*. New York: Viking Press.

Barak, Aharon (translated by Kalir, Doron) (2012). *Proportionality: Constitutional Rights and Their Limitations*. Cambridge: Cambridge University Press.

Barkan, Joel D. (1995). 'Elections in Agrarian Societies'. *Journal of Democracy*, 6(4): 106-116. Also in Diamond and Plattner (2006), pp. 135-145.

Bermann, George A. (1978). 'The Principle of Proportionality'. *American Journal of Comparative Law*. (Supplement) 26: 415-432.

Bessette, Joseph M. and Pitney, John J. (2012). *American Government and Politics: Deliberation, Democracy and Citizenship* (Election Update). Boston: Wadsworth.

Blindenbacher, Raoul and Watts, Ronald L. (2003). 'Federalism in a Changing World – A Conceptual Framework for the Conference', in Blindenbacher, Raoul and Koller, Arnold (eds.), *Federalism in a Changing World – Learning from Each Other*, Montreal: McGill-Queen's University Press, pp. 7-25.

Boldi, Paulo. *et al*. (2011). Viscous Democracy for Social Networks. *Communications of the ACM*, 54(6), 129-137.

Brams, Steven J. (2008). *Mathematics and Democracy: Designing Better Voting and Fair-Division Procedures*. Princeton: Princeton University Press.

Calabresi, Steven G. (2001). 'The Virtues of Presidential Government: Why Professor Ackerman is Wrong to Prefer the German to the US Constitution'. *Constitutional Commentary*, 18: 51-104.

Calabresi, Steven G. and Bady, Kyle (2010). 'Is the Separation of Powers Exportable?' *Harvard Journal of Law & Public Policy*, 33: 5-16.

Calvi, James V. and Coleman, Susan (2012). *American Law and Legal Systems* (7th Edition). New York: Routledge.

Caplan, Bryan D. (2008). *The Myth of the Rational Voter: Why Democracies Choose Bad Policies*. Princeton: Princeton University Press.

Carey, John M. (2008). 'Presidential versus Parliamentary Government', in Claude Ménard and Mary M. Shirley (eds.), *Handbook of New Institutional Economics*. Berlin: Springer, pp. 91-122.

Carey, John M. and Hix, Simon. 'The Electoral Sweet Spot: Low-Magnitude Proportional Electoral Systems'. *American Journal of Political Science*, 55(2): 383-397.

CBS (2015). *New laws aim to put brakes on nation's speed traps*. CBS NEWS August 17, 2015, 6:59 AM. http://www.cbsnews.com/news/speed-trap-profits-could-come-end-small-town-new-laws/

Cheibub, José Antonio (2007). *Presidentialism, Parliamentarism, and Democracy*. Cambridge: Cambridge University Press.

CNN (2011). *PIERS MORGAN TONIGHT, Interview with Thomas Friedman; Interview with Rudy Guiliani*, aired Sep. 7, 2011 - 21:00 ET. http://www.cnn.com/TRANSCRIPTS/1109/07/pmt.01.html

Colomer, Joseph M. (ed.) (2004a). *Handbook of Electoral System Choice*. London: Palgrave-Macmillan.

—— (2004b). 'The Strategy and History of Electoral System Choice', in Colomer (2004b), pp. 3-78.

Commonwealth Club (2016). *Francis Fukuyama: American Political Decay or Renewal?* http://www.commonwealthclub.org/events/archive/podcast/

francis-fukuyama-american-political-decay-or-renewal（筆者的提問和福山教授的回答在音頻文檔的 48 分 53 秒至 50 分 47 秒處）

Congleton, Roger D. and Swedenborg, Birgitta (eds.) (2006). *Democratic Constitutional Design and Public Policy: Analysis and Evidence*. Cambridge, MA: MIT Press.

Cronin, Thomas E. (1989). *Direct Democracy: The Politics of Initiative, Referendum, and Recall*. Cambridge, MA: Harvard University Press.

Cross, William, and Blais, André (2012). 'Who selects the party leader?' *Party Politics*, 18(2): 127-150.

Dahl, Robert A. (1957). 'Decision-making in a Democracy: The Supreme Court as a National Policy-maker'. *Journal of Public Law*, 6: 279-295.

—— (1989). *Democracy and Its Critics*. New Haven: Yale University Press.

—— (2004). *How Democratic is the American Constitution* (2nd Edition). New Haven: Yale University Press.

—— (2006). *A Preface to Democratic Theory* (Expended Edition). Chicago: University of Chicago Press.

D'Alimonte, Roberto (2005). 'Italy: A Case of Fragmented Bipolarism', in Gallagher, Michael and Mitchell, Paul, *The Politics of Electoral Systems*, Oxford, Oxford University Press, pp. 253-276.

Dardaneli, Paolo (2011). 'The Emergence and Evolution of Democracy in Switzerland', in Malone, Mary Fran T. (ed.), *Achieving Democracy: Democratization in Theory and Practice*. New York: Continuum, pp. 141-163.

Davis, D. M. (2012). 'Socio-Economic Rights', in Rosenfeld and Sajó (eds.) (2006), pp. 1020-1053.

Diamond, Larry (1999). *Developing Democracy: Toward Consolidtion*. Baltimore: John Hopkins University Press.

Diamond, Larry and Plattner, Marc F. (eds.) (2006). *Electoral Systems and Democracy*. Baltimore: John Hopkins University Press.

Dubois, Philip L. and Feeney, Floyd (1998). *Lawmaking by Initiative : Issues, Options, and Comparisons*. New York: Agathon Press.

Edwards, George C. III (2011). *Why the Electoral College Is Bad for America* (2nd Edition). New Haven, CT: Yale University Press.

Elkins, Zachary, Ginsburg, Tom, and Melton, James (2005). *The Endurance of National Constitutions*. Cambridge: Cambridge University Press.

Ellis, Richard J. (2002). *Democratic Delusions: The Initiative Process in America*. Lawrence: University Press of Kansas.

FairVote (2014). *Ranked Choice Party List: Raising the Threshold in Israel Without Hurting Arab Israelis*. http://www.fairvote.org/ranked-choice-party-list-raising-the-threshold-in-israel-without-hurting-arab-israelis

282　民憲論

Figlio, Karl. (2012) 'The Dread of Sameness: Social Hatred and Freud's "Narcissism of Minor Differences" ', in Auestad, Lene (ed.), *Psychoanalysis and Politics: Exclusion and the Politics of Representation*. London: Karnac Books, pp. 7-24.

Fishkin, James S. (2011). 'Deliberative Democracy and Constitutions'. *Social Philosophy and Policy*, 28(1): 242-260.

Ford, Bryan (2002). *Delegative Democracy*. http://www.brynosaurus.com/deleg/deleg.pdf

Frey, Bruno S. (2001). 'A Utopia? Government without Territorial Monopoly'. *Journal of Institutional and Theoretical Economics (JITE)*, 157: 162-175.

Frey, Bruno S. and Eichenberger, Reiner (1999). *The New Democratic Federalism for Europe: Functional, Overlapping, and Competing Jurisdictions*. Cheltenham, UK: Edward Elgar

Frey, Bruno S. and Stutzer, Alois (2006). 'Direct Democracy: Designing a Living Constitution', in Congleton and Swedenborg (2006), pp. 39-80.

Friedman, Milton (1951). 'Neo-Liberalism and its Prospects'. *Farmand*, February 17: 89-93. Also in Ebenstein, Lanny (Ed.) (2012). *The Indispensable Milton Friedman: Essays on Politics and Economics*. Washington: Regnery Publishing, pp. 3-10.

—— (1965). 'Alleviation of Poverty', in Weisbrod, Burton A. (ed.), *The Economics of Poverty: An American Paradox*. Englewood Cliffs, NJ: Prentice-Hall, pp. 151-155. Also in Friedman, Milton (2002). *Capitalism and Freedom* (Fortieth Anniversary Edition). Chicago: University of Chicago Press, pp. 190-195.

Frye, Timothy (2002). 'Presidents, Parliaments, and Democracy: Insights from the Post-Communist World', in Reynolds (2002), pp. 81-103.

Fukuyama, Francis (2004). *State-building: Governance and World Order in the 21st Century*. Ithaca, NY: Cornell University Press.

—— (2014). *Political Order and Political Decay: from the Industrial Revolution to the Globalization of Democracy*. New York: Farrar, Straus and Giroux.

Fukuyama, Francis, Dressel, Bjorn, and Chang, Boo-Seung (2005). 'Facing the Perils of Presidentialism?'. *Journal of Democracy*, 16(2): 102-116.

Gagnon, Alain-G. and Keating, Michael (eds.) (2012). *Political Autonomy and Divided Societies: Imagining Aemocratic Alternatives in Complex Settings*. Basingstoke, UK: Palgrave Macmillan.

Galasso, Vincenzo and Nannicini, Tommaso (2015). 'So closed: Political selection in proportional systems'. *European Journal of Political Economy*, 40(B): 260–273.

Garoupa, Nuno M. and Ginsburg, Tom (2009). 'Guarding the guardians: Judicial councils and judicial independence'. *American Journal of Comparative Law*, 57(1): 103-134.

Garrett, Thomas A. and Rhine, Russell M. (2006). 'On the Size and Growth of Government'. *Review-Federal Reserve Bank of Saint Louis*, 88(1): 13-30.

Gaus, Gerald F. (1999). *Social Philosophy*. Armonk, N.Y.: M.E. Sharpe

Grofman, Bernard, Blais, André, and Bowler, Shaun (eds.) (2009). *Duverger's Law of Plurality Voting: The Logic of Party Competition in Canada, India, the United Kingdom and the United States*. New York: Springer.

Hayek, Friedrich A. (1979). *Law, Legislation and Liberty, Volume 3: The Political Order of a Free People*. Chicago: University of Chicago Press.

—— (1994). *The Road to Serfdom* (Fiftith Anneversary Edition). Chicago: University of Chicago Press.

Holiday, Ryan (2012). *Trust Me, I'm Lying: Confessions of a Media Manipulator*. New York: Portfolio.

Horowitz, Donald L. (1990). 'Comparing Democratic Systems'. *Journal of Democracy*, 1(4): 73-79.

—— (1991). *A Democratic South Africa? Constitutional Engineering in a Divided Society*. Berkeley: University of California Press

—— (2002). 'Constitutional Design: Proposals versus Processes', in Reynolds (2002), pp. 15-36.

—— (2008). 'Conciliatory Institutions and Constitutional Processes in Post-Conflict States'. *William & Mary Law Review*, 49(4): 1213.

Ignatieff, Michael (1998). *The Warrior's Honor: Ethnic War and the Modern Conscience*. New York : Metropolitan Books.

International IDEA (2007). *Voting from Abroad: The International IDEA Handbook*. Stockholm: International Institute for Democracy and Electoral Assistance.

—— (2008). *Direct Democracy: The International IDEA Handbook*. Stockholm: International Institute for Democracy and Electoral Assistance.

Jackson, John E. and David C. King (1989). 'Public Goods, Private Interests, and Representation'. *American Political Science Review*, 83(4): 1143-1164.

Jeans, Roger B. (1997). *Democracy and Socialism in Republican China: the Politics of Zhang Junmai (Carsun Chang), 1906-1941*. Lanham, Md.: Rowman & Littlefield

Juberías, Carlos Flores (2004). 'Eastern Europe: General Overview', in Colomer (2004a), pp. 309-331.

Keating, Michael (2012). 'Rethinking Territorial Autonomy', in Gagnon and Keating (2012), pp. 13-31.

Kokott, Juliane and Kaspar, Martin (2012). 'Securing Constitutional Efficacy', in Rosenfeld and Sajó (eds.) (2006), pp. 795-815.

Kymlicka, Will (1995). *Multicultural Citizenship: A Liberal Theory of Minority Rights*. New York: Oxford University Press.

Laslier, Jean-François (2012). 'And the Loser is... Plurality Voting', in Felsenthal, Dan and Machover, Moshé (eds.), *Electoral Systems: Paradoxes, Assumptions, and Procedures*, New York: Springer, pp. 327-351.

Lawson, Chappell *et al.* (2010). 'Looking Like a Winner: Candidate Appearance and Electoral Success in New Democracies'. *World Politics*, 62(4), 561–593.

Levine, Marilyn A. (1992). 'Zeng Qi and the Frozen Revolution', in Jeans, Roger B. (ed.), *Roads Not Taken: The Struggle of Opposition Parties in Twentieth-Century China*. Boulder, CO: Westview Press, pp. 225-240.

Levinson, Sanford (2010). *Framed : America's 51 Constitutions and the Crisis of Governance*. Oxford: Oxford University Press.

Lewis, W. Arthur (1965). *Politics in West Africa*. Oxford: Oxford University Press.

Lijphart, Arend (1991). 'Constitutional Choices for New Democracies'. *Journal of Democracy*, 2(1): 72-84. Also in Diamond and Plattner (2006), pp. 73-85.

—— (2004). 'Constitutional Design for Divided Societies'. *Journal of Democracy*, 15(2): 96-109. Also in, in Diamond and Plattner (2006), pp. 42-55.

—— (2008). *Thinking about Democracy: Power Sharing and Majority Rule in Tehory and Practice*. New York: Routledge.

—— (2012). *Patterns of Democracy: Government Forms and Performance in Thirty-Six Countries* (2nd Edition). New Haven, CT: Yale University Press.

Linebarger, Paul Myron Anthony (1937). *The Political Doctrines of Sun Yat-sen: An Exposition of the Sun Min Chu I*. Baltimore: The John Hopkins Press. 電子版見 http://www.gutenberg.org/ebooks/39356

Linz, Juan J. (1994). 'Presidential or Parliamentary Democracy: Does it Make a Difference?' In Linz, Juan J. and Valenzuela, Arturo (eds.), *The Failure of Presidential Democracy*. Baltimore: Johns Hopkins University Press, pp. 3-87.

Llanos, Mariana and Marsteintredet, Leiv (eds.) (2010). *Presidential breakdowns in Latin America: causes and outcomes of executive instability in developing democracies*. New York: Palgrave Macmillan.

Luterán, Martin (2014). 'The Lost Meaning of Proportionality', in Huscroft, Grant, Miller, Bradley W., and Webber, Gregoire (eds.), *Proportionality and the Rule of Law: Rights, Justification, Reasoning*. Cambridge: Cambridge University Press, pp. 21-42.

Maier, Pauline (2011). *Ratification: The People Debate the Constitution, 1787-1788*. New York: Simon & Schuster.

Mansbridge, Jane (2003). 'Rethinking Representation'. *American Political Science Review*, 97(4): 515-528.

—— (2010). 'Deliberative Polling as the Gold Standard'. *The Good Society*, 19(1): 55-62.

Massetti, Emanuele (2006). 'Electoral Reform in Italy: from PR to Mixed System and (Almost) Back Again'. *Representation*, 42(3): 261-269.

Mattei, Ugo and Pes, Luca G. (2008). 'Civil Law and Common Law: Toward Convergence?' In Caldeira, Gregory A., Kelemen, R. Daniel, and Whittington, Keith E. (eds.), *The Oxford Handbook of Law and Politics*. Oxford: Oxford University Press, pp. 267-280.

Mezey, Michael L. (2008). *Representative Democracy: Legislators and Their Constituents*. Lanham, MD: Rowman & Littlefield.

—— (2013). *Presidentialism: Power in Comparative Perspective*. Boulder, CO: Lynne Rienner Publishers.

Mueller, Dennis C. (2006). 'Federalism: A Constitutional Perspective', in Congleton and Swedenborg (2006), pp. 205-228.

Nalder, Kimberly L. (2008). 'Representative Role Types', in Warren, Kenneth F. (ed.), *Encyclopedia of U.S. Campaigns, Elections, and Electoral Behavior*, Thousand Oaks, CA: SAGE Publications, pp. 709-709.

Negretto, Gabriel L. (2013). *Making Constitutions: Presidents, Parties, and Institutional Choice in Latin America*. Cambridge: Cambridge University Press.

Norman, Wayne (2006). *Negotiating Nationalism: Nation-Building, Federalism, and Secession in the Multinational State*. Oxford: Oxford University Press.

NPR (2012). *Should U.S. Constitution be an International Model?* http://www.npr.org/2012/07/04/156186033/should-u-s-constitution-be-an-international-model

O'Donell, Guillermo A. (1994). 'Delegative Democracy'. *Journal of Democracy*, 5(1): 55-69.

Oliver, Dawn and Fusaro, Carlo (2011). 'Changing Constitutions: Comparative Analysis', in Oliver, Dawn and Fusaro, Carlo (eds.), *How Constitutions Change: A Comparative Study*. London: Bloomsbury Publishing, pp. 381-404.

Pennock, J. Roland (1979). *Democratic Political Theory*. Princeton: Princeton University Press.

Pildes, Richard H. (2012). 'Elections', in Rosenfeld and Sajó (eds.) (2006), pp. 529-543.

Pitkin, Hanna Fenichel (1967). *The Concept of Representation*. Berkeley and Los Angeles: University of California Press.

Poundstone, William (2008). *Gaming the Vote: Why Elections Aren't Fair (and What We Can Do about it)*. New York: Hill and Wang.

Qvortrup, Matt (2005). *A Comparative Study of Referendums: Government by the People* (2nd Edition). Manchester: Manchester University Press.

—— (2013). *Direct Democracy: A Comparative Study of the Theory and Practice of Government by the People*. Manchester: Manchester University Press.

Raine, Adrian (2013). *The Anatomy of Violence: The Biological Roots of Crime*. New York: Pantheon Books.

Reilly, Benjamin (1997). 'The Alternative Vote and Ethnic Accommodation - New Evidence from Papua New Guinea'. *Electoral Studies*, 16(1), 1–11.

—— (2001). *Democracy in Divided Societies: Electoral Engineering for Conflict Management*. Cambridge: Cambridge University Press.

—— (2007). 'Political Engineering in the Asia-Pacific'. *Journal of Democracy*, 18(1): 58-72.

—— (2012). 'Institutional Designs for Diverse Democracies: Consociationalism, Centripetalism and Communalism Compared'. *European Political Science*, 11(2): 259-270.

Renner, Karl (1899). 'State and Nation', in Nimni, Ephraim (ed.) (2005), *National-Cultural Autonomy and its Contemporary Critics*. New York: Routledge, pp. 15-48.

Reynolds, Andrew (1995a). 'Constitutional Engineering in Southern Africa'. *Journal of Democracy*, 6(2), 86-99. Also in Diamond and Plattner (2006), pp. 121-134.

—— (1995b). 'The Case for Proportionality'. *Journal of Democracy*, 6(4): 117-124. Also in Diamond and Plattner (2006), pp. 146-153.

—— (ed.) (2002). *The Architecture of Democracy: Constitutional Design, Conflict Management, and Democracy*. London: Oxford University Press.

Reynolds, Andrew, Reilly, Ben, and Ellis, Andrew (2005). *Electoral System Design: The New International IDEA Handbook*. Stockholm: International Institute for Democracy and Electoral Assistance.

Rosanvallon, Pierre (translated by Goldhammer, Arthur) (2008). *Counter-Democracy: Politics in an Age of Distrust*. Cambridge: Cambridge University Press.

Rosenfeld, Michel and Sajó, András (eds.) (2012), *The Oxford Handbook of Comparative Constitutional Law*. Oxford: Oxford University Press.

Sajó, András (2008). 見中文部分。

Samuels, David J. and Shugart, Matthew S. (2010). *Presidents, Parties, And Prime Ministers: How the Separation of Powers Affects Party Organization and Behavior*. Cambridge: Cambridge University Press.

Samuels, David J. and Snyder, Richard (2001). 'The Value of a Vote: Malapportionment in Comparative Perspective'. *British Journal of Political Science*, 31(4): 651–671

Santayana, George (1951). *Dominations and Powers: Reflections on Liberty, Society, and Government*. New York: Charles Scribner's Sons. Republished in 1995, New Brunswick, N.J.: Transaction Publishers.

Sartori, Giovanni (1997). *Comparative Constitutional Engineering: An Inquiry into Structures, Incentives, and Outcomes* (2nd Edition). New York: New York Uninversity Press.

Schlink, Bernhard (2011). 'Proportionality in Constitutional Law: Why Everywhere but Here'. *Duke Journal of Comparative & International Law*, 22: 291-302.

Schmitt, Nicolas (2005). 'Swiss Confederation', in Kincaid, John and Tarr, G. Alan (eds.), *Constitutional Origins, Structure, and Change in Federal Countries*. Montreal: McGill-Queen's University Press, pp. 347-380.

Schütze, Robert (2009). *From Dual to Cooperative Federalism: the changing structure of European law*. Oxford, Oxford University Press.

Shvetsova, Olga (2002). 'Institutions and Coalition Building in Post Communist Transitions', in Reynolds (2002), pp. 55-78.

Siegan, Bernard H. (1994). *Drafting a Constitution for a Nation or Republic Emerging into Freedom* (2nd Edition). Fairfax, VA: George Mason University Press.

Smilov, Daniel (2013). 'Constitutionalism of Shallow Foundations: The Case of Bulgaria', in Galligan, Denis J., and Versteeg, Mila (eds.), *Social and political foundations of constitutions*. Cambridge: Cambridge University Press, pp. 611-636.

Snyder, Jack L. (2000). *From Voting to Violence: Democratization and Nationalist Conflict*. New York: Norton.

Stepan, Alfred C. (1999). 'Federalism and Democracy: Beyond the US Model'. *Journal of Democracy*, 10(4): 19-34.

—— (2000). 'Religion, democracy, and the "Twin Tolerations".' *Journal of democracy*, 11(4): 37-57.

Stepan, Alfred C., Linz, Juan J., and Yadav, Yogendra (2010). *Crafting State-Nations: India and Other Multinational Democracies*. Baltimore: Johns Hopkins University Press.

Stewart, David O. (2008). *The Summer of 1787: The Men Who Invented the Constitution*. New York: Simon & Schuster.

Sullivan, E. Thomas and Frase, Richard S. (2009). *Proportionality Principles in American law: Controlling Excessive Government Actions*. Oxford, Oxford University Press.

Sunstein, Cass (2002). *Designing Democracy: What Constitutions Do*. Oxford, Oxford University Press.

Supreme Court of the United States (2012). *2012 Year-End Report on the Federal Judiciary*. http://www.supremecourt.gov/publicinfo/year-end/2012year-endreport.pdf

Taagepera, Rein (2007). *Predicting Party Sizes: The Logic of Simple Electoral Systems*. Oxford: Oxford University Press.

Taagepera, Rein and Shugart, Matthew Soberg (1989). *Seats and Votes: The Effects and Determinants of Electoral Systems*. New Haven, CT: Yale University Press.

Tamir, Yael (1997). 'Pro Patria Mori! Death and the State'. In McKim, Robert and McMahan, Jeff (eds.), *The Morality of Nationalism*, Oxford, Oxford University Press, pp. 227-41.

Tideman, Nicolaus (2006). *Collective Decisions and Voting: The Potential for Public Choice*. Aldershot: Ashgate.

Todorov, Alexander *et al.* (2005). 'Inferences of Competence from Faces Predict Election Outcomes'. *Science*, 308(5728): 1623–26.

Tsebelis, George (2002). *Veto Players: How Political Institutions Work*. Princeton, NJ: Princeton University Press

Tushnet, Mark (2008). *Weak Courts, Strong Rights: Judicial Review and Social Welfare Rights in Comparative Constitutional Law*. Princeton, NJ: Princeton University Press.

—— (2014). *Advanced Introduction to Comparative Constitutional Law*. Cheltenham, UK: Edward Elgar.

Urbinati, Nadia (2011). 'Representative Democracy and its Critics', in Alonso, Keane, and Merkel (2011), pp. 23-49.

—— (2014). *Democracy Disfigured*. Cambridge, MA: Harvard University Press.

Van der Hulst, Marc (2000). *The Parliamentary Mandate: A Global Comparative Study*. Geneva: Inter-Parliamentary Union.

Wilcox, Delos F. (1912). *Government by All the People; or, The Initiative, the Referendum, and the Recall as Instruments of Democracy*. New York: The Macmillan Company. 電子版見 https://archive.org/details/governmentbyallp00wilc

Xuclà, Jordi (2014). *Post-Electoral Shifting in Members' Political Affiliation and Its Repercussions on the Composition of National Delegations*. Report by Committee on Rules of Procedure, Immunities and Institutional Affairs, Parliamentary Assembly, Council of Europe.

www.ingramcontent.com/pod-product-compliance
Lightning Source LLC
Chambersburg PA
CBHW051206200326

41519CB00025B/7020